book + ing

책과 만나다

book + ing
책과 만나다

수유연구실 + 연구공간 '너머' 지음

그린비

책머리에
"그들의 책은 우리의 무기입니다"

몇 년 전, 막내 동생이 이글스의 「호텔 캘리포니아」를 들으며 이렇게 말했다. "언니, 나 영어 못해서 이 노래 가사는 하나도 안 들려. 그런데 이 노래 들으니까 꼭 사막에서 누가 날 애타게 부르는 것 같아." 동생은 그때 중3이었고, 그 노래를 난생 처음 듣는 중이었다. 지금-여기서 우리의 무딘 감성을 날카롭게 벼릴 수 있는 텍스트란 바로 이런 것이 아닐까. 작가가 의도하는 바를 전혀 알 수 없어도, 작가의 기호체계 자체를 결코 이해하지 못해도, 이성이나 감성이 아닌 온몸을 울리는 강렬한 파장. 우리는 바로 지금 책을 통해 이렇듯 강렬한 촉발을 받을 수 있는가. 책-기계는 영화나 음악처럼 우리의 일상 곳곳에서 우리의 몸 전체를 후려칠 수 있을까.

우리는 오직 말의 힘으로, 「호텔 캘리포니아」 같은 감동을 세상에 선물할 수 있을까. 매끈한 이론과 화려한 수사학만으로 세상을 감동시키기엔, 우리 앞에 놓인 일상의 벽이 너무 두텁고 완강하지 않은가. 푸코의 『말과 사물』은 프랑스 지식인 사회를 넘어 프랑스 사회 전체를 발칵 뒤집은 책이다. 젊은이들의 배낭여행 가방마다 하나씩 둥지를 튼 책, 모두들 '무슨 말인지는 잘 모르지만 너무나 즐겁고 행복하게' 읽은 책. 계급과 남녀노소를 가리지 않고 폭발적인 인기를 얻어 '빵처럼 팔린 책'이라는 별명까지 붙은 책. 한 지식인의 몸부림이 그 사회 전체의 구성원들에게 강렬한 지적 자극을 주는 일이, 우리에게는 가능할까.

요사이 우리 사회의 거의 유일한 대중독서의 척도는 '느낌표'라는 오락프로그램의 그것이다. 마치 독서를 하고 안하고가 '수준 높은 중산층'의 삶의 척도인 양, 여가시간에 책을 많이 읽는 삶이 교양과 행복의 척도인 양, 그 프로그램은 '똑같은 책읽기'를 강요하고 있다. 휴가철 해변으로 촬영을 나가 책 읽는 사람을 억지춘향으로 찾아내어, '가뭄의 콩보다 적은' 책 읽는 사람에게 책꾸러미 상품을 안겨주는 장면. "이 세상 최고의 수면제는 책이다"라고 말하는 사람을 다그쳐, "앞으로는 책을 많이 읽겠다!"는 결의를 우격다짐으로 받아내는. 그 프로를 보며 '차라리 책 없는 세상이 행복하지 않을까'라는 생각이 들 만큼 우울해져 버렸다.

문화적 자극과 지적인 촉발은 누구나 이해하기 쉬운 베스트셀러로만 가능한 것이 아니다. '누구나 이해하기 쉬운'이란 수식어는 모든 이를 똑같이 사유하게 만드는 동일화의 그물일 수 있다. 길을 가다 우연히 발견한 음악소리에 바쁜 걸음을 멈추듯, 숨가쁜 일상의 시계를 멈추게 하는 책. 잠마취를 청해볼까 하고 우연히 집어들었다가 화들짝 잠을 깨어 밤을 홀딱 새우게 만드는 책. 좋은 책의 질감을 결정하는 가늠자는 의외로 간단하다. 이 책은 지금-여기에서 나의 일상을 행복하게 만드는가! 이 한 가지 질문만으로도 우리는 스스로 좋은 책의 가치를 결정하는 주인공이 된다.

이 책은 우리를 행복하게 만든 책들에게 보내는 짧고도 긴 편지들이다. 아울러 우리가 세상으로부터 선물 받은 책들에게 돌려주는 소박한 헌

사이기도 하다. 우리는 책으로 제2의 밥을 삼고, 책상 밖의 세상조차, 책 아닌 것들조차 책으로 읽어버리는 직업병을 공유하는 자들이다. 좋은 글, 좋은 책 쓰는 것을 '낮꿈' 삼아 치열하게 일상을 벼리고픈 자들. 그러나 막상 우리도 좋은 책을 골라보라면 흠칫한다. 책으로 도배된 일상을 매순간 꾸려가면서도, 가장 사랑하는 친구에게 선물할 책을 고르기는 쉽지 않다.

그러나 우리는 안다. 모든 책은 친구를 사귀기 위한 몸짓임을. 이 책은 '책에 관한 책'이지만 동시에 단순한 책의 용법을 넘어서고자 한다. 우리의 '책 아닌 책'은 일상의 악다구니에 진저리치는 친구에게, 책과는 담쌓고 살면서도 문득 장난삼아 책과 연애를 하고 싶은 친구에게, 지식의 힘으로 일상의 혁명을 일구고자 하는 모든 이들에게 선물하는, 책읽기의 지형도다. 만약 누군가가 '너희가 사랑하는 책들의 선택 기준은 무엇이냐'고 묻는다면, 우리는 500년 전 한 철학자의 입을 빌려 이렇게 말할 것이다. "발분하지 않았는데 저술을 하는 것은, 마치 춥지도 않은데 떠는 것과 같고 병도 없는데 신음하는 것과 같다."

이성의 힘으로는 도저히 멈출 수 없는 욕망으로, 토해내고 싶지만 토해낼 수 없을 만큼 켜켜이 쌓인 분노로, 바로 지금 당신과 더불어 눈물과 웃음의 축제를 벌이고자, 우리는 이 책을 세상에 내보낸다. 우리는 이 책-기계를 통해, 쓰는 능력뿐 아니라 읽는 능력을 기르고 싶었다. 다른 사람들이 내 글을 읽어주기만을 바랄 것이 아니라, 한 권을 읽어도 목숨을 걸고 저자의 삶과 부딪칠 수 있는 담력을 키우고자 했다. 그럼으로써 타인이 내 글을 읽어 줄 때의 고통을 짐작하기도 했고, 누군가가 내 글을 읽고 행복해 했을 때의, 세상을 다 얻은 듯한 고마움도 배웠다.

누가 뭐래도 한 권의 책은 무겁고 부담스러운 것이다. 첫 페이지부터 마지막 페이지까지 읽어내기에는 끝내 고통스러운 물건이 바로 책임에는 틀림없다. 그러나 이 책을 읽는 독자들은 이 책을 레코드를 듣듯이 읽어주었으면 한다. 돌려감기와 앞으로 감기, 다시듣기도 자유로운 레코드처럼. 어떤 서사도 총체성도 없는, 수많은 빛깔과 질감을 가진 '퀼트'로 직조해낸 이 책-기계가, 지하철에서, 베갯머리에서, 당신에게 농담을 걸고 당신에게 연애를 거는 '기쁜 기계'가 되기를!

우리를 폭포처럼 울고 튀밥처럼 웃게 만드는 책들은 100년 전 신채호의 말처럼 "손이 발이 되며 대가리를 도끼 삼아 쓰는" 글이다. 평생 앉은뱅이가 되어 빈집을 지키는 은둔자의 글쓰기가 아닌, 끝없는 행동과 실천의 길 위에서 쓰는 글. 칼과 방패가 되는 책, 뛰어다니는 언어! 우리의 손이 노트북 컴퓨터의 시녀가 아니라, 공사판 노동자의 상처투성이 발바닥이 되어 날마다 세상의 흙먼지를 잔뜩 묻히기를. 우리의 '대가리'가 이성과 합리성의 도구가 아닌, 도끼가 되고 망치가 되어 우리를 가로막는 모든 장애물과 온몸으로 맞서기를. 부디 이 책-기계가 검은 의심과 칠흑 같은 절망의 커튼을 찢는 날카로운 칼이 되기를. 바로 당신이 '절망의 세계화'라는 죽음의 강을 건널 때, 이 책이 튼실한 다리가 되어 당신의 발바닥 밑에 놓이기를!

—2002년 11월, 세상이라는 커다란 책상 위에서 떠났으나 떠나지 않은 친구들의 이름을 부르며, 정여울

book+ing
책과 만나다

1. 일상의 축제-되기, 코뮨적 삶을 위하여

『달라이 라마 나의 티베트』 전쟁의 문법을 전복한 사람들 _ 고미숙　19

『인생과 자연을 바라보는 인디언의 지혜』 자연이 건네는 말 _ 고병권　21

『오래된 미래―라다크로부터 배운다』 행복에 대한 새로운 배움 _ 고병권　24

『헬렌 니어링의 소박한 밥상』 밥상의 혁명을 선동하는 반(反)요리책 _ 고미숙　28

『정치의 전복―1968 이후의 자율적 사회운동』 사랑과 삶 그리고 혁명 _ 정선태　30

『가비오따스』 모든 이를 위한 물 _ 정여울　35

『파라다이스』 범람하는 잡초가 돼라 _ 고미숙　39

『느리게 산다는 것의 의미』 시간과 속도, 그 너머의 삶 _ 정선태　41

『한 젊은 유학자의 초상』 앎의 공동체, 일상의 고고학 _ 정여울　45

『마르탱 게르의 귀향』 다른 삶을 꿈꾸고픈 욕망 _ 정여울　50

『바보제』, 『기호와 몽상』 축제―전복적 상상력의 원천 _ 정선태　56

『프랑수아 라블레의 작품과 중세 및 르네상스의 민중문화』 잃어버린 '천년의 웃음', 그 유쾌한 카니발의 부활 _ 정여울　61

『페다고지』 세상을 배우는 건 세상을 바꾸는 것 _ 고병권　66

『우리의 말이 우리의 무기입니다』 칼과 창이 되는 언어 _ 정여울　69

2. 철학의 외부, 근대에 내재하는 외부를 위하여

『의미의 논리』 사건의 철학과 의미의 논리 _ 이진경 77
『천 개의 고원』 천의 고원을 넘나드는 철학적 유목 _ 이진경 81
『분자혁명』 욕망의 사회화학과 혁명 _ 고병권 84
『들뢰즈―존재의 함성』 생성의 철학에서 존재의 함성으로 _ 이진경 87
『광기의 역사』 광기의 역사, 혹은 이성의 그늘 _ 이진경 90
『제국』 지구 제국과 지구 대중 _ 고병권 95
『철학과 굴뚝청소부』 근대성 비판 그리고 다시 탈주선 _ 고병권 98
『니체, 천 개의 눈 천 개의 길』 하나의 입으로 천 개의 니체 말하기 _ 이진경 102
『유고(1882년 7월~1883/84년 겨울)』 가장 건강한 자만이 감행할 수 있는 모험 _ 고병권 105
『데모크리토스와 에피쿠로스 자연철학의 차이』 원자론이길 그친 원자론 _ 이진경 109
『파스칼적 명상』 지식인이 보지 않는 지식인의 아비투스 _ 고병권 112
『엘러건트 유니버스』 '끈 이론'과 우주 교향곡 _ 고병권 116
『알이 닭을 낳는다』 지구에 대한 주인의식은 그만 _ 고병권 119
『돈과 구원』 연옥의 탄생과 자본주의 _ 고병권 123
『근대적 주거공간의 탄생』 공간의 배치와 욕망의 배치 _ 정선태 126
『고대도시』 인간의 영혼을 다루는 역사학 _ 정선태 131
『해석이론』 글쓰기의 도상성 _ 정여울 135
『삶으로서의 은유』 '차이'를 품어내는 은유를 향하여 _ 정여울 139
『옥시덴탈리즘』 何必曰 옥시덴탈리즘? _ 김월회 143
『인간 주자』 인간적인, 너무나 인간적인 _ 고미숙 149
『희망의 공간』 자본의 공간을 넘어선 새로운 공간 _ 최진호 151
『전지구적 자본주의에 눈뜨기』 맑스주의는 어디로? _ 박동범 154

3. 우리 신체에 새겨진 근대성, 그리고 혁명

『계몽의 변증법』 계몽의 계몽, 계몽의 외부 _ 권용선   161

『감시와 처벌』 지금 누군가 날 감시하고 있다 _ 최태원   164

『관찰자의 기술』 시선의 배치와 근대 권력의 탄생 _ 고봉준   168

『슬픈 열대』 열대인의 '깊은 슬픔' _ 고미숙   172

『한국의 근대성, 그 기원을 찾아서』 기원을 전복하는 역설의 공간 _ 정여울   175

『민족이란 무엇인가』 다수자의 기억과 소수자의 기억 _ 고병권   180

『종횡무진 한국사』 국사와 역사 _ 고병권   183

『북역(北譯) 고려사』 고려사, 한국사의 야생지대 _ 고미숙   186

『한국문학사의 논리와 체계』 하나의 '한국문학사'라는 대지 _ 고미숙   188

『1968년의 목소리』 쓰여지지 않은 것들로 쓴 역사 _ 이진경   193

『사생활의 역사』 저렇게들 다른, 그리고 저렇게 다를 _ 이진경   198

『시간 박물관』 박물학적 시간 여행 _ 이진경   201

『즐거운 살인―범죄소설의 사회사』 범죄로 쓴 자본주의의 역사 _ 고봉준   205

『풍자예술의 역사』 풍자와 그로테스크, 예술 안의 외부 _ 고봉준   208

『신의 거울』 고대 문명, 거인의 어깨 위에 선 난쟁이 _ 고봉준   214

『육체와 예술』 육체―생명의 샘 또는 예술의 원천 _ 정선태   219

『생명의 춤』 여러 겹의 삶을 살기 위하여 _ 정선태   224

『중국유맹사』 건달, 그들의 역사와 문화 _ 김월회   228

『말하는 꽃 기생』 친숙한 그러나 그 존재에 대해 너무 무지한 _ 권보드래   232

4. 한 시대의 철책을 뛰어넘은 광인과의 만남

『미셸 푸코』 저기 푸코가 있다 _ 고미숙 239
『미덕의 불운』 '절대 부정'을 향한 도발적 여정 _ 고미숙 242
『루드비히 비트겐슈타인』 위대한 작품으로서의 생애 _ 고병권 244
『분서』 경계를 넘나드는 '야생의 철학' _ 고미숙 247
『검은 피부, 하얀 가면』 '문명'을 향한 내 안의 나르시시즘 _ 이승원 249
『변신』 가족이란 이름의 구속과 폭력 _ 진은영 255
『트리스트럼 샌디』 자유로운 영혼, 그 끊임없는 멜로디 _ 고병권 258
『반시대적 고찰』 시대를 거스르는 삶의 속도 _ 최태원 261
『도스토예프스키』 페테르부르크, 그 숨막히는 도시의 '잔인한 천재' _ 정선태 264
『풍자와 해탈 혹은 사랑과 죽음―김수영론』 김수영, 그 아득한 여백을 다시 채울 수 있을까
　_ 정선태 270
『차이와 타자』 들뢰즈의 꿈 혹은 비표상적 사유를 향한 모험 _ 정선태 274
『고야』 금기와 복제를 거부하는 불온한 상상력―광기 _ 신지영 279
『돈키호테』 말의 아수라장 _ 고미숙 285
『근대의 서사시』 근대문학을 전복하는 브리콜라주 _ 신지영 287
『조선사람들, 혜원의 그림 밖으로 걸어나오다』 그림 뒤의 그림자 읽기 _ 정여울 292
『동양적 근대의 창출』 서구의 근대, 그 위력과 매력에 저항하기 _ 권보드래 297
『무엇을 할 것인가』 사랑이 혁명과 만나는 길은? _ 고미숙 301

5. 고전과의 유쾌한 연애, 리딩 클래식

『순수이성비판』 비판이란 무엇인가? _ 진은영   305
『장자』 무한경계로 '나'의 사소함 보여주기 _ 류준필   308
『존재와 시간』 참나(眞我)로의 귀향 _ 진은영   312
「인간의 양(羊)」 굴욕의 대가로서의 평온한 일상 _ 권용선   315
『열하일기』 열하, 그 열광의 도가니 _ 고미숙   319
『수심결』 폭력의 시대, 네 마음부터 살피라 _ 김풍기   321
『전습록』 주자학과 선학 사이 _ 고미숙   324
『소돔 120일』 사드와 마조흐, 그리고 들뢰즈가 만나는 지점 _ 고미숙   326
『한서이불과 논어병풍』 아포리즘의 퍼레이드 _ 고미숙   332
『한서열전』 고대사에 대한 생생한 재현 _ 고미숙   334
『대동서』 유토피아에 대한 유쾌한 상상 _ 고미숙   336
『대승기신론소』 믿음 한가운데서 믿음을 의심하라 _ 김풍기   338
『문명론의 개략』 문명은 선을 향한 과정일 뿐 _ 류준필   341
『순자』 차선(次善)의 윤리학 _ 김월회   344
『동의보감』 최고의 처방은 마음을 다스리는 것 _ 김풍기   349
『종의 기원』 사이보그 출현 이후 다시 읽는 종의 기원 _ 박성관   352
『과학과 근대세계』 오이디푸스 vs 프로메테우스 _ 박성관   357

책머리에 그들의 책은 우리의 무기입니다   5
프롤로그 책-세계와 책-기계의 차이   14
book+ing 수록 도서 찾아보기   363

프롤로그

책-세계와 책-기계의 차이

하이데거는 말한다. 인간은 '세계-내-존재'(In-der-Welt-sein)라고. 그래서 어떤 세계 안에 있는 가에 따라 다른 인간이 되는 거라고. 우리는 그런 수많은 세계를 책 안에서 발견한다. 아니 책을 통해서 그 수많은 세계 속으로 들어가고, 그 세계 안에 있게 된다. 그리고 그때마다 다른 인간이 된다. 그렇다면 이렇게도 말할 수도 있을 것이다. 저 서가에 가득한 책만큼이나 많은 '나'들이 있는 거라고. 그 많은 책을 읽으며 우리는 그때마다 다른 '나'를 만들어내는 거라고.

물론 세계든 책이든 수가 중요한 건 아니다. 중요한 건 책을 통해 우리는 다른 세계 속으로 들어가거나 다른 세계를 만든다는 것이다. 책을 통해 우리는, 그것이 없다면 불가능한 많은 삶을 산다. 그것을 통해 삶의 다양한 것으로 증식된다. 이런 의미에서 책을 그저 교양이나 기능적 지식의 필요, 혹은 아는 체 하려고 읽는 사람은 사실 손가락 끝에서 달을 찾는 사람이다. 교양이나 지식은 그 많은 삶을 살아본 경험에 따라다니는 부산물일 뿐이기 때문이다. 차라리 책을 통해 지혜를 얻으려는 사람이라면 핵심에 다가가 있다고 해도 좋을 것이다. 많은 삶의 경험이 제공하는 삶의 지혜들, 그것은 사건의 형태로 주어지는 삶에 정확한 통찰력을 갖고 대하게 해주기 때문이다.

한편 들뢰즈와 가타리는 말한다. 책은 '외부'를 갖는다고. 그 외부는 다른 책일 수도 있고, 어떤 물건일 수도 있으며, 억압으로 요약되는 침울한 현실일 수도 있고, 운동이나 혁명일 수도, 혹은 책을 읽는 사람의 삶일 수도 있다. 책은 그 각각의 외부와 접속하여 작동하며, 그때마다 상이한 효과을 생산한다. 그래서 그들은 말한다. 책은 '기계'라고. 따라서 책을 읽는 것보다 더 중요한 것은 그것을 '기계'로 이용하는 것이다. 그렇다면 이렇게 말할 수도 있을 것이다. 저 서가에 가득한 책 각각은, 그것이 만나는 외부의 수만큼이나 많은 기계로 이미 있는 것이고, 따라서 서가에는 서가의 책과 그 외부의 곱만큼이나 많은 기계들이 있는 거라고.

물론 수의 크기를 비교할 건 아니다. 중요한 것은 '책-세계 속으로 들어가는 것'과 '책-기계를 이용하는 것'간에 존재하는 근본적인 차이다. 이러한 입장에서 보면 책이란 항상-이미 만들어진 채 우리에게 주어지는 하나의 세계가 아니라, 어떤 외부를 만나는가에 따라 전혀 다른 방식으로 작동하는 기계다. 책을 읽는다는 건 단지 다른 세계 속에 들어가는 것일 뿐만 아니라, 그 책을 다른 세계 속으로 끌어내는 것이고, 그것으로 다른 세계를 만들어가는 것이다.

여기서 다시 맑스를 떠올리는 건 오래된 습관 탓일까? 가령 『자본』이란 책 안에서 소외된 노동이 지배하는 소외된 인간의 세계를 발견하고 그 삶을 사는 것보다는, 차라리 그 책을 우리가 노동하는 이 세계로 끄집어내 이 세계를 전복하는 무기로 사용하는 것이 맑스가 꿈꾸던 것이란 생각이 든다. 아마도 맑스가 여기 있다면 이렇게 말할지도 모르겠다. "지금까지 모든 책들은 세계를 여러 가지 방식으로 해석해왔다. 그러나 중요한 것은 그것(세계)을 변혁하는 것이다."

— 이진경

1. 일상의 축제-되기, 코뮨적 삶을 위하여

혁명은 일상의 지리멸렬함, 망설임, 고독과 싸워 이길 때 온다. 일상 안에서 축제를 만들어내지 못한다면, 일상을 축제화하지 못한다면 그것은 혁명이 아니다. 자본의 내부에서, 국가장치의 내부에서, 제도의 내부에서 그 모든 것의 외부를 꿈꾸는 삶이란 결코 이념적 철저함만으로 가능한 것이 아니다. 우리의 삶은 과거를 향한 기억/회상이 아니라, 바로 지금-여기의 행동/실천으로 정의되기 때문이다. 코뮨의 힘은 내가 '너'로부터 받은 선물을 너 아닌 전혀 다른 이에게 선사하는 것이다. 우리의 일상을 떠들썩한 전쟁으로, 질펀한 축제로 만들기 위해, 우리는 타인에게 받은 '책이라는 선물'을 이름 모를 당신에게 선사한다.

게일런 로웰, 『달라이 라마 나의 티베트』

전쟁의 문법을 전복한 사람들

미국이 아프간과 벌인 전쟁은 여러 모로 불가사의하다. 전쟁의 구체적 동기도, 목표도 불분명하기 때문이다. 게다가 이 전쟁에는 '적'이 보이지 않는다. 도대체 미국은 누구를 향해 미사일을 쏘아댄 것일까? 어떻게 보면 부시는 일상 깊숙이 침투한 적에 대한 공포를 달래기 위해 아무 데나 융단폭격을 해대는 것처럼 보이기도 한다. 여객기를 폭격기로 사용하고, 제국의 심장부를 겨냥한 뉴욕 테러가 테러사의 한 획을 그었듯이, 미국 역시 '근대 이성의 완벽한 파산'을 보여준다는 점에서 전쟁사의 한 장을 열어 젖혔다고 볼 만하다.

그리고 여기, 또 하나의 전선이 있다. 중국제국과 그에 짓밟힌 티베트 사이의 전쟁. 이 전선 역시 전쟁의 근대적 문법을 전복한다. 미국의 적과 달리 중국의 적은 투명하기 짝이 없다. 다람살라라는 망명지, 지도자 달라이 라마, 그리고 그를 따르는 인민들. 그런데 특이한 것은 이 적은 '무장해제' 되어 있다는 사실이다. 게다가 그들의 전략전술(?)은 자신들을 탄압하는 제국을 증오하지 않는 것이다. 무기도 없고, 증오도 없는 적과의 전쟁이라?

『달라이 라마 나의 티베트』는 그 불가사의한 세계를 글이 아니라, 사진을 통해 보여주는 책이다. 「내셔널 지오그래픽」의 세계적 사진작가 게일런 로웰이 담은 티베트의 풍광은 눈부시게 아름답다. 더욱 눈부신 것은 사람들의 표정이다. 학살의 기억, 탄압의 흔적을 읽어내기 어려울 정도로 평온한 미소들. 아울러 사진들 사이사이에 담겨 있는 달라이 라마의 육성은 참, 어이없을 정도로 천진난만하다. 야생동물, 고원의 풀꽃들을 보면서 펄쩍펄쩍 뛰고, 사진 속 사람들의 표정 뒤에 있을 법한 에피소드들을 장난스럽게 상상해내고, 한마디로 망명정부의 지도자가 도무지 철이 없다! 그런데 그를 따라 함께 웃고 고개를 끄덕이다 보면, 어느새 가슴 밑바닥이 뜨거워지면서, 눈물이 앞을 가린다. 미국이 보이지 않는 적과 전쟁을 하듯, 중국은 자비심으로 무장하고, 전인류의 '절대적 상생'을 주장하는 '희한한' 적과 싸우고 있는 것이다. 전쟁의 양상으로만 보면 우리는 바야흐로 '근대의 황혼'을 통과하고 있는 셈이다. 하기야, 미국의 '무한증오' 덕분에 이슬람교가 전세계에 확산되었고, 중국의 탄압 덕분에 티베트 불교가 전세계인의 삶 속으로 뻗어 나가고 있으니, 아, '연기緣起법'이란 정녕 이런 것인가!

베어 하트, 『인생과 자연을 바라보는 인디언의 지혜』

자연이 건네는 말

백인 주인공이 앞에 나서려 할 때 옆에 있던 인디언이 갑자기 소매를 붙잡고 몸을 낮추게 한다. 그러면 어김없이 어디선가 총탄 같은 게 날아든다. 영화 속 인디언들은 그렇게 신비한 존재들이다. 그들은 바람의 냄새를 맡고 새 소리를 듣는다. 그들은 나무를 만지고 냇물의 맛을 본다. 때론 불을 지피고 이상한 주문을 외기도 한다.

서구인들은 그런 인디언의 행동을 인간보다는 동물에 가까운 것으로 생각했다. 분명 인디언들은 지상의 어떤 종족보다도 동물과 가까웠다. 하지만 그것은 서구인들의 생각과는 반대 이유에서 그랬다. 야만적이기 때문이 아니라 지혜롭고 성스러웠기 때문에 인디언들은 동물과 친교를 맺을 수 있었던 것이다.

인디언들도 자신들의 지혜로 여름철 더위를 식혀줄 에어컨과 냉장고를 생산할 수 없다는 것쯤은 알고 있다. 하지만 그들은 에어컨이나 냉장고를 쓰는 것보다 시원한 바람이 부는 나무 밑에 물통을 걸어두는 것이 지구와 자신들을 위하는 길임을 느낀다. 그들이 오존층을 뚫는 프레온이라는 냉매를 알아서가 아니다. 단지 짐승과 새, 나무와 바람 등이 어떤 불길함을 전하고 있기 때문이다.

그들은 자연과 대화한다. 저자의 말처럼 "나무와 바위가 말을 할 리는 없지만" 그래도 인디언들은 자연의 말을 듣는다. "구름 아래쪽이 어둡고 위쪽이 밝다면 비가 올 것이다." 그것이 자연의 말이다. "새들이 원을 그리며 나는지 똑바로 나는지를 살펴야 한다. 소의 울음소리에 종소리가 섞였다면 너는 소의 상태나 그 주변 상황에 대해 많은 걸 들은 셈이다."

인디언들은 자신에게 무언가를 일러주는 그 모든 존재들을 형제처럼 여긴다. 그래서 그들은 바위조차 '바위부족'이라 부른다. "우주가 하나이고 한 분의 신에 의해 창조된 것이라면, 인간을 포함해 모든 존재들은 형제이며 조화를 이루게 되어 있다." 따라서 우리가 그 조화의 원리를 이해하고자 한다면, 신의 말씀을 품고 있는 그 모든 형제들로부터 배울 준비가 되어 있어야 한다. 인디언들은 인생과 자연에 대한 지혜를 그렇게 얻었다.

그러나 불행히도 오늘날의 우리들은 자연에 무언가를 조금 강제할 줄 알게 되었을 뿐, 그것으로부터 무언가를 배울 수는 없게 되었다. 우리는 자연의 한 부분이면서도 자연과 대화하는 법을 잊어버렸다. 우리는 자연이 말을 할 수 없을 정도로 파괴된 후에야 더 큰 위험에 직면한 우리 자신을 발견할 뿐이다. 자연의 언어를 이해할 수 없기 때문에 우리는 문제를 해결하겠다고 달려들면서 더 악화시키기조차 한다.

하지만 자연은 여전히 우리를 '용서'^forgiving 하고 우리에게 무언가를 '선사'^for giving 하고 있다. 우리가 "아무것도 모르는 채 출퇴근 할 때도 정원의 어떤 풀은 자기 방식으로 공기를 걸러서 우리의 호흡을 돕고 있다." 버팔로 무리의 우두머리로부터 '언덕에 올라 주변을 살피는 지혜'를 배웠다는 위대한 추장 '앉은 황소'의 지혜를 우리가 다시 배울 수는 없을까? 우리가 조금만 더 세심하게 관찰한다면 신의 피조물 중의 하나인 우리가 다른 피조물들의 언어를 이해 못할 이유가 없지 않은가.

어찌 보면 우리 병을 치유하는 건 너무나 간단해 보인다. 인디언 주술사들은 약을 짓고 사람들을 치유할 때조차 스스로를 '약 만드는 사람', '치료하는 사람'이라고 부르지 않는다고 한다. 약은 예전부터 세상에 있었고, 그 치유 능력 역시 신께서 부여하신 것이기 때문이다. 지혜란 신의 말씀, 자연의 뜻을 이해하는 것에 불과하다. 신은 우리에게 여전히 큰 선물을 주고 계신다. 인디언들은 말한다. "너는 단지 마음만 비우면 된다. 신의 목소리가 네 마음으로 흘러들어 오고 또 너를 통해 다른 이에게 흘러갈 수 있도록."

헬레나 노르베리-호지, 『오래된 미래—라다크로부터 배운다』

행복에 대한 새로운 배움

"모든 사람이 우리처럼 행복하지 않단 말입니까?" 히말라야 고원의 작은 마을 라다크에 살고 있는 체링 돌마는 그곳을 찾아온 스웨덴의 언어학자 노르베리-호지의 말이 도저히 믿기지 않았던 모양이다. 첨단 기술과 온갖 진기한 물건들을 가진 서구인들이 자신들도 쉽게 누리는 행복을 얻지 못하는 게 이해가 되지 않았던 것이다. 그들에게 '스트레스'가 무엇인지를 설명하는 건 더욱 어려웠다. "일을 해야 하기 때문에 화가 난단 말인가요?"

라다크 사람들은 서구인들 이야기가 그저 신기하기만 하다. 왜 많은 물건을 만들어 놓고도 풍족하지 않은 걸까? 왜 많은 일을 빨리 처리해 주는 기계들이 있는데도 시간이 부족한 걸까? 서구인들처럼 많은 물건과 빠른 기계를 가지고 있진 않았지만 라다크 사람들은 정신적, 물질적 행복을 누리는 데 큰 어려움이 없었다. 그들은 자신들이 행복을 누리는 대단한 지혜를 가졌다고는 생각지 않았기 때문에 서구인들이 행복하지 않은 이유를 이해할 수가 없었다.

그러나 1975년 이후 마을에 대한 개방과 개발이 진행되면서 그들도 점차 그 이유를 이해할 수 있게 된다. 정확히 말하자면 이유를 알게 되었다기보다는 과거에 자신들이 행복했던 이유를 알 수 없게 된 것이다. 처음에 그들은 분명 자신들의 세계를 '개선'하기 위해 서구로부터 무언가를 배워야 한다고 생각했다. 하지만 마을을 개선시킨다는 명목의 개발은 사람들로 하여금 서구적 기술 문명을 일부 이용하게 해주는 대신, 그들 삶에 불행의 느낌과 스트레스를 심어 놓았다. 예전에 "먹을 것도 마실 것도 넉넉하다"고 말했던 사람들은 "우리는 가난해요. 우리는 개발을 해야 돼요"라고 말하기 시작한다.

단지 조금 더 편리하고 문명화된 생활을 하도록 자연을 개발했을 뿐인데 라다크 사람들은 왜 갑자기 가난해진 걸까? 저자는 물이나 공기가 오염되는 과정과 사람들이 오염되는 과정, 다시 말해 자연에 대한 파괴와 사회에 대한 파괴가 함께 일어나고 있음을 보여준다. 환금 작물만을 재배하느라 땅이 생태적 다양성을 잃어갈 때, 사람들도 문화적 다양성을 잃어간다. 예전엔 누구나 노래를 부르고, 연극을 하고, 음악을 연주할 줄 알았지만, 이제는 가수들만이 노래하고 배우들만이 연기한다. 예전의 아이들은 공동체 속에서 살아가는 데 필요한 대부분의 것들을 배웠지만, 이제는 본 적도 없는 침대 정리법이나 신호등 건너기 등에 대해 배운다. 새로운 교육은 라다크의 다양한 관습과 생태 환경에 대해 가르쳐주지 않고, 오히려 서구적 모델에 비추어 그들 문화가 얼마나 열등

녹색평론刊 『오래된 미래 - 라다크로부터 배운다』에 실려 있는 사진

"모든 사람이 우리처럼 행복하지 않단 말입니까?"
라다크 사람들은 첨단 기술과 온갖 진기한
물건들을 가진 서구인들이 자신들도 쉽게 누리는
행복을 얻지 못하는 게 이해가 되지 않았다.

한지에 대해서만 말한다.

잘못된 배움이 문제였다. 정작 삶의 지혜를 배우고 계몽되어야 할 사람들은 개발의 꿈에 사로잡힌 서구인들이었다. 그러나 가르쳐야 할 사람들에게 배웠다는 것이 비극이었다. 사람들은 배우면서 지혜를 잃었고, 자연은 개발되면서 파괴되었다.

라다크가 살아나기 위해서는 예전의 지혜를 되찾아야 했다. 저자인 노르베리-호지가 추진한 일도 바로 그것이었다. 그는 세계 여러 나라를 돌아다니며 라다크에서 일어난 파괴에 대해 고발했고, 서구적 개발에 반대하는 "라다크 프로젝트"라는 국제 조직을 발족시켰다. 그러면서 동시에 서구에서 시도되고 있는 여러 생태 기술을 라다크에 전하고, 라다크인들이 예전의 지혜를 되찾도록 도왔다. 라다크는 라다크로부터 다시 배웠다. 그러나 라다크로부터 다시 배운 것은 그들만이 아니었다. "라다크 프로젝트"에 참여한 생태주의자들은 우리에게 참된 배움이 무엇인지를 보여주었다. 그들은 라다크를 지원하기 위해 프로젝트에 참여했지만, 그 과정에서 새로운 생태적 지혜를 얻어 갔다. 라다크에서의 창조적 실험들은 그들 나라에서도 새롭게 시도되었다.

절망이 잘못된 배움에서 왔다면 희망은 새로운 배움에서 찾아야 할 것이다. 지금은 라다크 사람들도, 서구 사람들도, 라다크의 잊혀진 지혜를 새롭게 배우고 있는 중이다. 갯벌을 메우고, 나무를 잘라내며, 산을 뚫고, 땅을 파헤치면서 그 모든 것이 더 행복해지기 위해서라고 강변하는 우리 사회도 이제 정말 꿈에서 깨어날 때이다.

헬렌 니어링, 『헬렌 니어링의 소박한 밥상』

밥상 혁명을 선동하는 반(反)요리책

방 한쪽에선 스님들이 조용히 발우공양을 하고, 또 다른 편에선 조폭들이 "형님, 많이 드십시오!" 하고 외치며 시끌벅적하게 밥을 먹는다. 영화 「달마야 놀자」의 한 장면이다. 밥상의 차이를 통해 두 조직의 질적 차이가 적나라하게 포착되는 순간인 셈이다.

어디 승려와 조폭들만 그렇겠는가? 흔한 말로 사는 게 '다 먹자고 하는 짓'이라면, 먹거리야말로 삶의 출발이자 끝이라 해도 무방하지 않을까? 『헬렌 니어링의 소박한 밥상』을 보면, 정말 그렇다. '요리를 많이 하지 않는 법을 배우라'는 이 괴상한 '반反요리책'은 조리는 적게, 재료는 단순하게, 시간은 짧게, 게다가 한술 더 떠 고기나 설탕, 인스턴트 식품 같이 우리 식탁에선 없어서는 안 될 것들을 모두 먹지 말라고 말한다. 그럼 대체 뭘 먹느냐고?

저자는 말한다. "자연이 차려놓은 향연을 맛보라!"고. 그래도 일생 동안 풍성하게 먹고도 남을 지경이라고. 그렇다고 이 책이 그저 결벽증에 빠진 채식주의자의 건강타령이라고 생각하면 그건 정말 오해다. 한마디로, 이 책은 먹거리의 변환을 통해 삶의 배치를 근본적으로 바꾸라고 선동하는 과격한 '프로파간다'다. 이를테면, 요리라는 프리즘을 통해 자본주의의 이윤체계와 근대적 질서의 허구를 가차없이 조롱하고 비트는 '반문명론'이라고나 할까. 요컨대, 건강한 먹거리란 지배적 질서가 강요하는 삶의 궤도를 벗어나는 것이자 이미 구획된 경계를 넘어 타자를 향해, 동물을 향해, 우주를 향해 마음을 열어가는 길이 된다. 정말, 어느 시인의 말마따나 밥상 위에는 모든 것이 있다. "권력도, 자본도, 그리고 혁명까지도!"

조지 카치아피카스, 『정치의 전복—1968 이후의 자율적 사회운동』

사랑과 삶 그리고 혁명

바리케이트, 각목, 안전모, 입맞춤. 『신좌파의 상상력—세계적 차원에서 본 1968』의 한국어판 표지 그림. 해방을 향한 본능적 욕구의 확산 현상=에로스 효과. 더 많이 혁명할수록 더 많이 사랑을 즐긴다=1968년 5월의 구호…… 그리고 혁명의 순간들은 흔히 말하는 정치에서의 소외라는 것과는 대조적으로 정치를 에로스화한 순간들이었다고 선언하는 조지 카치아피카스의 생각을 시각화한 이 사진 한 장. 그 이미지는 여전히 생생하다. 빗속에서 진행된 우드스톡 페스티벌, 그 벌거벗은 몸과 지미 헨드릭스의 기타로 울리는 절규도 다음의 말과 함께 선명하다. "상상력이 실용성을 대체하고, 협동과 존엄성이 인간의 경쟁심과 냉담함을 대체함으로써, 고된 일은 놀이로 되어간다!"

 '파리에서 버클리까지, 베이징에서 프라하까지, 맑스에서 마르쿠제와 사르트르까지, 체 게바라에서 지미 헨드릭스까지, 그리고 기억되지 않는 베트남 정글의 수많은 전사들에서부터 바스티유 광장과 시카고

이후지 『신좌파의 상상력 — 세계적 차원에서 본 1968』의 표지 그림

더 많이 혁명할수록 더 많이 사랑을 즐긴다.
혁명의 순간들은 흔히 말하는
정치에서의 소외라는 것과는 대조적으로
정치를 에로스화한 순간들이었다.

공원을 가득 메웠던 사람들까지, 전세계를 뒤흔들었던 1968년 신좌파의 모든 것'을 담아내고 있어 사회과학의 새로운 고전으로 평가받는 『신좌파의 상상력』의 저자가 이제는 '1968년 이후의 자율적 사회운동'이라는 부제를 단 『정치의 전복』으로 자명성自明性의 허위에 길들여진 우리의 의식을 다시 한 번 타격한다. 지금 우리가 살고 있는 삶이 삶의 전부가 아니라는 인식, 지극히 당연해 보이지만 현실적으로 실천하기엔 만만치 않은 인식이 '자율성'이라는 키워드와 함께 이 책 전반을 관통한다.

기존의 거대권력과 자본의 논리로 무장한 정치의 전복을 꿈꾸는 자율적 사회운동 또는 아우토노미아의 목표는 무엇인가. 독일과 이탈리아를 비롯한 유럽의 자율적 사회운동의 전개 양상을 서술한 후, 카치아피카스는 이렇게 말한다. "자율적 사회운동의 목표는 정치의 전복이다. 즉, 국가권력의 장악이 아니라 일상생활과 시민생활의 탈식민화이다. 직접민주주의를 창조하려는 열망과 일인칭의 정치에 기반하여 자율적 사회운동들은 거대한 정부들과 기업들이 자신들의 의지를 부과하려는 구실로 삼는 통제중심이라는 허위의 보편성에 반대한다. 정치의 전복은 더 많은 민주주의를 의미할 것이다. 아테네나 플로렌스 시민들이 상상한 것보다 더 많은, 미국혁명이 전망하고 간직한 것보다 더 많은, 전에 가능했던 것보다 질적으로 더 많은 민주주의를 의미할 것이다."

욕망마저 자본의 논리와 권력에 의해 균질화해 버린 상황을 '삶의 식민화'라 부를 수 있을 터이다. 이러한 식민 상황에서 일상생활과 시민생활의 탈식민화를 지향하는 '정치의 전복'은 우리의 의식에 내면화되어 있는 식민성을 자각하고 이를 타개하는 것을 목표로 한다. 그런데 식민성의 정체를 파악하기란 쉽지 않다. 눈에 보이지 않는 미시권력의 그물이 지금 여기에서의 이대로의 삶을 당연하고 자명한 것으로 인식하도록 강요하기 때문이다. 우리의 삶을 향한 열정과 본능(에로스)은 질서와 규율이라는 이름 아래 길들여진다. '질서는 아름다운 것'이라는 슬로건이 우리의 몸과 의식 구석구석에 하도 깊이 각인되어 있어, 아름다운 질서란 늘 폭력을 동반한다는 사실마저 자각하지 못하는 것도 어찌 보면 당연하다 할 수 있다.

새로운 삶의 가능성을 자율적 사회운동에서 찾고 있는 사람은 카치아피카스뿐만 아니다. 안토니오 네그리(『디오니소스의 노동』)와 펠릭스 가타리(『분자혁명』)도 각각의 방식으로 획일화와 식민성을 강요하는 거대권력과 정치의 허위성을 비판하고 있으며, 활기를 띠고 있는 일련의 NGO운동도 같은 맥락에서 파악할 수 있을 것이다. 특히 NGO를 비롯한 시민사회운동은, 카치아피카스가 말한 바와 같이, 그 자체로 민주주의와 자유를 확대하는 데 결정적일 뿐 아니라 사회를 이해하는 열쇠이기도 하다. 동시에 자율적 사회운동은 우리의 전망을 명료하게 해주고 이전 시기로부터 우리가 이어받은 왜곡된 이미지들을 제거하도록 돕는 렌즈이기도 하다.

지극히 평범한 얘기지만, 특수한 경우를 제외한다면 인간은 사회를 떠나 살 수가 없다. 그렇다고 해서 개인의 삶이나 사고방식이 사회의 요구를 따라야 한다는 주장을 액면 그대로 수용하기도 어렵다. 사회는 얼마든지 그 구성원에 의해 재구성될 수 있기 때문이다. 역사가 수많은 혁명으로 이어져 왔다는 것을 잘 알고 있는 우리는, 지금 여기에서의 삶이 어떤 성격의 권력에 의해 조작되는지를 자각하고 그 허위와 기만을 전복할 수 있는 혁명을 모색해야 한다. 여기에서 혁명의 이미지가 반드시 핏빛인 것은 아니라는 점을 기억해야 한다. 카치아피카스가 말하듯이 자율적 사회운동은 충분히 혁명일 수 있지만, 그것은 자신의 삶과 타자의 삶을 다 함께 인정하는 사랑을 전제로 한다. 물론 사랑은 항상 투쟁을 대가로 요구한다는 것은 부연할 필요도 없으리라.

앨런 와이즈먼, 『가비오따스』

모든 이를 위한 물

내전으로 얼룩진 콜롬비아의 사막 한가운데서 한 젊은이가 꿈을 꾼다. 모두들 쓸모없는 땅이라 버려 놓은 사막에서 그는 누구도 상상할 수 없었던 공동체를 건설하기로 한다. 그의 이름은 파울로 루가리, 그는 미래는 선택하는 것이며, 현재는 싸우는 것임을 온몸으로 증거한다. 수인성 질병으로 한 해에도 수만 명씩 죽어가는 콜롬비아에 깨끗한 물을 공급하기 위한 발명품들. 루가리의 친구들은 머리 좋은 공학도들만이 아니다. 가비오따스라는 세계 최대의 생태공동체를 만든 진정한 힘은 오지에서 자신들의 삶의 방식을 잃지 않고 살아가던 원주민들의 지혜, 즉 자연을 호흡하고 자연 속을 뒹구는 인디언의 생활방식이었다.

    꿈속에서 나온 아이디어로 현실의 발명을 이룩해낸 가비오따스인들. 새로운 일상의 발명은 섬광 같은 영감inspiration보다는 실패에 지치지 않는 뚝심으로 이루어진다. "사막이란 상상력이 고갈된 상태일 뿐입니다. 가비오따스는 상상력이 만발한 오아시스입니다." 사막은 자원이 없는 곳이 아니라 상상력이 메마른 곳이라는 것. 가비오따스 역시 처음에는 사막이었지만 한 사람의 상상력으로 수많은 사람들의 삶의 가능성이 접속하여 누구도 상상할 수 없었던 상상력의 도가니가 된다. 가비오따스가 원하는 친구는 돈많은 사회주의자도, 머리 좋은 공학기술자도 아니었다. 자신의 야망을 끈질기게 농축시켜 하나의 구체적인 현실로 바꿀 수 있는 사람, 많은 사람에게 사랑을 주고 사랑을 받는 능력을 가진 사람, 전문가가 아니더라도 엄청나게 많은 정보를 기억하여 다른 이들에게 나누어줄 수 있는 삶에 대한 열정. 이런 것들이 가비오따스가 친구로 삼고 싶은 사람들의 구체적인 덕목들이었다.

    가비오따스인들이 무수하게 만들어낸 풀과 태양과 햇빛을 이용한 발명품들은, 발명 당시에는 세상 사람들이 몽상이라 부르던 것들 투성이었다. 아직은 속삭임에 지나지 않았던 수많은 낮꿈들을, 그들은 수천 번의 실패 속에서, '토피아(현실)'로 일궈냈다. 가비오따스를 황무지에서 인류의 마지막 희망으로 만든 힘은 '아무도 가지 않은 길을 가기'와 '실패를 망각하고 다음 실패를 향해 달려가는 용기'였다. 가비오따스인들은 자신들의 발명품에 특허출원만 했어도 떼돈을 벌 수 있었지만 그렇게 하지 않았다. 오히려 그들은 빈민촌 구석구석에, 깨끗한 물을 먹을 수 없어 수인성 질병에 시달리는 사람들에게, 가비오따스에서 발명한 펌프를 직접 설치해 주었다. 갈증과의 전쟁. 콜롬비아 전역의 외딴 마을에 깨끗한 물을 공급해 주기 위해 각종 펌프 시설을 설치하기 위한 가비오따스 프로젝트, '모든 이를 위한 물'. **Aqua Para Todos**

어떤 조정자나 매니저 없이도 스스로 그 다음 행동을 결정할 수 있게 된 자유로운 인간들의 공동체, 거리의 아이들로 천대받던 넝마주이 아이들이 진정 자신을 필요로 하는 시공간을 얻는다. 인간은 누군가 자신을 절실히 필요로 할 때 가장 큰 용기를 얻는다. 루가리도 자신과 개인적으로 친했던 엘리트들이 아니라 묵묵히 코뮨을 지켜왔던 일상적 구성원들로부터 진정한 용기를 얻는다. 어느새 자신들도 모르게 공동체의 중요한 사안을 결정하게 된 코뮨의 구성원들. 어느날 가비오따스를 덮친 무장군인들이, "누가 책임자요?"라고 묻자, 가비오따스인들은 누가 먼저랄 것도 없이 이렇게 말한다. "우리 모두요."

우리는 분명 자본의 질서 내부에서 코뮨을 꾸려가야 한다. 그렇다면 자본보다 더 매력적인 끌림이란 어떤 것일까. 가비오따스인들은 급료를 몇 달 동안 받지 못하는 일이 드물지 않다. 그러나 숱한 위기 상황 속에서도, 루가리가 사람들에게 "떠나도 좋다, 정말 당신들에게 줄 급료가 없다"고 말함에도 불구하고, 사람들은 급료를 이유로 가비오따스를 떠나지는 않았다. 그 힘은 바로 '내가 이 공동체에서 꼭 필요한 사람이다'라는 확신을, 지상 어느 곳에서도 쉽게 느낄 수 없는 그 감정을 가비오따스에서 느낄 수 있었기 때문일 것이다.

그들이 일군 새로운 유토피아는 복잡한 재료로 만들어진 것이 아니라 물, 태양, 바람, 그리고 상상력만으로 만들어진 것이다. "감히 유토피아를 건설하려고 하는 사람들은, 누구라도 구할 수 있는 재료를 가지고 놀라운 방법으로 독창적인 것을 만들어내지요." 그들에게는 사람이 살기에 가장 힘든 곳, 장애물이 가장 많은 장소가 곧 혁명의 장소가 된다. "사람들은 가장 편리하고 풍족한 곳에서 사회적 실험을 하곤 했습니다. 하지만 우리는 가장 힘든 곳을 원했지요. 여기서 무언가 이루어낼 수 있다면 세계 어느 곳에서도 해낼 수 있을 겁니다." 수많은 장애물의 지형도는 곧 셀 수 없는 싸움의 가능성이 음각된 혁명의 지형도다. 증오와 불안으로 가득찬 현재는 코드화된 질서가 없음으로 인해 오히려 더 많은 '싸울 기회'를 품어안고 있는 화약고가 된다.

토니 모리슨, 『파라다이스』

범람하는 잡초가 돼라

"그들은 제일 먼저 백인 소녀를 쏜다." 노벨상 수상작가 토니 모리슨의 『파라다이스』는 이렇게 시작한다. 제목에 '반하는' 이 충격적인 구절이야말로 작품을 관통하는 기저음이다. 백인 소녀를 겨냥하는 그들은 대체 누구인가? 백인들의 끔찍한 인종차별과 투쟁하며 자신들의 뿌리를 이어온 흑인 남성들이 그들이다. 피의 수난으로 얼룩진 장엄한 역사를 반복해서 되뇌이며 외부와는 완전 절연한 채 순수혈통을 이어가는 것, 그것이 '루비'로 명명된 흑인공동체의 모습이다. 그런데 이 마을 외곽의 수녀원에 이상한 여자들이 모여들기 시작한다. 뿌리도, 신앙심도 없는, 상처투성이의 여자들이. 물론 그들은 유색이거나 혼혈이거나 백인이다. 그래서 그녀들의 '막돼먹은' 행동들은 피의 불순함과 그대로 등치된다. 게다가 그 '마녀'들은 순결한 '루비'의 성채를 마구 헤집으며 혼란과 균열을 야기한다. 그건 정말 용서받을 수 없는 죄악이다. '루비'의 '로얄 패밀리'들에게는.

전통적인 흑백갈등의 틀을 뒤집는 이런 구도는 전복적인 만큼이나 참 익숙하다는 느낌을 동시에 던져준다. 혈통의 순수함, 영웅적 투쟁의 역사, 거룩한 교리, 금욕—'루비'의 수호자들만이 아니라, 지난 몇 세기간 인류가 치른 크고 작은 전쟁의 명분은 대체로 이런 서사적 스토리로 구성되었던 게 아닐까? 아我와 비아非我의 투쟁으로 표상되는 우리의 고귀한(!) 민족주의까지도. 그러나 어떤 신성한 공동체도 장엄한 역사의 광채가 그 빛을 바래게 되면 오직 혈통에 대한 맹목적 집착만이 남게 된다. 그것은 결국 다른 피에 대한 이유없는 분노, 혈통적 순수성을 깨는 여자들에 대한 '마녀사냥' 등의 궤적을 밟게 마련이다. 어디 그뿐인가? 종국에는 외부에 돌렸던 '얼음 같은 경계선'을 내부로 돌림으로써 마침내 치를 떨며 탈주했던 그 세계를 똑같이 닮아버리고 만다.

그런 점에서 이 작품의 화두는 흑인도, 여성도 아니다. 작가는 내부와 외부가 견고하게 구획된 모든 공동체가 숙명적으로 겪게 되는 어떤 경로에 대해 문제삼고 있는 것이다. 그렇다면, 파라다이스는 결국 불가능한 것인가? 아니, 그렇지 않다. 역설적으로 바로 그렇기 때문에 파라다이스는 아주 가까이 있다. 작가는 말한다. 수녀원의 여자들처럼, 기원이나 계보에 집착하지 말고, 서로 이질적인 채로 뒤엉켜 살아가는 삶의 여정 자체가 파라다이스라고. 견고한 뿌리를 자랑하는 나무가 아니라, '범람하는' 잡초가 되라고.

피에르 쌍소, 『느리게 산다는 것의 의미』

시간과 속도, 그 너머의 삶

풀과 나무가 드리워진 절벽 아래, 바위 위에 엎드린 채 물을 바라보고 있는 사람이 하나 있다. 한가롭다거나 여유롭다는 말만으로는 부족할 듯 싶은, 차라리 눈을 뜨고 꿈을 꾸는 듯한 모습. 그는 어디쯤에서 무슨 생각을 하고 있는 걸까. 한바탕 집중호우가 지나가고 난 오후, 다리를 꼬고 누워 강희안姜希顔이 그린 「고사관수도」高士觀水圖를 보다가 이런 생각을 했다. 내가 살아오는 동안 저토록 '무심하게' 무엇을 바라본 적이 있었던가. 아무 생각 없이 길을 걷고, 사람을 만나 얘기를 듣고, 나무 그늘에 누워 하늘을 본 적이 있기나 했던가. 그렇지 못했다면 그 이유는 무엇인가. 누가 또는 무엇이 그 한없는 게으름을 방해라도 했단 말인가.

'게으를 수 있는 권리'를 되찾아야 한다고, 그 권리를 빼앗긴 채 살아가는 것이야말로 진정 인간이기를 포기한 채 자본의 충직한 노예가 되기를 자발적으로 원하는 것과 다름이 없다고 얘기한 것은 맑스의 사위 폴 라파르그였다. 그런데 그 아픈 충고를 들을 때조차도 우리는 가슴

강희안, 「고사관수도」

살아오는 동안 저토록 무심하게 무엇을 바라본 적이 있는가. 느림과 빠름의 역동적인 교직, 그리하여 드러나는 삶의 무늬. 나른한 몽상과 한가로운 산책은 상상력을 뿜어내는 샘이다.

에 품은 핸드폰이 더욱 강렬하게 구속해 주기를 초조하게 바라지는 않았던가. 지독한 매저키스트! 그런 마당에 「고사관수도」라니. 한치의 에누리 없이 분절된 시간과 세밀하게 구획된 공간이 우리의 일상을 지배하고 있는 세상에서 우리 삶의 모세혈관은 싱싱한 피로 숨쉬기를 포기한 지 이미 오래다. 그리하여 우리는 화폐로 정확하게 환산되는 시간의 채찍에 쫓겨 헐떡거리며 살아왔고 또 이렇게 살고 있는 것이다.

천천히 여유롭게 그리고 느릿느릿 사는 것이야말로 육체적 생명뿐만 아니라 정신적 생명을 다시금 약동하게 원천이다. 그런데 게으름과 느림은 이 현란한 자본의 제국에서 추방되어야 한다는 격언에 이의를 제기해야 한다고 피에르 쌍소는 힘주어 말한다. 게으름과 느림은 이 황금의 성전에 발을 디뎌서는 안 된다는 불문율을 파기해야 한다고 선언한다. 대담한 도발이다. 하기야 러셀이 게으름을 드높이 찬양한 적이 있고, 밀란 쿤데라가 『느림』의 복권을 시도하기도 했었다. 이들에 비해 느림에 대한 쌍소의 견해는 훨씬 구체적이다. 한가로이 거닐기, 남의 말을 차분히 들어주기, '고급스러운' 권태에 빠져보기, 꿈꾸기, 진득하니 기다리기, 낡은 시간 떠올리기, 글쓰기, 술 한 잔의 지혜……. 일견 가벼워 보이지만 우리의 사회학적 상상력으로 빈 칸을 채우면서 본다면 그다지 가벼운 것만도 아니다.

지칠 줄 모르고 일하는 사람은 생명의 왕국을 피폐하게 만드는 폭군이자 독재자이다. 또는 삶의 또 다른 일부인 죽음을 의식하지 못하는 바보거나 천치다. 최고의 스피드야말로 최상의 미덕이라는 음험한 자본의 논리, 그 가증할 수사 전략을 간파하기란 쉬운 일이 아니다. 그러나 사이보그와 인간이 다르다는 것을 확인하고 싶은 사람이라면, 그리고 말초적인 감각을 충족시키는 물질적 풍요가 우리 삶이 원하는 전부가 아니라는 것을 아는 사람이라면, 이러한 전략의 이면을 투시할 수 있는 힘을 길러야 한다. 무뎌진 감각을 회복하기 위해서 말이다. 이때 필요한 무기가 느림이다. 물론 느림만으로 평생을 살아갈 수는 없는 노릇이다. 느림과 빠름의 역동적 교직交織, 그리하여 드러나는 삶의 무늬, 이를 두고 '아름다운' 삶이라 할 수 있지 않겠는가.

상투적이긴 하지만 이렇게 말해보자. "느림의 미학 또는 느림의 철학을 내면화함으로써 삶의 견인력을 확보할 것, '빨리빨리'라는 자본의 주문呪文을 끊어버릴 것, 그리하여 황폐해진 나의 삶을 복원할 것!" 느림은 우리가 선택해야 할 삶의 조건이자 우리의 삶을 노예화하는 자본의 논리에 저항할 수 있는 거점이다. 곧 거부를 통해 해방을 꿈꾸는 사람은 느리게 사는 방법을 터득해야 한다. 왜? 죽음을 마주하고 있는 '살아 있는 사람'으로서 존재하기 위해—쌍소의 말이다. 나른한 몽상과 한가로운 산책은 상상력을 뿜어내는 샘이다. 그 샘물을 길어올려 들이킬 때 속도에 지친 우리의 생명은 다시금 약동할 수 있을 것이다. 오늘 다시금 「고사관수도」와 『느리게 산다는 것의 의미』를 나란히 놓고 그 사이에서 출렁이는 생명의 '힘'을 호흡할 일이다.

뚜 웨이밍, 『한 젊은 유학자의 초상』

앎의 공동체, 일상의 고고학

중국의 지적 전통을 대표하는 유학자가 '가벼운 정치적 저항' 때문에 당한 유배의 길에서 도주를 결심했다면 믿을 수 있겠는가. 게다가 자신의 정치적 신념을 지키기 위해 정적의 암살 위협을 무릅써야 했다면. 자신을 암살하려는 정적의 추적을 피하기 위해 강물에 빠진 척 하고, 상선에 탄 채로 태풍에 붙들려 며칠을 표류하고, 호랑이의 밥이 될 뻔하다가 정신적 내공으로(?) 죽음을 모면한 이 '세미-무협소설'의 주인공이 바로 왕양명이다.

　양명에게 실제로 중요했던 것은 '양명 자신의 사상이 얼마나 유가적인가'가 아니라, '일상과 혁명을 위해 자신의 철학이 어떻게 부단히 변이할 수 있는가'였던 것이다. 그가 인간을 이해하는 틀도 '한정된 쓰임의 그릇인가, 끊임없이 변이하는, 어떤 상황에서도 편안할 수 있는 그릇인가'의 여부이다. 양명의 정치적·학문적 적은 바로 '원전 교조주의 일파'와 '과거시험용 경전 읽기파' 였다고 할 수 있다. 그가 학문하는 자세는 유가적 학풍의 견고한 도덕의 철책을 벗어나 있다. 게다가 그가 세상 사람들과 만나는 방식은 '웃음'에 있다. 공자를 '노나라 늙은이'라 표현하는 양명의 발랄한 입심은 공자에 대한 우상화의 배치를 가벼이 비웃는다. 그는 '자신의 능력 밖에 있는' 공자를 애써 비호하지도 추앙하지도 않는다. 그는 친구 같은 성인, 노나라 늙은이 공자의 사상을 다만 '즐긴다.'

그의 이러한 학문적 방법론은 유교적 담론의 내부를 둘러싼 모든 정치적, 학문적 집단들로부터 강한 반발을 사게 된다. 이론과 고전해석의 문제, 이데올로기적 차이에 의해 학문간의 경계가 규정되는 것이 아니라 '어떻게 학문을 하는가' '어떻게 학문을 삶 속에서 녹여내는가' 그리고 '자신의 삶과 사상을 다른 이에게 스며들게 하는가'가 관건이 되었던 것이다. 그래서 유학의 사상을 온몸으로 체현하고자 했던 양명 자신에게 돌아오는 비판의 화살이 '유학이 가르치는 대로 순순히 복종해라!' 였다는 아이러니도 성립할 수 있다.

그러나 역시 청년 왕명을 좌절의 늪으로부터 벗어나게 해준 것은 경전 자체의 어구가 아니라 몸으로 부대끼는 고통의 체험이었다. 그는 '양명동에서의 선禪체험'을 통해 오히려 유가를 지탱하는 힘을 발견한다. 양명이 추구하는 것은 인간의 모든 욕망을 누르는 금욕주의로서의 유학의 이미지가 아니라, 인간적 욕망을 고려하고, 그 욕망의 그물을 때로는 찢고 때로는 감싸안으며 나아가는 지적 도정이라 할 수 있다. 이것을 '유가적 내재성의 원리'라 이름할 수 없을까. 도달할 수 없는 초월적 목표를 위해 육체를 희생시키는 초인적 고난의 길을 택하는 것이 아니라, 인간의 내적 한계와 욕망의 그물 안에서 최대한의 내적 역동성을 일구기.

정치적 유배지에서 자신의 관을 짜놓고 조용히 죽음을 기다림으로써, 죽음의 공포와 정면으로 맞섬으로써, 왕양명은 비로소 항심恒心을 찾는다. 게다가 그는 자신에게 적대적이었던 유배지의 민중들과 교류하기 시작한다. 이질적인 삶의 결들과 두루치기할 수 있는 것, '야만인'이라 불리는 이질적 삶들과 공명하고 서로의 삶의 가치 속으로 스며들 수 있는 것, 이것이 바로 양명에게 있어 자아의 내적 역동성의 실현이며, 삶의 무기가 되는 것이다.

무협지보다 더 스릴 넘치고, 멜로물보다 더 눈물겨운 자기고투 후에, 비로소 깨달음의 시간이 온다. 이제 문제는 성인이 무엇인가라는 존재론적 문제도, 또는 나는 성인이 되어야 한다는 당위론적 명제도 아니다. 중요한 것은 일상과 실천의 영역에서 끊임없이 무언가를 생성하는 문제, 끊임없이 성인이 '되는' 과정 자체에 놓인다. '~으로'라는 목표가 아니라 '끝없이 우직하게 나아가는 도정, 되기의 과정, 생성의 과정' 자체에 초점을 두는 양명의 교육학. 천재의 일필휘지와는 다른 둔재의 우직한 우공이산愚公移山식 교육법. 그리고 잘못을 피하려는 희망과 자신감보다 잘못을 교정할 '용기'가 더욱 중요하다는 말. 천재들이 '범접할 수 없는'(?) 둔재의 느리디 느린-되기의 세계!

무엇보다도 왕양명에게 앎과 함은 하나였다. 단계론적, 진화론적,

직선적인 사고는 반드시 앎과 함을 구분한다. 안 다음에 실천하고, 준비한 다음에 행하는 '단계론' 일반의 함정은 바로 반드시 어떤 '함' action!을 가로막고, '준비되지 않았음에도 불구하고 지금 행동하고 싶은 수많은 욕망의 선분들'을 가로막는다는 점에 있다. 양명은 앎의 의미 자체를 촉감적이고 신체적인 것으로 바꾼다. 앎과 함이 동시적일 수밖에 없는 것을 증명하기 위해서는 '사랑과 우정'을 느끼는 인간 감성의 메커니즘을 살펴보는 것만으로도 충분하다. 우정과 사랑을 느끼고 행함에 있어 '대상에 대한 분석적 이해와 인식 이후의 결단과 실천'이라는 단계론적 사고가 틈입할 수 있을까. '앎-함'은 이제 인식론적 틀로서 기능하는 것이 아니라 우리의 날마다의 실존을 구성하는 한 부분으로 자리잡는다.

우리의 날마다의 실존을 구성하는 한 부분으로서의 앎과 함, 기억과 행동, 좌절과 절망은 새로운 욕망과 행동의 든든한 토양이다. 우리를 혼란과 공포로부터 항심을 지킬 수 있도록 지켜주는 것은 오직 뜻을 함께 하는 친구들의 힘이다. 부디 우리도, "무슨 일이 있어도 그것을 좇으리라 맹세하고 한 눈금씩 싸워나가며 만리를 갈 수 있기를". 한 눈금씩이 느리디 느리게 모여 이루는, 마침내 만리길을 품어 안는 앎-함의 네트워크! 그 길은 결코 쉽지 않다. "언제, 어디에서든 바람은 불어와 요동하여 우리는 찢어진다. 이 말만으로도 눈물이 쏟아진다." 그러나 우리는 "궁극적인 진리〔道〕와 구체적인 수행〔器〕의 불가분성, 의식적인 노력〔助〕과 무심한 성장〔忘〕 사이의 균형, 고요한 비어 있음〔靜虛〕과 비어 있음의 정적 상태〔虛寂〕의 미묘한 차이" 속에서 끊임없이 진동하고, 구부러지고, 끊어지고, 그리고 마침내 비약할 것이다. 그리고 성인의 말씀에 주눅드는 것이 아니라 마침내 "성인들의 말씀을 기리는 의례의 춤을 추고 싶은 기분"을 느낄 수 있을 것이다.

나탈리 제먼 데이비스, 『마르탱 게르의 귀향』

다른 삶을 꿈꾸고픈 욕망

나는 『마르탱 게르의 귀향』이라는 책을 읽으며 여러 명의 목소리가 끊임없이 겹쳐 들리는 낯선 귀울음을 들었다. 자신의 부와 가족과 아름다운 아내 모두를 버리고 어느 날 갑자기 사라진 마르탱 게르, 남편이 떠난 후 남편의 신분으로 위장한 남자를 실제의 남편보다 더욱 사랑한 여인 베르트랑드. 그리고 그녀의 새로운 남편, 아니 진짜 남편보다 더 다정하고 '남편다웠던' 아르노 뒤 틸. 그리고 이미 마르탱 게르가 '되어버린' 아르노 뒤 틸을 재판했던 장 드 코라스의 목소리가 겹겹이 포개져 만들어지는 낯선 이명耳鳴. 이 책의 저자 나탈리는 '기록된' 자료와 통계적 수치를 비껴나가고, 지배적/이성적 역사 인식의 거울을 퉁겨나가는 '역사의 외부'를 천천히 더듬는다.

원본 마르탱 게르와 가짜 마르탱 게르를 가르는 재판 과정에 이르면 독자는 원래의 마르탱 게르와 아르노 뒤 틸을 자신도 모르게 헷갈리게 된다. 판례는커녕 규제하고 처벌할 수 있는 법조차 없었던 '다른 사람 되기'. 수표의 위조나 서명의 위조 같은 간단한 위조와는 비교도 될 수 없는, 범죄라는 꼬리표를 달기도 어려운 '새로운 종류의 괴물 같은 범죄'. 새 마르탱은 이전의 마르탱이 꿈꾸지 못했던 삶의 영역까지 창안해낸다. 감옥에 들어간 그는 너무도 의연하고 유능하게, 자신이 마르탱 게르임을 증명한다. 정작 나중에 돌아온 진짜 마르탱 게르는 가짜 마르탱만큼 과거에 대해 잘 기억하고 있지 못했다. 진짜보다도 더 훌륭한 모사품, '새로운 마르탱 게르'.

영화 「블레이드 러너」에서 블레이드 러너는 복제인간과 인간을 구별하기 위해 '유년의 기억의 유무'라는 판별기준을 사용한다. 그러나 보다 '업그레이드'된 아름다운 복제인간 레이첼에겐 유년시절의 기억마저 '입력'되어 있다. 자신이 철저히 인간인 줄로만 믿고 있었던 그녀에게 "너의 기억은 이식된 거야"라고 말하는 냉혹한 블레이드 러너, 데커드. 그러나 데커드는 사랑스러운 복제인간 레이첼과 함께 탈주한다. 복제인간으로서 주어진 삶의 배치를 넘어서려는 모든 복제인간을 '청소'해야 하는 블레이드 러너가 '청소'의 대상인 복제인간과 함께, 복제인간과 인간의 배치를 한꺼번에 넘어선다. 이 영화에서 '기억'은 인간과 복제인간을 구별하는 기준이 되지 못한다. 복제인간에게 인간의 정서가 자연스럽게 생겨나고, 인간이 가지는 모든 감정과 능력 —— 슬픔, 사랑, 기쁨, 우울, 그리고 무엇보다도 '탈주의 욕망' —— 이 그들에게 저절로 생겨나기 때문이다. 그들을 인간보다 더 인간다운 존재로 만드는 것은 그들의 '기억'이 아니라, 그들의 욕망이고 그들의 행동/실천이다.

지식의 풍경刊 『마르탱 게르의 귀향』에 실려 있는 마르탱 게르 재판을 묘사한 그림

『마르탱 게르의 귀향』, 16세기의 이 책이 '불온하면서도 매혹적인 어떤 것'을 품은 채 수많은 필사본과 이본을 낳은 것은 '지금의 이 삶이 아닌 다른 삶을 꿈꾸고픈 욕망' 때문 아니었을까.

내가 마르탱 게르의 '사기 행각'에 매료되고, 내가 베르트랑드라면 틀림없이 진짜 마르탱 게르가 아닌 따옴표 친 마르탱 게르를 사랑했을 거라고 생각한 까닭은, 이렇듯 인간에게 중요한 것은 누군가와 함께 살았다는 기억이 아니라 바로, 지금, 여기에서 사랑의 욕망을 일으키고 무언가 새로운 일을 즐겁게 하고자 하는 욕망, 행동, 실천이기 때문이다. 장 드 코라스의 재판기록도, '문헌으로서의 역사'가 아니라 '가능성으로서의 역사'를 꿈꾸던 나탈리도, '창안된 결혼' 속에서 오히려 행복했던 두 사람의 침대 속 은밀한 대화의 미세한 결들, 그들이 함께 나눈 자잘한 꿈까지 되살릴 수는 없었다. 가짜 마르탱 게르를 진짜보다 더 진정한 마르탱으로 거듭나게 한 것은 아무도 그대로 복원해낼 수 없는 이들의 구체적인 사랑의 행동과 실천이다. 영화 「토탈리콜」에서 화성의 반정부운동 지도자 쿠아토는 말한다. "인간은 기억이 아니라 행동에 의해 정의된다."

간음, 축첩, 중혼이라면 몰라도 가짜 남편이라니! 이것은 아무도 생각할 수 없었던 새로운 종류의 범죄였으며 범죄라는 말로 규정짓기도 애매한, '그물에 걸리지 않는 바람' 같은 사건이었다. 욕망의 분자적 흐름을 정해진 도관 속으로만 흐르게 하고 그것을 비켜나가는 무수한 흐름들을 '정상인들'의 삶의 울타리 밖으로 밀어내는 사법장치. 코라스를 둘러싼 당시의 사법적 배치는 결혼과 그 산물인 자녀에 대한 온정주의 때문에 그러한 판결을 내린 것이 아니라, 갖가지 포획의 그물을 뚫고 새로운 분자적 욕망의 흐름을 만들어내려는 '분열자'들의 출현을 차단한 것이 아니었을까. 결혼과 그 산물인 자녀가 아니라 '사회 그 자체'를 '보호'하려는 것이 그들의 목적이 아니었을까. 사회가 필요로 했던 것은 기존의 그물로 그물질할 수 없는 새로운 분열자 또는 비정상인을 '위험, 악마, 마법' 등의 비이성적인 표지로 '동물원의 철책'에 가두는 것이었다. 물론 그 처벌의 '의식' ritual 은 당연히 '정상인들', 갇혀 있지 않으나 지배의 그물에 '이미' 갇혀 있는 그들을 경계하도록 하기 위한 것이었다. 새로운 마르탱 게르를 '광인狂人'을 가두는 철책'에 밀어넣음으로써 나머지 '정상인들'은 다시 '경직된', 그렇기 때문에 너무도 '안정된' 삶의 선분들 속에 고착된다.

우리는 출생신고로부터 시작해서 사망신고를 할 때까지 주민등록증, 운전면허증, 각종 카드를 통해 자신의 아이덴티티를 고정시키는 일을 멈출 수 없다. 평생을 '한 사람'의 동일한 정체성을 부여받고, 그것을 유지하고, 다른 이에게 빼앗기지 않기 위해 애써야 한다. 주민등록증이나 카드가 잠깐 없어져도 우리는 두려움에 떤다. 그것은 죽음에 버금가는 공포로서 우리의 신체에 이미 각인되어 있다. 위조나 사칭의 '가능성'(현실이 아닌)에 대한 불안. 그 동일한 정체성의 그물을 우리는 평생 동안 단 한 발짝도 빠져나가기 힘들다.

그러나 아르노, 아니 마르탱이 된 그는 어떤가. 그는 적어도 능동적으로 자신의 삶의 배치를 바꿨다. 그리고 진짜 마르탱이 없는 그 집에, 그 가족들과 마을 사람들에게 새롭게 싹튼 사랑과 새 생명(둘 사이에 태어난 두 명의 아기), 유쾌한 삶을 향한 의지, 새롭게 삶을 개척하고자 하는 살아 있는 숨소리를 불어넣었다. 그의 이야기가 '불온하면서도 매혹적인 어떤 것'을 품은 채 수많은 필사본과 이본을 낳은 것은 이렇듯 16세기 사람들의 마음 깊숙이 감추어져 있던 '지금의 이 삶이 아닌 다른 삶을 꿈꾸고픈 욕망' 때문이 아니었을까.

하비 콕스, 『바보제』 / 알프레드 시몽, 『기호와 몽상』 / 조르주 바타유, 『어떻게 인간적 상황을 벗어날 것인가』

축제—전복적 상상력의 원천

그게 책이든 뭐든 인쇄된 글자를 대하고 있지 않으면 까닭 없이 불안해지는 이유는 무엇인가. 죽은 활자들을 머릿속에 하염없이 쌓아놓기만 해서 도대체 어쩌자는 말인가. 비좁은 공간에서 숨죽이고 있던 그것들은, 지금쯤, 아주 은밀하게, 나의 이토록 '평온한 삶'을 뒤흔들어 놓을 모반을, 더없이 정연한 정신의 신경계를 교란할 책략을 도모하고 있지는 않을까. 그러다가 어느 날 갑자기, 도저히 저항할 수 없는 기세로 달려들어 나를 고문하지는 않을까. 수정체를 통과하여 뇌 어느 구석에 아무렇게나 처박히는 활자들은, 정녕 거무튀튀한 뻘처럼 널부러져 있는 시간의 공포를 망각하기 위한 향정신성 의약품인가, 아니면 경계선 위에서 춤추는 데 필요한 담력을 기르기 위한 정신건강 보조식품인가. 언제까지 책만 들여다 보고 있을 것인가, 한 걸음 더 나아가 일상의 폭력이라는 게 무엇인가에 관해 고민하다가 이런 생각을 했다. 그 지독한 무력감이라니.

불행하게도 이 무력감을 치유할 방도가 없다는 것을 모를 만큼 순진하지는 않다. 다시 활자를 빌려 잠시 진정시키는 도리 외에 다른 뾰족수가 있을 리 만무하다. 가공할 악무한惡無限, 하나 다른 수가 없다. 여기 다시 3권의 책이 있다. 하나는 잘 알려진 신학자 하비 콕스의 『바보제— 제축과 환상의 신학』, 다른 하나는 '연극과 축제에 관한 시론'이라는 부제가 달린 알프레드 시몽의 『기호와 몽상』, 그리고 마지막 하나는 『어떻게 인간적 상황을 벗어날 것인가—인간과 종교, 제사, 축제, 전쟁에 관한 소묘』라는 제목의, 조르주 바타유가 쓴 것이다. 이 세 권의 책을 관통하고 있는 키워드는 '축제'다. 그렇다면 왜 새삼 축제가 문제인가. 인류학적·종교적 관점에서 보든 아니면 철학적 혹은 사회학적 시각에서 보든 지금 우리의 삶이 '정상적'이라고, 아니면 행복하다고 얘기하는 사람들에게 이런 책은 아무런 의미가 없다. 하비 콕스는 인간의 본질을 호모 페스티부스homo festivus 또는 호모 판타지아homo fantasia라는 말로 정의한다. 그의 말을 따른다면 축제로써 일상을 전복하고 상상력을 빌려 인간 존재의 불구성을 재확인하려는 사람들에게 우리의 삶은 정상적인 것일 수가, 행복한 것일 리가 없다.

이런 생각을 하다가 우연히 마주친 프랑스 노르망디 출신의 낯선 연극 평론가 알프레드 시몽은 이렇게 말한다. "우리는 '지금 여기에서' 축제를 개최하지 않으면 안 된다. 축제는 우리를 가두어 놓고 있는 보이지 않는 벽의 출구를 뚫을 수 있는 마지막 기회이다. 축제는 오늘날의 정치영역에서 볼 수 있는 조롱에 직면하여, 인간적 요구의 꼭대기에 붙어 있는 인간에 대한 멸시에 직면하여, 폭력의 유혹에 직면하여, 이데올로기적 환상에 직면하여, 이 시대의 선한 사람들을 노리는 선악 이원론이란 끔찍한 유혹으로부터 벗어날 수 있는 마지막 기회인 것이다. 그것은 '현재 모습대로의' 세계와 인간의 실존이라는 항구적인 스캔들 앞에 놓인 사막에서 벗어나는 길이다." 물론 축제는 파괴를 위한 파괴가 아니다. 억압되어 있던 생명의 에너지가 분출하는 장場이다. 여기에서 비로소 변함없는 또는 지속적인 일상성을 일탈하여 삶과 인간 생명의 의미를 되물을 수 있다. 하비 콕스의 말마따나 '제축기능과 환상능력'이 원숙한 모습을 보였던 중세의 '바보제'를 복원함으로써 현대의 인간이 직면한 정신적 위기를 돌파할 수 있을는지도 모른다.

　이 이야기에 잠시 안도의 한숨을 내쉬어 보기도 하지만, 정말 그럴 수 있을까라는 의문에 확답을 내릴 자신은 없다. 왜 그런고 하니 연극을 즐길 깜냥도 턱없이 부족한 데다, 축제의 기억마저 아득한 기억 속에서 간신히 길어 올릴 수밖에 없기 때문이다. 그렇다고 자본과 권력이 휘두르는 폭력에 순응하면서 무기력을 언제까지 유예하고 있을 수만은 없는 노릇이다. 따라서 미래를 창조하기 위해 과거를 파괴해야 한다고 말하는 하비 콕스를 빌려, 세계를 연극적으로 재창조하는 일은 세계를 재건코자 하는 계획의 핵심이며, 해방된 사회란 모든 사람이 스스로의 연극을 창조할 능력을 가진 사회를 의미한다고 단언하는 알프레드 시몽을 안내자로 삼아, 그리고 사물의 질서는 지속을 위해 삶을 억제하지만 신성神性은 그것을 비등하게 하는 놀라운 폭발, 즉 폭력이라 말하는 조르주 바타유를 길잡이로 하여, 끝없이 망각의 심연으로 추락하는 투쟁의 은유로서의 축제를 기억하는 일이 무용하지만은 않을 것이다. 결국 '그때'가 좋았지라는 체념의 수사를, 좋았던 '그때'를 적극적으로 기억해야 한다는 당위의 수사로 대체할 수 있어야 우리 자신에게 덜 미안할 터이다.

　이쯤에서 책을 읽는 일이, 다시 말해 활자를 풀어헤쳐 일상의 폭력을 격파해 나갈 수 있는 무기로 다시 만드는 일이 무의미하지 않을 것이라며 풀죽은 '나'를 다독거릴 수도 있지 않을까. 다독거림이 비겁한 위안으로 그치지 않도록 『바보제』와 『기호와 몽상』과 『어떻게 인간적 상황을 벗어날 것인가』를 한 번 더 꼼꼼히 읽어야 하리라. 왜 종교가 삶을 환상화하는 능력인지를, 브레히트, 아르토, 베케트 등이 연극을 통해 현실을 어떻게 주시했으며 그들이 '창조'한 연극이 어떤 종류의 축제였는지를, 역동적인 문체로 그려내는 이 책을 뒤덮고 있는 활자들의 출렁임에서 우리의 삶을 재구성할 힘을 발견해야 한다. 그리고 이들 활자 사이사이에서 숨쉬고 있는 맑스와 니체와 랭보와 카프카와 존 케이지의 핏자국 선명한 생각을 기억해야 한다. 그러고 난 후에 자본의 파시스트적 권력이 대중매체를 앞세워 축제를 어떻게 파괴했는지를, 화폐로 환산되는 세속의 시간이 성스러운 시간을 어떤 식으로 추방했는지를 하나하나 따져보아야 한다. 그리하여 지금의 평온과 행복이 가짜이며 얼마 안 있어 환멸로 귀결하고 말 것이라는 사실을 확인해야 한다. 이럴 때 책읽기는 또 다른 축제와 투쟁을 마련하는 계기가 될 수 있을 것이다.

숙명이라고까지 말할 수는 없겠지만 활자들의 미로를 헤매지 않고서는 견뎌내지 못할 터, 그렇다면 우리는 이렇게 말해야만 한다. 활자들이여 이 평온한 삶을 전복하라, 이 정연한 정신의 신경계를 교란하라, 그대가 지닌 검은색이 검은색이 아님을, 푸른 빛 죽음으로 또는 붉은 빛 삶일 수 있음을 증거하라, 그리하여 나와 우리의 푸석푸석한 일상을 폭파하라, 경계선 위에서 내가 춤출 수 있도록……. 이는 위악적 포즈도 아니며 위선적 독설도 아니다. 적어도 나의 경우는 '실존적 진실'이다. 바타유는 '책은 단순한 파편들 더미가 아니라 건축물로서의 자아의식'이라고 말하고 있지 않은가. 이 세 권의 책과 함께 르네 지라르의 『폭력과 성스러움』, 엘리아데가 쓴 『우주의 역사』와 아울러 질베르 뒤랑의 『상징적 상상력』 등을 읽고서 시몽의 다음과 같은 말을 되새긴다면, 당분간 이 우울한 무력감에서 탈출할 수 있는 돌파구를 발견할 수 있을지도 모를 일이다. "투쟁이 없으면 축제도 없고 축제가 없으면 투쟁도 없다. …… 의심할 것도 없이 탁월한 혁명적 임무는 다음과 같은 것일 터이다. 즉 마술적 의미를 되돌려 주고, 각자 사물이 지시하는 신성한 힘을 모든 인간으로 하여금 되찾게 하며, 과학의 냉철한 이성이 강조해 왔던 익명성으로부터 사물을 복원하여 본래의 자리로 되돌려 놓는 것, 그것이 바로 연극과 축제를 복원해야 하는 이유이다."

바흐친, 『프랑수아 라블레의 작품과 중세 및 르네상스의 민중문화』

잃어버린 천년의 웃음,
그 유쾌한 카니발의 부활

언제부턴가 우리에게 '웃음'은 삶을 지키는 든든한 무기가 아닌, 억눌린 감정의 일시적인 배설구가 되었다. '썰렁하다'는 형용사는 '웃음'에 대한 우리들의 강박을 증거한다. 웃음의 '난장'을 자부하는 '개그콘서트'조차 웃음을 강요한다. 스크린쿼터와 '애국시민'의 비호 속에 흥행 가도를 달리는 한국영화는 이제 '웃음의 문법'에는 확실히 통달한 듯하다. 아무리 슬픈 영화라도 그 속에 웃음이 패키지 상품처럼 포함되어야만 관중의 시선을 끈다. 오늘의 웃음의 논리 속에는 어떤 억압과 강박('웃겨야 해, 저들을 웃겨야 해' / '어디 한 번 웃겨 보지지'), 웃음을 대하는 '비정한 교환가치'의 논리가 작동하고 있다.

『프랑수아 라블레의 작품과 중세 및 르네상스의 민중문화』는 웃음의 역사에 관한 책이다. 바흐친이 다루고 있는 대상은 프랑수아 라블레라는 프랑스 작가의 작품을 통해서 본 중세 및 르네상스 시대의 웃음 문화이다. 그러나 그가 라블레라는 프리즘을 통해 비추는 웃음의 문화는 르네상스 당대를 넘어선다. 르네상스도, 종교개혁도, 산업혁명도 없었던 러시아에서 태어난 바흐친. 그가 근대의 중심, 서유럽 문화를 투시함에 있어 유독 '웃음'과 '카니발'에 주목한 까닭은 무엇일까. 그는 천년에 걸쳐 쌓아올린 민중의 웃음 가득한 카니발에서, 공포로 가득찬 근대적 물신성의 세계를 넘어설 작은 출구를 엿본 것은 아닐까. 이 책은 웃음과 카니발의 역사를 넘어, 광장의 웃음이 밀실의 웃음으로, 민중의 카니발이 국가/개인의 형식화된 의식儀式으로 변모되는 과정을 가파르게 양각해낸다.

바흐친은 라블레에게 나타나는 물질/육체적 원리의 이미지들을 민중인 웃음 문화의 강력한 유산으로 복원한다. 그는 이를 일컬어 '그로테스크 리얼리즘'이라 이름한다. 그로테스크 리얼리즘의 특성은 '격하'시키기, 즉 고상하고 정신적이며 이상적이고 추상적인 모든 것들을 물질적, 육체적 차원으로 끌어내리는 것이다. 성교와 수태, 임신과 출산, 포식과 배설에 대한 라블레의 거침없는 입담과 백과사전적 탐구는 '엄숙한' 중세의 계급적·종교적 질서를 안으로부터 뒤흔드는 미세한 균열이었다.

라블레가 싸워야 했던 중세 계급문화의 '엄숙함' 속에는 공식적/권위적인 권력, 강제, 금지, 제한의 논리가 도사리고 있었다. 그러한 엄숙함 속에는 항상 공포와 위협의 요소가 자리한다. 웃음에 의해서 만들어진 금지와 제한은 존재하지 않는다. 권력, 강제, 권위는 결코 웃음의 언어로 말하지 않는 법. 중세인들은 웃음 속에서 공포에 대한 승리를 특히 예민하게 감지하고 있었다. 라블레가 일구어낸 민중의 카니발, 그 웃음의 축제는 항상 기괴하고 우스꽝스러운 형식 속에서, 죽음의 우스꽝스러운 이미지들과 유쾌하게 해체된 육체 속에서, 공포를 극복할 문턱들을 마련한다. "공포, 이것은 웃음에 굴복한 일방적이고 멍청한 엄숙함의 극한적 표현이다." 우리를 무섭게 만드는 모든 것을 우스꽝스럽게 만들기. 공포를 유쾌한 괴물로 만들기. 공포와 놀이를 벌이고, 그 공포를 조소하기.

라블레의 작품에서 모든 엄숙한 것, 무거운 것들은 가볍게 물구나무선다. 라블레의 인물들은 너무 웃다가 유쾌한 죽음을 맞기도 하며, 죽음에 이르는 병조차 웃음의 무기로 무찌르기도 한다. 거인 팡타그뤼엘의 옹골찬 오줌발은 전대미문의 홍수를 이루어 적군의 병사를 익사시키고, 불륜의 현장을 들킨 귀족은 여자의 팬티를 모자로 착각하여 뒤집어 쓰고 황급히 현장을 피한다. 매독梅毒은 '저 헤라클레스의 기둥과 겨룰 만한 두 다리 사이가 잔뜩 부풀어오른' 우스꽝스러운 이미지로 나타나고, 팡타그뤼엘의 가공할 방귀소리는 사방 90리를 진동시킨다. 죽음조차 무찌르는 든든한 무기로서의 웃음! 라블레는 풍자의 대상과 자신을 분리시키지 않고, 자기 자신마저 웃음의 대상으로 만드는 넉넉한 웃음의 철학을 제시한다. 삶과 죽음을 규정하는 문제를 심각함, 고상함의 세계가 아닌 즐거움/웃음의 놀이터에서 일구는 라블레. 그는 절대 무게잡지 않으며 유머가 넘치는, 따뜻한 삶의 위로자다.

바흐친의 눈에 비친 17세기 이후의 역사는 웃음을 삶의 영역에서 배제시키는 과정이었다. 중요하고 본질적인 것은 우스꽝스러운 것이 될 수 없으며, 역사와 그 역사를 대표하는 사람들(영웅, 황제)도 우스꽝스러워서는 안 되었다. 웃음은 진지함/삶의 깊이와는 대비되는 '하찮은 것/저열한 것'으로 인식되기 시작했다. 웃음을 비일상적인 것으로 여기는 것, 이것은 웃음을 '삶' 외부에서 사유하는 것, 웃음을 삶의 울타리 밖으로 배제시키는 것이다. 라블레는 슬픔과 고통이 우리에게서 빼앗아간 능력, 즉 웃음의 능력을 되찾음으로써 억압된 민중들과 함께 탈주한다. 바흐친은 라블레가 그려낸 웃음의 점묘화를 통해 미스코리아의 균질화된 웃음으로부터, 가식과 위선의 기호로서의 웃음으로부터 유쾌하게 탈주한다.

진정한 웃음은 외적 검열뿐 아니라 어떠한 '내적 검열'로부터도 자유롭다. 억지웃음은 웃음이 아니다. 카니발의 웃음은 아무것도 강요하지 않고 요구하지도 않는다. 라블레에게 있어 웃음이란 삶에 대한 깨달음을 흐리게 만드는 고통과 격정으로부터의 해방이다. 라블레의 카니발은 수많은 이질적인 언어들, 셀 수 없는 방언과 속어, 여러 문화들이 직접 부딪칠 뿐만 아니라 끊임없이 서로 뒤얽히는 접경지역에서 발생한다. 라블레의 언어만큼 '순수하지 않은' 언어는 없다. 그의 언어는 오직 여러 언어들의 접경지역에서만, 완전히 새롭고 진정으로 산문적이며 아무런 공포가 없는 삶을 살기 시작한다. 웃음의 카니발은 바로 경계에서 꽃피는 것이며, 이질적인 것들의 자유로운 놀이터에서 발생하는 것이다. 바흐친이 라블레를 통해 예견하는 미래는 궁극적으로 희극의 세계다. 인류가 유쾌하게 과거와 작별하기 위한 우스꽝스러운 희극. 경계에서 꽃피는 웃음의 카니발은 무대와 배우, 관객의 환호도 따로 필요치 않다. 카니발은 관조되는 것이 아니라 그 속에서 너와 내가, 우리가 함께 살고 있는 삶터이다. 카니발이 진행되는 동안에는 '카니발적인 삶' 이외에는, 다른 어떤 것을 위한 삶도 존재하지 않는다. 카니발을 피할 곳은 어디에도 없다. 카니발은 공간적, 시간적 경계를 알지 못하므로.

파울루 프레이리, 『페다고지』

세상을 배우는 건 세상을 바꾸는 것

프로이트도 지적한 바이지만 근대 교육학과 정치학은 불가능한 목표에 도전하는 학문들처럼 보인다. 교육학은 아이들에게 기존의 가치들을 주입하면서 미래 사회를 만들어 가길 기대한다는 점에서, 그리고 정치학은 억압받는 민중들을 잘 지도하고 이끌어 자율적인 존재로 해방시킬 수 있다고 믿는 점에서 그렇다. 목표를 달성하기 위한 두 학문의 방법이 이미 그 목표를 부인하고 있는데도, 목표에서 한참 멀어진 결과를 보고 놀라는 풍경은 분명 희극적이다. 그러나 우리에게 이러한 풍경이 희극이 아닌 비극으로 읽히는 이유는 그 불가능한 목표가 우리의 소중한 꿈이기 때문일 것이다.

프레이리의 전설적인 책 『페다고지』는 교육학과 정치학의 잘못된 방법 때문에 불가능한 목표로 전락한 그 소중한 꿈이 '지금 여기서 창조될 수 있는 진리'임을 보여주고 있다. 그는 교육학과 정치학이 부딪힌 한계들에 한꺼번에 도전한다. 그것이 가능한 이유는 그 한계들이 사실상 동일한 것이기 때문이다.

확실히 프레이리의 교육학은 매우 정치적이다. 그는 교육이 민중들의 억압과 해방에 대해 말해야 한다고 믿는다. 그에 따르면 진짜 '불순한 교육'은 가치를 개입시키는 교육이 아니라 과학의 이름으로 가치를 배제하면서 현존하는 억압을 은폐하는 교육이다. 그러나 교육의 정치성을 폭로한 것 때문에 그의 교육학을 정치적이라 말하는 것은 아니다. 그의 위대한 점은 앞서 언급한 교육학과 정치학의 목표와 방법을 완벽하게 통합한 데 있다. 그의 교육 목표와 방법은 그대로 정치 목표와 방법이다. '교사-학생'의 관계는 '지도자-민중'의 관계이고, 교육적 대화와 실천은 곧바로 정치적 대화와 실천이다. 그에게 있어 세상을 배우는 것과 세상을 바꾸는 것은 같은 문제다.

때문에 우리는 그가 비난하는 나쁜 교육에서 나쁜 정치의 특징을 읽을 수 있다. 그가 나쁜 교육의 전형으로 말한 '은행저금식 교육'을 보자. 여기서 교사는 예탁자가 예금을 쌓듯이 학생이라는 빈 그릇을 계속 채우기만 한다. 가르치는 것도, 생각하는 것도, 말하는 것도, 내용을 선택하는 것도, 학습과정을 주도하는 것도 모두 교사의 몫이고, 학생들은 그저 배우고, 듣고, 훈육받고, 순응할 뿐이다. 여기에는 대화가 없다. "지식을 가졌다고 자처하는 사람들이 아는 것이 없다고 여기는 사람들에게 일방적으로 전달하는" 독백만이 있을 뿐이다.

나쁜 정치가 바로 그렇다. 나쁜 정치는 민중들의 말할 권리를 부정한다. 그런 사회는 지배자들만이 말하는 독백 사회라고 할 수 있다. 독백은 상대방의 말할 권리를 빼앗는 것으로 상대방을 노예나 사물처럼 취급하는 것이다. 그래서 억압적 사회에서 사람들은 노예나 사물처럼 철저히 비인간적인 삶을 사는 것이다. 문제는 민중들을 위한 교육과 정치를 하겠다는 사람들도 이런 독백에 자주 빠진다는 점이다. 민중들을 주체가 아닌 객체로 인식하고, 그들을 위한다고 말할 때조차 그들을 계몽의 대상으로 생각하는 낡은 습관에 젖어 있는 한, 참된 말의 교환은 일어날 수 없다.

좋은 교육은 교사와 학생 모두를 주체로 내세운다. 그들에게는 일방적으로 받아서 쌓아두어야 할 지식이 있는 게 아니라 함께 풀어야 할 문제가 있을 따름이다. 프레이리는 이것을 '문제제기식' 교육이라 불렀다. 그들은 공동의 성찰과 행동을 통해 문제를 이해하고 현실을 새롭게 창조한다. 여기서는 누구를 '위해서'라는 말이 사라지고 '함께'라는 말만 남는다. 이것이 대화이다. 진정한 대화는 공동의 성찰과 행동을 통해 서로를 변화시키고 서로가 처해 있는 현실을 변화시키는 것이다. 좋은 정치도 마찬가지다. '누구를 위한 혁명' '누구를 위한 정치'가 필요한 것이 아니라 '함께 하는 혁명' '함께 하는 정치'가 필요한 것이다. 발간된 지 30년도 더 된 책에서 여전히 많은 것을 배운다는 게 슬프기도 하고 고맙기도 하다.

마르코스, 『우리의 말이 우리의 무기입니다』

칼과 창이 되는 언어

1992년 10월 12일, 인디언 500년의 저항을 기념하는 시위대 속에서 갑자기 4천여명의 젊은 남녀가 활과 화살로 무장하고 나타난다. 개척자가 원주민에게 세금과 노역을 부과하기 시작한 역사의 상징물 마사리에고스 조각상을 향해 그들은 화살을 날린다. 멕시코 원주민의 저항사에서, 이 조각상이 무너진 것은 베를린 장벽이 무너진 것보다 더 큰 상징적 울림이 된다. 그들은 '우리의 나이는 500살'이라며, 인디언 투쟁의 역사가 곧 자신들의 삶 자체임을 선포한다. 그리고 갈색 피부를 가진 수천의 전사들 사이에서 푸른 눈과 하얀 피부를 가진 청년이 나타난다. "나를 통해 사파티스타 민족해방군은 말한다." 당신이 누구냐는 질문에 "나는 반란군 부사령관 마르코스"라 대답하며.

마르코스가 직접 펜으로 쓴 반란군 성명서가 잇따라 신문지상을 뒤덮고, 신문이 그의 발언을 봉쇄하자 그의 말은 인터넷을 통해 전세계로 들불처럼 번진다. 사파티스타 전사들이 쓰는 검은 스키마스크는 그들에

멕시코 사파티스타 반란군 부사령관 마르코스. 해냄刊 『우리의 말이 우리의 무기입니다』 ⓒ Yuriria Pantoja Millán

"나는 아무것도 갖지 않기 위해 모든 것을 가질 수 있었지만 모든 것을 갖기 위해 아무것도 갖지 않기로 결심했습니다."

게 자신의 특수한 출신 성분을 떨쳐버리고 혁명의 집합적 주체로 거듭나는 힘을 부여한다. 그들은 보이려고 얼굴을 감추는 것이다! 사파티스타의 시작은 오직 6명의 신참 게릴라들이었다. 아무도 전세계 수천만 인류가 '나는 사파티스타!' 라 선언하게 될 것을 예상치 못했다. 사파티스타를 관념적 이데올로기에서 구해준 것은 기존의 모든 이념적 전제들을 과감히 내려놓고 '다시 처음으로' ᵈᵃ ᶜᵃᵖᵒ 돌아가, 무지렁이 원주민들로부터 끊임없이 배울 수 있는 용기였다.

  사파티스타 사람들은 바로 옆에서 함께 총을 들고 싸우던 친구들이 귀와 혀가 잘린 시체로 발견되었을 때, 어떻게 그 죽음을 극복하는가? 그들은 친구를 죽인 자들을 용서하지도 않으며, 고문과 처형으로 죽어간 친구들을 망각하지도 않는다. 그들은 친구들의 죽음을 자신의 온몸으로 껴안고 매일매일 친구들의 죽음을 자신의 삶으로 살아가는 방식을 택한다. 그들의 잘린 혀로 하여금 살아 남은 나의 혀를 통해 말하게 하라. 살아남은 나의 귀를 통하여 죽은 이들이 듣지 못한 세상의 맥박을 듣게 하라. 그들은 친구들의 죽음을 산다ˡⁱᵛᵉ. 그들에게 '삶을 산다' 는 '죽음을 산다' 와 동의어다. 살아 있는 내가 죽어 있는 '너' 가 됨으로써 그들의 삶은 상상할 수 없는 강렬도로 비약한다. "권력은, 죄수가 감옥에 있으면서도 여전히 자유로울 수 있다는 것을 이해하지 못합니다. 그것은 이 사람과 이 사람들의 힘이 현대 무기에서 나오는 게 아니라 그들의 역사에서, 그들의 뿌리에서, 그들의 죽은 사람들에게서 나오기 때문입니다." "나는 아무것도 갖지 않기 위해 모든 것을 가질 수 있었지만 모든 것을 갖기 위해 아무것도 갖지 않기로 결심했습니다."

코뮨에서 흘러나오는 수많은 목소리들은 한 사람의 목소리로 나올지라도 곧 집합적인 울림이다. 자신의 목소리가 곧 타자의 목소리로 울려 퍼지는 말. 하나이면서도 많은, 집합적 목소리가 권력에 맞서는 혁명의 네트워크로 변하는 메아리. 꿈이 사파티스타에서 편히 쉴 수 있게, 꿈이 진흙탕 속을 뒹굴게! 진흙탕 속을 뒹구는 꿈들의 코뮨, 말처럼 쉽지 않다. 꿈과 이상은 세상 무엇보다 넓고 높되, 몸은 매순간 진흙탕을 굴러야 하는 것이므로. 그들은 가난조차 무기로 삼음으로써, 가난을 핑계 삼고, 부자가 되기 위한 몸부림에서 한번도 자유롭지 못했던 우리의 잠든 의식을 강타한다. "우리가 가난한 것은 가난을 선택했기 때문입니다. 만일 우리가 항복했다면, 만일 우리 자신을 팔았다면, 우리는 더 이상 가난하지 않았겠지만 다른 사람들은 여전히 가난했을 겁니다. 그래서 우리는 우리의 가난을 무기로, 저항의 무기로 만들었습니다."

그들은 혁명을 위해 타자를 공격하는 것이 아니라 먼저 스스로를 능동적으로 변화시킨다. "우리는 변화를 가져오기 위해 싸우고 있지만, 그 투쟁에는 우리 자신을 변화시키는 것도 포함되어 있다는 걸 우린 종종 잊고 있어." 사파티스타인들은 코뮨 내부 여성들의 명령으로 금주 명령을 내리고, 여성들이 스스로 무기를 들고 함께 투쟁에 나서겠다고 선포한다. 원주민들 스스로의 힘으로 매춘과 실업과 구걸이 사라진다.

일상과 혁명, 지금-여기와 행복의 함수관계를 사파티스타는 어떻게 이야기했던가. "투쟁해봐, 그럼 행복해질 거야." 사파티스타는 신자유주의라는 이름으로 무수한 학살과 처절한 고통을 당했으면서도 자신들의 불행을 신자유주의의 탓으로 돌리지 않는다. "그러나 신자유주의가 강력한 것은 우리가 허약한 탓이기도 합니다. 우리에게 대안이 없는 탓에, 저들이 악몽의 연속을 제안하는 겁니다. 이제 우리도 슬퍼하거나 한탄하지만 말고 새로운 가능성을 제시해야 합니다." 세상에는 항상 협객이 있었고, 지금도 협객이 있다. 검은 스키마스크로 자신의 얼굴을 가린, 한 명의 목소리를 통해 수천만의 목소리가 아우성치는. 그들의 온몸이 절실한 무기이기에, 그들의 말조차 세상을 바꾸는 무기가 되는.

2. 철학의 외부, 근대에 내재하는 외부를 위하여

어떤 구체적 조건과도 무관한 보편적 철학이란 없다. 그러한 철학이 있다면 그것은 세계와 단절되고 세계와 이별하는 철학이다. '외부'란 경계의 바깥, 현실의 장막을 비껴선 상태를 의미하는 것이 아니다. 외부란 계산되지 않은 힘들의 영역, 지배의 그물에서 살짝 벗어나 있는 힘들의 영역이다. 나아가 외부는 모든 사상, 모든 철학의 내적 조건이다. "혁명을 꿈꾸는 철학, 혹은 다른 종류의 삶을 창안하고자 하는 사유, 그것은 반드시 외부를 통해 사유하는 철학이며, 철학의 외부를 긍정하는 철학일 것이다." 우리는 이 책들을 통해 철학이 자신의 외부, 즉 자본주의, 근대적 권력, 착취와 포획을 다루는 방식을 배우고자 한다. 철학은 철학 아닌 것들과의 동거, 철학 아닌 것들과의 투쟁을 통해서만 날마다 새롭게 거듭나리라.

들뢰즈,「의미의 논리」

사건의 철학과 의미의 논리

『의미의 논리』는 『앙띠 오이디푸스』와 『천 개의 고원』으로 응집된, 20세기 철학사의 가장 중요한 '고원' 중 하나인 들뢰즈 철학의 문턱이다. 그가 항상 좋아했고 즐겨 이용했던 니체와 스피노자는 여기서 들뢰즈의 사유를 통해 '의미의 논리'를 직조하는 독창적인 개념들로 변환된다. 들뢰즈/가타리와 가까웠던 철학자 에릭 알리에즈는 최근 1960년대 이후 프랑스 현대 철학사를 현상학과의 대결과정으로 묘사한 바 있다(『현상학의 불가능성』). 이는 들뢰즈의 경우에도 타당한 것 같다. 『의미의 논리』는 의미에 관한 여러 철학적 입론들을 겨냥하여 쓰여졌지만, 그가 특히 염두에 두고 있는 것이 현상학임을 알아차리는 건 그다지 어려운 일이 아니다.

이 책에서 들뢰즈는 '사실'과 '의미'를 구분한다. 날아가는 공은 그 앞뒤 이웃에 무엇이 오는가에 따라 다른 의미를 갖게 된다. 공의 앞뒤에 한국인 선수들이 있다면 그 공의 의미는 '패스'가 되지만, 한국 선수+

거울 안과 밖의 들뢰즈

"20세기는 언젠가 들뢰즈의 세기로 기억될 것이다"
—미셸 푸코

공+일본 선수가 되면 공의 의미는 패스미스가 된다. 또 한국 선수+공 +공그물이 되면 공의 의미는 '골인'이 되지만, 그 뒤에 장갑 낀 한국 선수가 연결되면 '자살골'이 된다. 이처럼 하나로 연결되는(계열화되는) 이웃관계가 그 공의 의미다. 이런 식의 의미 개념은 공을 공이라고만 하는 실증주의나, 공의 의미를 주관의 의향(지향)이 드러나는 것이라고 말하는 현상학과도 다르다. 사실^{fait}과 사건^{événement}, 사고^{accident}와 사건이 구별되는 것도 이런 방식으로다. 교통사고로 누가 죽었다는 건 사고요 사실이다. 그러나 죽은 사람이 반체제인사였다는 사실, 충돌한 차가 버스인데 그 길을 평소에 다니지 않는 차였다는 사실이 그것과 계열화되면 그건 '사건'이 된다. 이 점에서 모든 사건은 대문자 '존재'가 스스로를 드러내는 사건^{Ereignis}이며, 이는 동일성을 강조하는 하이데거의 사건 개념과 다르다. 차라리 들뢰즈는 연결되는 이웃항에 따라 의미가 얼마든지 다른 것이 될 수 있다는 것을 보여주려 한다는 점에서 동일성으로 환원할 수 없는 '순수 차이' 자체를 개념화하려고 하는 셈이다.

이런 방식으로 들뢰즈는 존재의 어떤 상태가 다른 상태로 변화되는 '생성(되기)'의 차원에서 의미와 사건을 정의하려고 한다. 이를 위해 사용하는 계열화와 이웃관계 등의 개념은 그가 이웃관계에 의해 어떤 항의 의미를 파악하는 구조주의의 영향을 받았다는 것을 보여준다. 그러나 그는 다양한 계열들 사이에서 구조적 동형성을 찾아내고자 하는 구조주의와 달리 차이화되는 양상을 전면적으로 드러내고자 한다는 점에서 구조주의와 다르다. 여기서도 동일성으로 환원불가능한 '순수 차이'

를 개념화하려는 시도가 마찬가지로 확인된다.

    이러한 관점은 차라리 모든 것을 관련된 다른 것과의 관계를 통해 정의하려는 스피노자의 양태 개념에 훨씬 더 가깝다(이는 『스피노자와 표현의 문제』의 말미를 『의미의 논리』에 연결해 둔 들뢰즈의 글에서 명시적으로 드러나는 바다). '계열화'를 통해 의미를 정의하는 이 극한적인 '관계주의적' 발상은 이후 『앙띠 오이디푸스』나 『천 개의 고원』에 이르면 '기계'라는 개념으로 변환된다. 그 결과 접속된 이웃항과의 관계에 의해 무한히 다른 것으로 '변이'되는 '내재성'의 장(마당!)이 펼쳐진다. 스피노자의 실체 개념에서 연유하는 이러한 내재성 개념은 이후 '욕망'의 장으로 새로이 정의된다. 이를 통해 들뢰즈는 라캉이나 프로이트와는 다른 욕망의 역사이론으로 나아갈 핵심적인 고리를 마련한 셈이다. 이를 가장 먼저 알아보고 찾아가 접속한 것은 가타리였다. 이로써 서양철학의 역사에 근본적으로 혁신적인 또 하나의 새로운 사유의 장이 열리게 된다.

들뢰즈/가타리, 『천 개의 고원』

천의 고원을 넘나드는 철학적 유목

언젠가 들뢰즈는 『천 개의 고원』에서 가장 중심적인 개념을 하나 들어 달라고 하는 질문에 '배치'라는 말로 답한 적이 있다. 욕망을 정치학의 중심 개념으로 떠올렸던 『앙띠 오이디푸스』와 이 책 사이에 있는 두 저자의 책 『카프카』는 "배치란 무엇인가?"라는 제목으로 끝난다. 이 '배치'란 개념을 통해서 혁명적 욕망과 억압적 욕망의 이분법에 갇혀 있던 욕망의 개념은 역사적 개념으로 변환된다. 『천 개의 고원』은 다양한 욕망의 배치에 대한 풍요롭고 창발적인 분석을 통해 우리를 새로운 삶의 방식으로 안내한다.

그런데 과연 배치란 무엇인가? 가령 벽-문-자물쇠는 침실이란 공간을 특징짓는 '배치'다. 어느 하나만 없어도 침실이 되지 못한다. 반면 배열 순서를 약간 바꾸면 그것은 감옥의 배치가 된다. 어떤 방도 그런 식으로 배열되면 모두 감옥이 된다. 전자에서 자물쇠는 보호-장치 내지 프라이버시-장치지만, 후자에서 그것은 감금장치가 된다. 따라서 이렇게 말할 수 있다. "자물쇠는 자물쇠다. 특정한 관계 속에서만 그것은 감금장치가 된다." 비슷한 문장을 맑스는 역사유물론의 요체를 설명하면서 제시한 바 있다. "흑인은 흑인이다. 특정한 관계 속에서만 그는 노예가 된다." 이런 의미에서 이 책은 맑스의 역사유물론과 같은 길을 가고 있다. '배치의 역사유물론.'

그렇지만 이 책에서 역사적인 방식으로 다루는 것들은 생산양식보다는 기호체제, 얼굴, 선분적 권력, 동물-되기, 리토르넬로, 전쟁기계, 포획장치 등이다. 즉 배치란 개념은 생산양식을 넘어서 세상의 모든 곳을 탐사하게 하는 '기계'가 되었고, 역사유물론은 그 모든 곳으로 넘쳐 흐르게 된다. 새로운 사유를 생산하는 개념으로, 새로운 삶을 생산하는 기계로. 그래서 저자들은 책의 처음부터 명시적으로 요구한다. 이 책을 '기계'로 이용해 달라고. 마치 유목민들의 전쟁기계처럼. 이 기계는 통념이나 상식, 혹은 관습이나 '정설'의 형태로 항상-이미 작용하는 역사와 철학, 문학과 과학에 대한 근본적인 질문을 촉발하며, '척도'라는 형태로 행사되는 다수성majority의 권력에 맞서게 한다. 그리하여 우리로 하여금 다시 '혁명'을 꿈꾸게 한다. 그러나 그 혁명에 피가 흐르지 않는다고 실망할 것은 없다. 니체 말대로 "좋은 전쟁에서는 화약냄새가 나지 않는 법"이니까.

확실히 이 책에서는 『앙띠 오이디푸스』에서 같은 열정이 느껴지지 않는다. 곳곳에서 명령문을 써서 '선동'하고 있지만, 그 목소리는 차라리 달관한 도인의 그것처럼 느껴진다. 그들은 "민중을 일으켜 세우는 나팔소리"를 자처하지만, 그 나팔은 메시앙의 '새소리', 바레즈의 이온화된 음의 입자, 우주로 열린 현대음악의 난해한 소리를 낸다. 실제로 들뢰즈는 이 책을 한편의 철학적 음악이라고 주장한 바 있으며, 그래서 도대체 난해하다는 불평을 하는 사람들에게 오디오에 음반을 걸어놓고 듣듯이 읽어달라고 대답한 바 있다. 하긴, 모르는 음악도 자꾸 걸어놓고 듣다보면 '알게 되지' 않던가. 더구나 여기서 펼쳐지는 게 '현대' 철학임을 감안한다면, 그 난해함은 현대음악을 듣는 것에 비하면 훨씬 양반임이 분명할 테니까. 그들이 내는 새로운 소리에 조금이나마 익숙해지게 되면, 그래서 그들의 말소리를 그럭저럭 알아듣게 된다면, 새로운 감각과 사유, 새로운 삶 안에 들어가 있는 자신을 발견할 수 있을 것이다. 그들이 기다리는 '도래할 민중' 안에 있는 자신을.

펠릭스 가타리, 『분자혁명』

욕망의 사회화학과 혁명

지금은 내 스스로 화학과를 나온 게 맞나 싶을 정도로 학부 때 배운 것들을 많이 잊어버렸지만, 그래도 몇 가지 실험들은 '몸으로' 익혔기 때문인지 잘 기억하고 있다. 그 중에서도 '시계 반응' 실험이 준 감동은 잊을 수가 없다. 시계 반응이란 주기적으로 반복되는 일종의 진동성 화학 반응으로, 연구자 이름을 따서 보통 '벨루소프-자보틴스키 반응'이라고 불린다. 일정한 주기를 두고 용액의 색깔이 확확 바뀌는 것이 거의 마법과도 같다. 사실 비커 속에는 지구의 인구 수보다도 많은, 아니 어쩌면 지상에 존재하는 모든 생물들의 수보다도 많은 분자들이 들어 있다. 용액의 색깔이 주기적으로 달라진다는 것은 분자들의 운동과 배치가 일정한 주기로 바뀌고 있음을 의미한다. 그렇게 많은 분자들이 어떻게 연락을 취하고 동시에 배치를 바꾸는 것일까? 분자들은 어떻게 협력하는 것일까? 학자들은 이 운동이 고전 역학이나 양자 역학의 단순한 계에서는 찾아 볼 수 없는 불안정성을 가지고 있음에 주목했다. 만약 이 운동에

작은 교란이라도 생긴다면, 교란은 주기적 반복에 의해 확대 재생산될 것이고, 결국 완전히 새로운 질서가 창출될 것이다.

펠릭스 가타리의 『분자혁명』을 만났을 때 이 오래된 실험의 기억이 되살아났다. 혁명을 다루는 역학이 존재한다면 가타리는 분명 혁명의 새로운 역학을 찾아낸 사람이다. 그는 자신의 작업을 "욕망의 사회화학"chimie sociale du désir이라고 불렀다. 그에 따르면 오늘날의 파시즘은 화학적으로 작동한다. 파시즘은 더 이상 국가나 인종의 수준에서만 작동하지 않는다. 그것은 우리 자신의 세포에까지 들어와서 우리들의 욕망을 화학적으로 변성시킨다. 파시즘은 유치원생들이 줄 맞추어 행진하는 것 속에 존재하며, 일상적인 사법체계 속에 존재하고, 아내에게 소리 지르는 노동운동가의 입 속에 존재한다. 또한 그것은 동성애자들이나 비행청소년들, 외국인들에 대한 우리들의 까닭 모를 분노 속에 존재한다. 오늘날의 적은 "기존 질서의 수호자로서 당신의 임무를 자각하게 하는 당신 자신의 욕망이다."

파시즘이 세포적 수준, 분자적 수준에서 작동하고 있다면, 혁명 역시 그와 같은 수준에서 작동한다. 가타리는 분자적 수준에서 작동하는 대중들의 혁명적인 욕망에 주목했다. 그는 우리에게 수많은 사례들을 소개한다. 가령 뉴욕의 어떤 갱단은 두목의 초월적 권력이 작동하지 못하도록 만드는 놀라운 기제를 확보하고 있다. 또 프랑스의 어떤 동성애자 그룹은 정부에 시민권을 인정해 달라고 싸우는 게 아니라 시민권 자체의 폐지를 위해 다른 소수자들과 함께 싸운다. 여기서 누가 누구를 인정해 주고, 누가 누구를 대표해 주는 일 따위는 존재하지 않는다. 대중들 자신이 자기 욕망의 대표자들이고, 그들 자신이 자기 사회의 구성원들이다.

욕망은 본래 계급의 구별도, 남성과 여성의 구별도, 본국인과 외국인의 구별도, 이성애와 동성애의 구별도, 백인과 유색인의 구별도 알지 못한다. 특정한 배치 속에서만 욕망은 그런 것들을 중요하게 받아들인다. 욕망이 파시즘으로 변성될 수 있다면 욕망은 또한 혁명으로 전환될 수도 있다. 그는 사회에 존재하는 모든 차별과 위계들을 가로지르는 '분자 혁명'의 가능성을 믿는다. 중요한 것은 대중들의 욕망이 지닌 창조력에 사회를 개방하는 것이다. 분자 수준에서 작동하는 대중들의 욕망은 용액 색깔을 확확 바꾸었던 '시계 반응'의 수많은 분자들처럼 새로운 질서를 만들어낼 수 있다.

가타리의 『분자혁명』은 구체적인 사례와 아이디어가 넘치는 책이다. "부엌의 미시정치"에서 "자본주의적 욕망"에 이르기까지 수십 개의 이야기들 속에 천재적인 발상들이 반짝인다. 들뢰즈의 비유처럼 가타리의 말들은 번개처럼 우리를 내려친다. 자본주의의 "똥 같은 현실" 속에서 분자들의 놀라운 마법을 실험하고 싶은 사람들은 들뢰즈처럼 피뢰침을 들고 가타리를 만나보는 것이 좋을 듯 싶다.

알랭 바디우 지음, 『들뢰즈—존재의 함성』

생성의 철학에서 존재의 함성으로

자신이 평생 싸워온 적이, 자신이 결국 물리치고 승리한 적이 사실은 자신의 이복형제였다는 걸 알았을 때, 철학자는 어떤 표정을 지을까? 이 책에서 바디우가 하려는 건 바로 이것이다. 평생 플라톤주의의 전복을 시도했던 철학자에게, 당신 또한 플라톤주의자였다고 말해주는 것, 그럼으로써 저자 자신과 대립된다고 생각했던 들뢰즈를 자신의 친구로 만드는 것. 이를 위해 저자는 '못다 쓴 우정의 편지'를 쓴다.

하지만 이는 결코 쉬운 일이 아니다. 들뢰즈처럼 섬세하고 치밀한 사상가와 그의 적대자를 포개는 일은 더더욱 그렇다. 그러나 바디우는 멀리 떨어진 것에서도 공통점을 찾아내는 대가적인 스타일에, 수학자적인 날카로움을 덧붙여 이 어려운 작업을 수행한다. 작업의 경로는 크게 두 가지다. 하나는 들뢰즈를 하이데거와 포개고, 그것을 다시 플라톤과 포개는 것이다. 그가 들뢰즈 철학의 중심에서 찾아내는 '존재의 일의성'은 여기서 '존재의 목소리'가 되고, 그것은 다시 존재자들을 낳는 탁월한 존재가 된다. 그리고 플라톤의 일자$^{\text{The One}}$에선 원본이자 모델로 기능하는 이데아를 제거한다. 더불어 원본·복사본·환영 간에 근본적 차별이 없음을 뜻하던 개체의 동등성은 존재자들이 갖는 '의미의 동일성'과 포개지고, 이는 다시 일자의 능력으로 귀속된다.

다른 하나의 경로는 들뢰즈의 일부분을 베르그송과 중첩시켜, '비합리주의'와 '생의 철학'이란 명칭을 이용해 제거하는 것이다. 그런데 이러한 '수학적' 변환의 결과는 플라톤보다는 헤겔에 더 가까운 것 같다. 피안 없는 내재성을 사유하려는 '일의성'을 피안의 초월적 존재인 플라톤의 일자로 만드는 데는 원을 사각형으로 만드는 것만큼이나 무리가 따르기 때문이다. 아마도 내재성을 초월성에 복속시켰던 헤겔이라면, 그러한 변환의 교묘한 근사값이 되어줄지도 모른다.

더불어 결정적인 또 하나의 추상이 시도된다. 시간의 개념을 제거하는 것. 바디우가 보기에 진리를 '시간'으로 차이화하며 반복되는 무상함의 영원성으로 대체하는 들뢰즈의 입장은, 시간과 무관하게 존재해야 하는, 그래서 탈시간화되어야만 존재할 수 있는 플라톤이나 자신의 진리 개념과 양립할 수 없기 때문이다. 이로써 이미지마저 운동이나 시간으로 정의함으로써 생성을 개념화하려던 들뢰즈의 영화적 사유는 시간과 운동이 제거된 불변의 이미지로, 정지된 스틸사진으로 변환된다. 이를 통해 들뢰즈의 철학은 시간에서 벗어난 진리(플라톤주의!)로 '상승'된다.

이제 뜻하지 않게 '진리'의 위치를 획득한 자신을 본다면 들뢰즈는 어떤 생각을 할까? 일전에 그는 자신이 칸트를 겁탈해서, 칸트가 보면 기겁을 할 끔찍한 사생아를 하나 낳았다고 말한 적이 있다. 이번에는 들뢰즈 차례다. 마치 칸트가 그랬던 것처럼, 들뢰즈 역시 바디우에 겁탈당해 낳은 저 고상한 사생아 앞에서 깜짝 놀라 기겁할 게 틀림없다. 그러나 들뢰즈가 기이하게 생긴 아이를 낳아놓곤 킬킬대며 웃고 있었다면, 바디우는 들뢰즈에게 자신의 적과 꼭 빼어 닮은 아이를 안겨줌으로써 통쾌해 하고 있는 것처럼 보인다. 이런 점에서 그가 사용한 변환의 수사학은 들뢰즈의 유쾌한 유머보다는 소크라테스의 가슴 아픈 아이러니에 훨씬 더 가까이 있는 것처럼 보인다.

미셸 푸코, 『광기의 역사』

광기의 역사, 혹은 이성의 그늘

감옥과 정신병원, 어디가 더 나은, 아니 덜 나쁜 곳일까? 감옥은 가두어 두고 처벌하는 '기계'라면, 정신병원은 '병원'인 만큼 치료하는 기계니, 후자가 더 나을 것이란 생각을 하는 것은 아주 자연스럽다. 그래서 「뻐꾸기 둥지 위로 날아간 새」의 맥 머피나, 「시계 태엽장치의 오렌지」의 알렉스는 정신병원을 선택하는 세간의 '지혜'에 따른다. 결과는? 머피는 죽음에 잇닿은 중환자가 되고, 알렉스는 훌륭한 치료 덕에 모든 반항기와 폭력성을 거세당한 채 '퇴원' 하지만, 모든 사람에게 학대받다 불구가 되어 병원에 입원한다. 감금보다 더 끔찍한 치료! 적어도 밀로스 포먼이나 스탠리 큐브릭은 그렇게 생각하는 것이 분명하다.

하지만 큐브릭이 범죄적 폭력과 그것을 처벌하는 폭력, 혹은 그것을 치료하는 폭력의 대칭성을 상대적으로 주목한다면, 포먼은 광인의 삶의 '정상성'과 이성적 치료의 폭력성을 주목한다. 머피는 환자인지 아닌지가 모호한 사람이다. 하지만 머피만 그런 것은 아니다. 머피의 눈에 비친 그의 동료들은 대부분 환자인지 아닌지가 모호한 사람들이다. 반면 의사와 간호사의 폭력적 치료에 대한 공포가 그들로 하여금 환자의 역할에 충실하게 만든다. 그들은 병원에 있고, 의사의 판단 아래 있으며, 그런 만큼 환자여야 하는 것이다. 그래서 그들을 병원 밖의 세상으로, 이른바 '정상성'의 세계로 인도했던 머피마저, 정상과 광기, 의사와 환자를 가르는 경계선의 강력한 권력에 의해 확실한 환자가 된다. 이성이란 특수한 종류의 광기라고, 다른 광기를 처벌하고 자신의 규칙에 두들겨 맞추는 광기라고 말하려는 것일까?

이런 발상이 단지 영화적 허구라고 말할 수 있을까? 푸코는 『광기의 역사』에서 광기가 이처럼 병원에 갇혀서 '치료' 받는 환자가 되게 된 과정을 진지한 역사적 연구로 그려서 보여준 바 있다. 그에 따르면 광인들이 환자가 되어 치료받게 된 것은 그리 오래되지 않은 역사를 갖는다. 가령 햄릿의 광기는 치료해야 할 병도, 가두어야 할 발작도 아니며, 『노트르담의 꼽추』에서 광인은 부랑자와 걸인, 도둑, 집시나 이방인 등과 더불어 파리 시내의 한 구역을 차지하고 살아간다. 거기에는 그들 나름의 법과 규칙이 있다. 광인임이 분명한 돈키호테를 가두거나 치료하려는 사람은 어디에도 없다. 하지만 영화 「아마데우스」는 사태가 크게 달라졌음을 보여준다. 그 영화는 광인이나 부랑자, 걸인 등이 갇혀 있는 수용소로 들어가, 광인 살리에리가 자살을 시도하는 방에 이르는 것으로 시작한다. 그들은 이제 갇히기 시작한 것이다.

서양의 중세에도 수용소는 있었다. 거기에는 이른바 '문둥이'라고

아루-로맹(N. Harou-Romain), 형무소 설계도, 1840년

저기 저렇게 따로 갇혀 있는 자들이 없다면,
여기 우리가 정상인임을 대체 어떻게 확인하고
증명할 수 있단 말인가?

불리는 나병환자가 수용되어 있었다. 신의 버림을 받은 자들. 영화 「벤허」는 이들이 동굴로 숨어드는 것으로 끝난다. 기나긴 갇힘의 역사가 시작된 것이다. 하지만 15~6세기경에 이르면서 나병환자가 줄어들어 수용소가 거의 비게 되었다. 이제 누군가가 그곳에 갇혀야 했다. 왜냐하면 그런 '타자'들이 없이는 '정상인'도 '이성'도 있을 수 없기 때문이다. 저기 저렇게 따로 갇혀 있는 자들이 없다면, 여기 우리가 정상인임을 대체 어떻게 확인하고 증명할 수 있단 말인가? 그래서일까? 17세기에 이르면서 대감금이 일어난다. 부랑자와 걸인, 빈민, 도둑, 광인 등을 구별 없이 잡아 가두었다. 파리 시민 100명 당 1명 꼴로 가둔 그 수용소에 새 간판이 걸린다. '종합병원'.

하지만 19세기에 이르면 다시 한번 사태가 바뀐다. 프랑스 혁명을 전후해서 여러 종류의 사람들을 뒤섞어 놓은 감금에 대한 비난이 높아졌다. 그래서 부랑자나 빈민 등은 풀어주고, 범죄자는 감옥으로, 광인은 정신병원으로 분리해서 수용한다. 나아가 광기란 치료되어야 할 '질병'의 일종이 되었고, 광인은 이제 '환자'가 되었으며, 광인을 다루는 기술은 의학적 '치료'가 되었다.

이런 점에서 『광기의 역사』를 보는 것은 '이성'의 이름으로 광인이나 부랑자 등의 '타자'들에 대해 가하는 폭력과 억압을 보는 것이다. 그것은 '정상'과 '이성'이라는, 사실은 특정한 역사적 산물인 어떤 하나의 관점을 절대화하는 태도에 대한 비판적 사유를 촉발한다. 그러나 그것이 단지 광기의 편에서 이성을 비난하는 반反합리주의를 뜻하는 것은 아니다. 중요한 것은 이성/비이성으로 구획된 것에서 어느 편을 드는가가 아니라, 그것을 가르는 경계선 자체를 변환시키는 것이고, 그렇게 분할된 양자의 관계를 변환시키는 것이다.

영화도, 예술도, 기존의 정형화된 삶에서 벗어나는, 어쩌면 '미쳤어'라고 할 수도 있는 새로운 삶의 방식을 사유하고 제안한다. 광기라고 불리는 것이 이성의 빛에 의해 그늘진 달의 뒷면 Darkside of the Moon!을 뜻하는 것이라면, 우리는 반대로 광기를 통해서 그 그늘을, 지금의 이성이 보지 못하는 것을 볼 수 있지 않을까? 푸코도, 포먼도, 혹은 큐브릭도 그것을 보여주려는 것은 아니었을까? 광기의 영화, 아니 영화의 광기.

안토니오 네그리/마이클 하트 『제국』

지구 제국과 지구 대중

오늘날에도 일반 이론이 가능할까? 오늘날에도 세계 운명을 종합하는 책이 나올 수 있을까? 우리가 이러한 질문을 던지는 것은 복잡하고 거대한 현대 이론의 영토를 아우를 지성을 기대할 수 없어서가 아니다. 문제는 탈근대론(포스트모더니즘)의 비판이 지나간 자리에 거대한 일반 이론이 자라날 수 있겠느냐 하는 것이다. 네그리와 하트의 『제국』은 탈근대론자들이 1990년대 들어 사라졌다고 믿었던 일반 이론의 재등장이라 할 만하다. 그러나 이 책은 전통적 '일반 이론'이 갖는 초월성이나 총체성을 거부하고, 우리 시대의 능력과 권력을 철저히 내재적으로 종합했다는 점에서 완전히 새롭다.

저자들은 탈근대론자들의 공격을 방어하기는커녕 되려 공격한다. 흥미로운 점은 이들이 몇 년 전부터 유행하고 있는 탈근대론이나 탈식민지론을 너무 많이 나갔다는 이유로 비판하는 게 아니라 너무 낡았다는 이유로 비판한다는 사실이다. 두 이론은 근대성과 제국주의의 폭력성을 고발한 점에서 일정한 기여를 했지만, 여전히 낡은 영토 위에서 싸우고 있다는 점에서 문제다. 비판적 방식을 취했다고는 하지만 탈근대론의 대상은 (탈근대사회가 아니라) 근대사회이며, 탈식민지론의 대상은 식민지 유산이다. 저자들은 이들이 낡은 적과 싸우다 현재 자신 앞에 나타난 적을 인식하지 못하고 있는 게 아닌지 우려한다.

저자들은 자신들이 '제국'이라고 명명한 탈근대사회의 새로운 세계상을 이해해야 한다고 말한다. 현재의 전지구적 질서는 이전의 낡은 개념으로는 포착할 수 없는 새로운 징후들을 보여주고 있다. 근대적 국민 주권과 민족 정체성을 가능케 했던 경계들의 붕괴는 유럽 근대 국가들의 타자에 대한 침략과 착취를 설명하고자 했던 고전적인 제국주의론이나, 현 상황을 안정적인 자본주의 위계 구조 안에서의 자리바꿈 정도로——가령 영국의 자리를 차지한 미국——이해하고 있는 세계체제론을 불가능하게 만든다. 세계는 내부/외부의 구분이 의미 없을 정도로 하나의 제국이 되었다. 미군은 식민지 건설을 위해 이라크나 아프가니스탄에 출병하는 군대가 아니라 제국의 정의를 구현하고 치안을 유지하는 경찰이다. 우리는 미국을 제국주의 국가가 아니라 제국의 관리를 위해 중요한 역할을 수행하는 국가로 보아야 한다.

세계 시장 역시 제국으로서의 새로운 특징을 보여준다. 지구적 규모의 생산과 교환을 더 이상 착취/피착취의 지리적 경계가 뚜렷한 제국주의에 의존할 필요가 없다. 이제 자본은 경계 자체를 거추장스러워 한다. 그러나 경계를 허무는 일이 곧바로 맥도날드화(동일화)를 의미하지는 않는다. 오히려 초국적 자본은 차이를 기회로 생각하며, 차이 철학을 마케팅 전략에 적극 활용한다. 차이를 인정하고 새로운 차이에 자신을 개방할 준비가 되어 있는 제국에 대해서 근대성 문제를 제기하는 것은 엉뚱한 집 대문을 두드리는 것과 같다.

그러나 이 책에서 근대성 비판보다 더 중요하게 다루는 것은 새롭게 지구를 지배하고 있는 명령의 양식과 그것을 깨뜨려 나갈 대중들의 잠재력을 확인하는 일이다. 다행히 『제국』은 제국에 거주하고 있는 대중들로부터 희망을 발견한다. 비록 제국의 권력이 핵무기와 화폐, 이더넷(네트워크의 표준)을 장악하고 있지만, 대중은 그 조건이 되는 소통의 기술과 그것을 운용할 집합적 두뇌를 소유하고 있다. 지구화를 통해 탄생한 것은 제국만이 아니다. 시애틀의 시위대처럼 지구적으로 생각하고 지구적으로 행동할 수 있는 대중들이야말로 『제국』의 주인공들이다.

『제국』의 저자들은 새로운 세계 지도에 도전하고 있다. 작업은 꽤 성공적으로 보인다. 지도의 핵심 요소인 제국의 영토와 대중들이 분명하게 제시되어 있기 때문이다. 당분간 세계 운명에 대해 말하려는 사람들은 『제국』을 인용할 수밖에 없을 것 같다.

이진경, 『철학과 굴뚝청소부』

근대성 비판 그리고 다시 탈주선

어떤 철학책도 독자들로부터 이만한 지지와 성원을 받기는 힘들 것이다. 비록 저자에게 전달된 것은 지지와 성원뿐(!)이었지만, 어떻든 이 책은 정말 '불타나게' 팔렸다. 지금 보건대, 근대 철학사에 대한 쉽고 친절한 설명으로 철학의 대중화(?)에 기여했다는 사람들의 평가는 너무 피상적이었던 것 같다. 독자들에게 쉽게 읽힌다는 것이 대단한 미덕임에는 틀림없지만 그래도 점수를 더 받아야 할 쪽은 이 책이 보여준 근대성 비판과 탈근대적 ex-modern 사유의 가능성일 것이다. 이 책은 곧이어 나온 『맑스주의와 근대성』을 예비했던 지적 탐사물로서 다시 검토될 필요가 있다.

하지만 내가 이 책을 언급하는 이유는 좀 다른 데 있다. 새로 나온 개정판이 보여준 독특한 면모 때문이다. 보통 저자의 손을 떠난 책은 '머리 큰' 애들보다 더 빨리 자기 운명을 개척하는 법이어서 나중 간섭이 쉽지 않으며, 자칫 과거를 부당하게 단죄해 그 운명을 망쳐놓을 수도 있다. 그렇다고 8년 만에 마주친 저서에서 불편한 냄새가 풍기는데 그냥 지나칠 수도 없는 노릇이고…… 책을 사랑하는 작가라면 어떻게 해야 할까? 『철학과 굴뚝청소부』의 개정판은 이 문제를 기막힌 방식으로 풀어내고 있다.

저자가 이전 책에 대해 느낀 불편함은 근대 철학사에 대한 기술이 '외부에 대한 사유' 없이 사유의 내적 전개로 기술된 듯한 인상을 주고 있다는 점이다. 사유의 한계와 극복이 사유 안에서만 추적되다 보니, 마치 외부 없는 사유의 자기 운동을 기술하는 것처럼 보인다는 것이다. 그러나 저자가 잘 인식하고 있듯이 묻고 답하는 것은 사유만 참여하는 작업이 아니다. 사유 안에는 이미 사유로 환원될 수 없는 수많은 비-사유들이 들어 있다. 근대적 사유 체계를 떠받치고 있는, 혹은 그것을 균열 내고 있는 수많은 외부 요소들을 본 이상 책을 그대로 둘 수는 없었을 것이다. 섣부른 개입만큼이나 무관심한 외면도 좋은 사랑법은 아닐 터이다.

저자는 보통의 개정판과는 달리 텍스트를 전혀 수정하지 않았다. 나름의 일관성을 갖춘 책을 손상시킬 필요가 없기 때문이다. 개입은 어떻게 이루어졌는가. 그는 수십 개의 도판을 이용해서 본문의 텍스트들 사이를 비집고 들어오는 외부의 선들을 만들어냈다. 도판들과 그 밑에 달려 있는 철학적 질문들은 본문 텍스트와는 상이한 리듬과 박자를 유지하면서, 때로는 동조하고 때로는 긴장을 만들어낸다.

가령 바로크 시대의 도시 사진으로 이성의 절대적 지배를 보여주는

첼리스트 샤를로트 무어맨과 백남준의 퍼포먼스 「살아 있는 조각을 위한 TV 브래지어」의 한 순간

『철학과 굴뚝 청소부』의 저자는 인간은 자연의 한 양태에 불과하다는 스피노자의 주장 옆에 「TV 브래지어」의 사진을 실어 놓았다. 스피노자의 말처럼 인간과 자연의 경계가 없다면, 인간과 기계의 경계도 없는 것은 아닐까?

가 하면, 바로 뒤에 당시 유행하던 포르노그라피 사진들을 덧붙임으로써, 이성의 이면에서 유행하는 포르노그라피의 의미를 묻고 있다. 또 인간은 자연의 한 양태에 불과하다는 스피노자의 주장 옆에는 백남준의 작품인 「TV 브래지어」 사진을 붙여두었다. 스피노자의 말처럼 인간과 자연의 경계가 없다면, 인간과 기계의 경계도 없는 것은 아닐까?

철학적 상상력을 자극하는 수많은 질문들이 텍스트 안팎에서 날아든다. 원래의 텍스트에서 서로의 얼굴을 거울로 삼아 자기를 인식했던 근대 철학의 굴뚝청소부들은 이제 여러 시점視點의 얼굴들을 뒤섞고 있는 입체파의 그림이나, 눈-코-입이 서로 뭉개어진 베이컨의 삼면화 앞에서 어리둥절해 할 것이다. 내 앞에 비친 저 얼굴이 내 얼굴인가 고민하는 근대 철학자들 앞에서 가면을 쓴 아프리카인들이 웃고 있고, 까만 얼룩을 씻고 온 청소부 앞에는 백인-되기를 시도하는 마이클 잭슨이 포즈를 취하고 있다.

『철학과 굴뚝청소부』의 개정판을 접하면서 근대적 사유를 극한으로 밀어붙이는 방식이 꼭 또 다른 사유의 치열한 전쟁일 필요는 없다는 생각을 했다. 본문 텍스트들은 여전히 제 전투를 수행하고 있지만, 책 전체를 전혀 다르게 변주함으로써 저자는 훨씬 여유롭고 즐거운 근대성의 파괴에 성공한 것처럼 보인다.

고병권, 『니체, 천 개의 눈 천 개의 길』

하나의 입으로 천 개의 니체 말하기

대체 니체를 모르는 사람이 있을까? 아마 없을 것이다. 약간의 먹물만 먹었다면 말이다. 니체 사상의 편린들에 대해, 그의 멋들어진 아포리즘을 인용하며 말할 수 있는 사람 또한 적지 않을 것이다. 그러나 니체의 사상에 대해 자신있게 말하는 건 결코 쉬운 일이 아니다. 이 기묘한 사상가는 마치 모래사장과 같아서 잡았다 싶으면 몇 개의 흔적만 남겨두고 어느새 빠져나가 버린다. 사람들은 점착성 강한 진흙을 섞어 니체의 상을 빚지만, 그 상 밑에는 아직도 무지하게 많은 모래들이 남아 있게 마련이다. 그 상에 집어넣지 못한 거대한 니체가 그렇게 남아 있는 것이다. 그처럼 그는 하나의 '니체' 안에 담아 두기 어려운 사람이다. 니체를 읽었으면서도 니체에 대해 말하기 어려운 건, 차라리 그의 탓이다.

　이 책의 저자는 더욱더 곤란한 지점에 스스로 서 있다. 제목이나 서문에서 강조하듯이 '천 개의 눈', '천 개의 길', '천 개의 기원', '천 개의 젖가슴', '천 개의 가면' 등 하나로 환원할 수 없는 다양성을 강조하는 데서 시작하고 있기 때문이다. 그리고 그 수많은 '천 개'를 따라 수많은 니체, '천 개의 니체'가 있다고 말하고 있기 때문이다.

그러나 이 책은 바로 여기서 많다는 사실이, 이런 '과잉'이 당혹스럽다고 느끼는 것은 단순한 것에 익숙하고 많은 것을 어떤 하나로 귀착시키는 데 익숙한 우리의 낡은 습속 때문이라고 일갈한다. 우리의 삶 자체가 그렇게 다양한 것들의 집합이고, 하나의 바구니로 담을 수 없는 과잉을 특징으로 하지만, 우리가 그런 삶을 사는 것이 충분히 가능하다면, 하나로 담을 수 없는 사상을 사유하는 것도 충분히 가능하다는 것이다. 더구나 그것이 그런 다양한 삶을 사랑하라고 가르친 니체가 아닌가! 그렇다면 그런 니체에 대해 어떻게 말할 것인가?

여기서 저자는 기이한 전략을 선택한다. 그는 곧바로 자신이 니체가 되어 니체 입으로 말하는 것이다. 이 책 어디에서도 니체에 대해 거리를 두고 평가를 하는 비평가나 주석가의 발언은 단 한 구절도 찾을 수 없다. 그리고 하나의 니체에서 그와 비슷한, 하지만 동일하다고 말하긴 힘든 다른 니체로 옮겨다니면서 말한다. '가족유사성'을 갖는 니체들을 하나로 묶어놓으려는 것일까?

하지만 속아선 안 된다. 그는 자신의 입으로 니체를 말하면서 사실은 니체의 입으로 '자기'를 말하고 있는 것이다. 수많은 니체 중 '한 가족'의 입을 빌려 자신이 사유한 것을 말하고 있는 것이다. 게다가 거기에는 다른 목소리가 강한 톤으로 섞여 있다. 맑스, 스피노자, 에피쿠로스와 루크레티우스, 들뢰즈…… 이로써 자신이 니체가 되면서, 니체에게 또 하나의 니체를 만들어 돌려주고 있다. 이런 점에서 이 책은 "니체에게 돌아가자"보다는 "니체에게 다른 니체를 돌려주자"고 주장하는 셈이다. 천 개의 니체로도 모자란다는 듯이. 따라서 그는 수많은 니체의 편린들을 하나로 묶어서 '진정한 니체'를 보여주지 않고 있다는 비난을 이미 저만큼 벗어나고 있다.

하지만 정작 그가 이런 식으로 니체가 됨으로써 하고 싶었던 것은 니체를 이용해서 독자를 촉발하고 변용하려는 것이 아닐까? 수많은 니체의 강렬한 문장이 우리에게 직접 날아든다. "삶을 사랑하라"고. 낡은 습속에 길든 눈을 던지고 삶을 통찰하는 천 개의 눈을 얻으라고. 영원한 것은 오직 모든 것이 변화한다는 것밖에 없으며, 각각의 변화마다 우리에게 주어지는 그 새로운 다양함들을, 그 차이들을 긍정하고 즐기라고. 그런 차이와 다양성이 공존하게 하는 기술/예술을 배우라고. 그게 바로 '위대한 정치'라고. 또 '나'라는 동일성 안에 갇힌 삶을 변이시키고, '인간'이란 이름의 경계를 넘어서라고. 그리하여 이질성과 다양성이 상생하는 세계를 함께 만들어 가자고. 거기에 나는 '코뮨주의'라는 이름을 슬며시 달아주고 싶다 — 이런 식으로 나도 그의 방식대로, 니체의 방식대로 말하고 싶다.

우리는 이런저런 철학책을 읽는다. 그러나 번역서기 아니곤 성작 철학자를 만나기란 별로 쉽지 않다. 그래서 주석서의 형식으로 쓰여진 이 책에서 주석가가 아닌 '철학자'를 만나는 것은 더욱 더 기쁜 일이다.

니체, 『유고(1882년 7월~1883/84년 겨울)』

가장 건강한 자만이 감행할 수 있는 모험

요즘 나는 니체가 겪었던 고독과 질병, 그리고 그 치유법에 관한 글을 쓰고 있다. 많은 사람들이 알고 있듯이 니체는 무척이나 외로운 삶을 살았다. 그에겐 고독만큼 친한 친구가 없었다. 또한 그는 항상 병마에 시달렸다. 가장 건강할 때조차 병에서 완전히 해방되지는 못했다. 물론 니체만큼은 아니어도 우리도 몇 번씩은 그런 것들을 겪는다. 하지만 내가 관심을 갖고 있는 고독과 질병은 일상적 의미에서 이해되는 것과는 조금 다르다. 니체 자신이 "가장 건강한 자만이 감행할 수 있는 모험"이라고 표현했던 그런 고독과 질병에 관심이 있다.

그래서 그의 잦은 발작이나 평생을 따라다닌 두통, 지독한 난시 등에는 별 관심이 없다. 물론 그의 숫기가 어느 정도나 되었는지에 대해서도 마찬가지다. 그는 "중병을 앓고 있는 기간에도 나는 결코 병적이지 않았다"고 말한 적이 있다. 병든 자가 생의 결핍 때문에 겪는 고통과 건강한 자가 생의 과잉 때문에 겪는 고통을 혼동하지 않아야 우리는 니체의 고독과 질병이 갖는 독특한 의미를 읽어낼 수 있다.

이런 점에서 『인간적인 너무나 인간적인』이 쓰여졌던 1877년에서 1881년 사이의 질병과 치유 과정은 매우 중요해 보인다. 이때 그는 모든 지배적 가치들에 의문 부호를 던지는 일종의 전쟁을 감행했다. 19세기 부르주아 도덕에 대항하면서 그는 스스로를 '부도덕한 인간', 심지어 '악마의 변호자'로 내세웠다. 자신이 교육받았고 옳다고 믿었던 모든 것을 의심하는 자, 지금까지의 자기 자신을 지우려는 자에게는 병이 찾아온다. 그러나 새로운 자신을 만들려는 자는 그 병을 선택해야 한다. 그것만이 자신을 시대의 속박에서 자유롭게 해줄 것이기 때문이다.

병은 제 신체 안에 눌려 있던 정서affectus들의 해방 과정이다. 질서에 길들여지면서 생겨난 지배 정서를 다른 정서들이 공격하는 일종의 전쟁상태라고 할 수 있다. 하나의 전쟁이 끝나면 니체는 치유 과정에 들어간다. 바로 다음 전쟁을 준비해야 하기 때문이다. "한 걸음 더 회복이 진행되면, 자유 정신은 또 다시 삶에 접근한다." 질병과 치유의 반복을 통해 그는 점차 삶에 대한 긍정과 새로운 건강을 얻는다.

1881년의 어느 날, 그는 더 이상 건강을 위해 질병을 필요로 하지 않는 하나의 깨달음에 도달하게 되는데 그것이 바로 영원회귀다. 그는 이렇게 말한다. "불안정하고 변덕스럽던 상황 속에서 완전히 의문투성이로 남아 있던 위대한 해방의 수수께끼가 모습을 드러냈다. 나는 왜 그렇게 물러서 있었던가? 왜 그렇게 혼자 있었던가?" "질병은 건강을 목표로 삼는 서투른 시도가 아닌가?" 영원회귀를 통해 그는 자신의 고독

프리드리히 니체(Friedrich Wilhelm Nietzsche)

"중병을 앓고 있는 기간에도 나는 결코 병적이지 않았다." 병든 자가 생의 결핍 때문에 겪는 고통과 건강한 자가 생의 과잉 때문에 겪는 고통을 혼동하지 않아야 우리는 니체의 고독과 질병이 갖는 독특한 의미를 읽어낼 수 있다.

과 질병을 완전히 치유할 수 있게 된다. 고독과 질병은 더 이상 그를 고통스럽게 하지 못했고, 오히려 명석한 정신과 즐거운 놀이를 제공하는 경우가 많았다.

    1882년에서 1883년 사이의 니체 유고를 권하는 이유는 병을 극복한 자의 건강한 향기를 맡아보라는 바람에서다. 이 유고집에는 종교적이고 형이상학적인 가치들과 벌인 전쟁(질병과 치유의 반복)의 포연이 가시면서 니체가 말한 '향기 나는 전쟁'이 나타나 있다. 제노바를 떠난 콜럼버스에게 바다는 더 이상 공포의 대상이 아니다. 위버멘쉬의 신대륙이 벌써부터 시야에 들어오기 시작하기 때문이다. 『차라투스트라』가 이때 집필된 것은 우연이 아니다. 무엇보다 자신의 병을 치유하는 자 차라투스트라의 이야기를 니체 자신이 체험했기 때문이다. 유고집에 나오는 '차라투스트라의 치유'에 관한 메모가 눈을 끈다. "고뇌를 축복으로 변화시키고, 독을 음식물로 변화시키는 것은 우리의 권력의지에 달려 있다." 확실히 그의 병은 그가 병들어 쓰러지기 훨씬 전에 치유된 것 같다.

칼 맑스, 『데모크리토스와 에피쿠로스 자연철학의 차이』

원자론이길 그친 원자론

니체가 그랬다던가? 자신은 너무 일찍 왔다고. 그래서 사람들이 자신을 이해하려면 100년 이상을 기다려야 할 것이라고. 그러나 니체만 그랬던 건 아니다. 스피노자는 400년을 기다려야 했고, 에피쿠로스는 거의 2500년을 기다려야 했으니까. 이 점은 에피쿠로스에 대해 썼던 맑스 또한 다르지 않은 듯하다. 맑스 당대에는 출판에 실패했고, 나중에는 유명한 다른 저작들에 가려 빛을 보지 못했으며, 맑스가 위대한 사상가로 '떴을 때'는 변증법의 주문呪文으로 인해 그 안에서 작렬하던 새로운 유물론적 사유는 이해되지 못했다. 이 책을 중요하게 취급한 맑스주의자들을 우리는 거의 알지 못한다. 우리는 다만 맑스에 대한 전기적 서술에서 그런 저작이 있다는 소문만을 들었을 뿐이다.

내가 이 책의 제목을 다시 떠올렸던 것은 들뢰즈의 책 『의미의 논리』를 읽으면서였다. 거기서 그는 스토아주의자와 더불어 에피쿠로스의 중요성에 대해 반복하여 역설한다. 그리고 '클리나멘'(clinamen ; 벗어나는 선) 내지 '편위'라는 말을 다시 접했던 것은 들뢰즈와 가타리가 함께 쓴 책『천 개의 고원』에서였다. 그리고 이 책을 보기까지 짧지 않은 기다림이 있었다. 맑스는 이 책을 클리나멘이란 개념을 통해 원자론은 이제 '원자론'이기를 그치게 된다는 역설을 정확하게 지적하면서 끝맺는다. 거기서 이제 유물론은 고체적 사유가 아닌 액체적 사유, 흐름의 사유가 되며, 존재의 사유가 아닌 생성의 사유가 되기 때문이다.

알다시피 물질과 의식이라는 거대한 이항성에 사로잡힌 19세기의 유물론, 혹은 그 전통을 잇는 20세기 '정통 맑스주의'의 유물론은 의식의 외부에 존재하는 물질성이라는 개념에 대한 승인을 유물론의 첫번째 공리로 만들었다. 그런데 거기서 말하는 물질성이란 정확하게 고체를 모델로 하고 있는 어떤 존재의 실체성 아닌가? 인간이란 자신이 먹는 것(단백질 등!)과 다르지 않다는 포이어바흐 식의 유물론은 정확하게 이것을 입증하는 사례일 것이다. 이런 점에서 이 책에서 맑스가 되살려내려는 '유물론'의 전통은 물질이 아닌 생성을, 멈추어선 것이 아닌 변화하는 것을, 그리고 관성이나 타성에 의해 지속되는 것이 아닌 벗어나는 것(탈주선!)을 향해 사유를 다시 추동한다는 점에서 정확하게 저 19세기적인 유물론을 벗어나고 그것을 전복한다. 그것도 유물론의 이름으로. 여기서 에피쿠로스의 '원자론이길 그친 원자론'은 '유물론이길 그친 유물론'이 된다. 이런 의미에서 이 책에 담겨 있는 클리나멘은, 이후 맑스가 역사유물론이라는 형태로 유물론의 역사, 아니 철학의 역사에서 만들어낸 위대한 클리나멘을 충분히 예시하고 있다.

하지만 이 시기의 맑스 저작이라면 어디서나 발견되는 헤겔의 개념이나 용어법은 자칫 에피쿠로스를 헤겔주의로 오인할 가능성을 포함하고 있다. 가령 그는 원자론 안에 존재하는 '모순'을 찾아내는 방식으로 텍스트를 직조한다. 그렇지만 다행인 것은 그 '모순'을 '지양'시켜 화해시키거나 고양된 '종합'을 만들어내진 않는다는 점이다. 이 경우 모순은 기이하게도 원자론의 내적인 '해체'를 겨냥하는 방향으로 향하게 된다. 이것이 원자론이길 그친 원자론이라는 결론으로 이어지게 된다는 점을 고려한다면, 이러한 서술방식은 헤겔보다는 차라리 데리다에 가까운 것처럼 보인다.

그럼에도 불구하고 이 책에서 맑스 자신은 새로운 유물론의 싹과 그것을 덮고 있는, 물론 그런 만큼 그것을 길러낸 토양이 되기도 하는 헤겔의 개념들 사이에 있다. 번역자의 「해제」는 그걸 가리고 있는 헤겔적 단어들과 변증법적 껍데기들을, 맑스 자신이 후일 명시적으로 깨고자 했던 것들을 걷어내 준다. 그리하여 이 역설적인 유물론이 차이와 이질성을 하나의 '목적', 하나의 '정신' 안에 쑤셔넣으려는 헤겔보다는 변이와 생성을 사유하려는 니체에 더 가깝다는 것을, 혹은 '모순보다 심오한 차이'의 힘을 사유하려는 들뢰즈나 프리고진에 더 가깝다는 것을 보여준다. 이런 방식으로 이 책은 새로운 가면을 얻어쓴다. 그것은 맑스적 세계를 풍요롭게 만드는 또 하나의 가면이다.

피에르 부르디외, 『파스칼적 명상』

지식인이 보지 않는 지식인의 아비투스

떠돌이 신세에 대한 한탄이든, 공정한 심판자로서의 자부이든, 지식인들은 항상 자신들을 그 어느 쪽에도 '속할 수 없는' 혹은 '속하지 않는' 자유인이자 객관적 관찰자라고 생각한다. 그래서 그들은 스스로 '어떤 것'이 아닌 '모든 것'에 대해 발언해야 한다는 소명의식을 느끼고, 사회 역시 그 발언의 영향력을 어떤 형태로든 보장해 주고 있다.

그러나 부르디외는 그것이 대중들을 속이면서 지식인들 스스로도 속는 기만이라고 주장한다. 그의 『파스칼적 명상』은 자신들만을 특별하게 생각하는 지식인들, 특히 다른 모든 사람들의 실존 조건에 대해 이야기하면서 정작 자신의 실존 조건에 대해서는 부인하는 주지주의 성향의 철학자들을 겨냥하고 있다. "지식인들로 하여금 자신들의 실존 조건을 보지 못하도록 막고 있는 것은 그들의 이해력이 아니라 그들의 의지이다." 그들이 보지 않으려 하기 때문에 보이지 않을 뿐, 지식인들에게도 연고나 뿌리가 없을 리 없다.

지식인들의 학구적인 활동이라는 것도 특정한 사회적 조건을 갖추었을 때 비로소 가능한 것이다. 실질적인 일과 걱정으로부터 충분히 해방된 시간, 즉 여가를 갖지 않고서는 말과 사물에 대해 객관적 시선을 확보할 수가 없다. 학구적임을 뜻하는 '스콜라'나 학교를 뜻하는 '스쿨'이 여가를 의미하는 스콜레^{skholé}에서 연원한 것도 그 때문일 것이다. 그런데 그런 여유는 부르디외의 지적처럼 아무나 가질 수 있는 게 아니다. 학구적인 이성은 사람들에게 자유로운 선택 이전에 특정한 사회적 조건을 갖출 것을 요구한다. 다른 장^{場}들처럼 학자들의 장도 다양한 형태의 자본을 필요로 하는 것이다.

그러나 경제적·사회적 필요와 거리를 두면서 지식인들이 얻는 것은 실질적인 세계가 아니라 허구적인 세계다. 17세기 영국 부르주아들이 농촌을 생산적 노동의 흔적을 제거한 하나의 '풍경'으로 창조했듯이, 오만한 방식으로 세계 속에서 고립된 지식인들 역시 세계를 환상의 형태로 체험한다. 특히 학자들의 주요 활동공간인 대학은 허구적 세계를 실질적인 것으로 체험하게 해주는 장소다.

부유한 퇴직자들을 위해서 한적한 곳에 세워진 캘리포니아 대학의 각 단과 대학들은 숲 속의 섬들처럼 인터넷을 통해서만 서로 소통한다. 이 대학이 포스트모더니즘의 성소로 이름난 것은 우연일까? "노동과 착취의 모든 흔적이 사라진 조그만 사회적·통신적 낙원에 살고 있을 때, 자본주의가 '기의들로부터 분리된 기표들의 흐름' 속에 있다거나 세계가 '정보과학의 시대'에 이미 들어섰다는 것을 어떻게 믿지 않을 수 있겠는가?"

　세상을 자유로운 합리적 선택의 장이라고 믿는 경제적 모델도 학구적 환상의 결과물인 것은 마찬가지다. 기회균등이 정의로운 평등 아니냐고 떠벌리는 지식인들은 그 어떤 장에서도 공정한 게임은 이루어지는 않는다는 사실을 망각하고 있다. 설사 사기가 없다고 하더라도 이미 경쟁은 핸디캡이 붙은 채로 진행되며, 각 경기자들은 이미 모든 조상들이 그에게 남겨준 스코어들을 축적한 채로 게임에 임하고 있다. 사회에 존재하는 기회들과 사람들의 주관적 희망들이 대체로 일치한다면, 그것은 학자들이 찾아낸 추상적 이론 때문이 아니라, 자기 욕망을 그 실현 가능성에 맞추고 있는 조정 때문이다. 더구나 그러한 조정은 어찌할 수 없는 현실에 대한 스스로의 심리적 억제에서만 기인하는 게 아니라 가정이나 동료 집단, 학교 같은 곳에서 이루어지는 외적인 개입에 크게 의존하고 있다.

　지식인들, 특히 철학자들이 자신들의 학구적 비현실주의에서 벗어나고자 한다면, 무엇보다도 자신들의 객관적 시선 자체를 객관적으로 검토하지 않으면 안 될 것이다. 그들은 자신들이 지식의 장, 철학의 장에서 어떤 논리와 성향을 재생산하고 있는지, 자신들의 육체에 새겨진 아비투스는 어떤 것인지를 돌아보아야 한다. 부르디외는 자신의 작업이 지식인들, 특히 철학자들을 깎아 내리는 즐거움을 얻기 위한 것이 아니라 철학적 사유가 스스로의 환상을 자각할 수 있도록 돕는 일이라고 말한다.

"나는 내 안에 있는 지식인을 좋아하지 않는다." 나는 철학자들이 그 고백의 진실성을 믿어주길 바란다. 뛰어난 철학자라면 그가 자신의 아비투스 이론을 자기 입이 아니라 철학자인 파스칼의 입을 빌려 말하는 이유를 이해할 것이다.

브라이언 그린, 『엘러건트 유니버스』

'끈 이론'과 우주 교향곡

"나는 이런저런 현상 따위에는 관심도 없다. 내가 알고 싶은 것은 신의 생각이다. 나머지는 지엽적인 것에 불과하다." 중세 신학자의 기도처럼 들리는 이 말을 한 사람은 천재 물리학자 아인슈타인이다. 아니 아인슈타인만이 아닐 것이다. '모든 현상에 대한 가장 간명한 이론'에 대한 꿈, 신의 뜻이라 불러도 좋을 만큼의 궁극이론에 대한 꿈을 꾸어보지 않은 물리학자들이 몇이나 될까. 그러나 아직까지 그 궁극이론을 이해하거나 발견한 물리학자는 없다. 천재인 아인슈타인조차 전자기력과 중력을 함께 설명할 '통일장이론'을 완성하지 못한 채 신에게로 갔다. 더구나 지금의 물리학자들은 아인슈타인이 알고 있지 못했던 힘들(강한/약한 핵력)까지 처리해야 할 상황이다.

과연 이 모든 것들을 아우르는 '만물의 이론' **TOE, theory of everything**이 발견될 수 있을까? 브라이언 그린의 『엘러건트 유니버스』에 따르면 최근 '만물의 이론'에 대한 물리학자들의 집요한 노력에 큰 진전이 있는 듯하다. 그에 따르면 현재 '만물의 이론'에 대한 가장 강력한 후보는 '초끈이론/M-이론'이다. 초끈이론은 지금까지 최대 난제로 꼽히던 양자역학과 상대성이론의 통합에 큰 성공을 거두었다.

사실 "가장 근본적 단계에서 우주가 제대로 이해되려면 모든 이론들이 조화롭게 묶여질 수 있어야 한다"는 물리학자들의 신념에 문제가 없다면, 극미세계를 다루는 양자역학과 초거대세계를 다루는 일반상대성이론이 통합되지 못할 이유가 없다. 더구나 블랙홀이나 빅뱅처럼 질량이 엄청나게 크면서 크기가 매우 작은 물체를 다루어야 할 경우엔 통합이 절실하기조차 하다. 하지만 둘을 통합하는 시도들은 "한결같이 실패했고" 물리학만 "난장판으로 만들어 버렸다". 문제는 '광란의 춤'으로 불리는 초미세공간(10^{-33}cm보다 작은 공간)에서의 극심한 양자적 요동을 해결할 방안이 마땅치 않다는 데 있었다.

초끈이론은 기본 입자의 형태에 대한 발상을 전환함으로써 이 문제를 해결한다. 이 이론의 주창자들은 우주의 최소단위를 점 같은 입자로 보지 말고 끊임없이 진동하는 아주 작은 끈으로 보자고 제안한다. 물론 이 끈의 길이는 너무 짧아 최첨단 장비를 동원해도 점처럼 보일 것이다. 하지만 점을 진동하는 짧은 끈으로 전환함으로써 일반상대성이론과 양자역학의 충돌을 무마시킬 가능성이 열린다.

아마 이 가능성을 현실성으로 만드는 것은 물리학자들의 몫일 터이다. 그럼에도 초끈이론에서 말하는 우주가 물리학자들만을 흥분시킬 것 같지는 않다. 초끈이론의 주장처럼 "모든 물질과 힘의 물성이 끈의 진동이라는 단 하나의 근원에서 비롯된다"면 우리는 우주를 "하나의 웅장한 '우주 교향곡'이 연주되고 있는 거대한 무대"라고 불러도 좋을 것이다. 초끈이론은 끈의 장력과 진동으로 모든 것을 설명한다. 마치 바이올린의 진동패턴이 달라지면 음색이 달라지듯이 만물은 작은 끈들이 연주하는 다양한 음색이라 할 수 있다. 우주를 거대한 수학책으로 간주했던 갈릴레오가 초끈이론을 알았다면 또한 음악책이라고 말하지 않았을까?

그러나 저자도 인정하고 있듯이 최종 목적지에 도달하기 위해 초끈이론이 넘어야 할 장애물은 아직도 많이 남았다. 그 장애물들 중 어떤 것은 초끈이론의 전제 자체를 포기하게 만들지도 모른다. 또 음악 소리 때문에 잊어서는 안 될 것들도 있다. 그것은 바로 초끈이론이 만물의 이론이라는 영예를 얻을지라도 우리가 이해할 수 있는 우주 현상은 여전히 제한적일 것이라는 사실이다. "많아지면 달라진다" **More is different**는 앤더슨의 말처럼 기본 입자를 안다고 해서 그것으로 이루어진 복합체를 알 수 있는 것은 아니다. 우리는 끈들이 연주하는 우주 교향곡을 들을 때조차도 시시각각 변하는 구름의 모양을 정하는 것을 여전히 어려워 할 것이며, 열 길 물 속보다 얕은 한 길 사람 속 때문에 골치 아파할 것이다.

최재천, 『알이 닭을 낳는다』

지구에 대한 주인의식은 그만

인문학Human Science은 말 그대로 인간을 연구하는 학문이다. 하지만 우리 인문학을 공부하는 사람들은 인간에 대해 어느 정도나 알고 있는 걸까? 각종 해부학적 지식이나 생명공학적 지식은 차치하고라도, 우리가 잘 안다고 자부하는 인간의 교미 방식(성 생활), 종족 번식(결혼과 가계), 군집 생활(사회, 커뮤니케이션), 서식지(도시와 농촌) 등에 대해서도 제대로 알고는 있는 걸까? 혹시 우리는 '인간만은 특별하다'는 어떤 인문학적 자만 때문에 지극히 평범하게 드러나고 있는 인간의 습성들도 보지 못하고 있는 건 아닐까?

『알이 닭을 낳는다』는 내게 다시 인간에 대한 물음을 던지게 해준 책 중의 하나이다. 처음엔 생물학자가 인문학의 전통적 영역으로 간주되어온 주제들, 가령 사회나 문화, 성애, 성차, 교육 등에 대해서 발언한다는 것이 흥미로웠다. 하지만 곧이어 참새나 개구리, 침팬지를 보는 눈으로 인간을 본다는 것의 의미가 심각하게 다가왔다. 과연 우리 인문학

지금도 '인간만의 것'을 찾으려는 자존심 섞인 노력들은 계속되고 있다. 인간도 특이한 동물인 만큼 아마 그런 게 없지는 않을 것이다. 그러나 그런 것을 찾는 일이 인간을 잘 이해하는 길인지는 모를 일이다.

자들은 어떤 눈으로 인간을 바라보고 있었던 걸까? 생물학자가 보는 인간은 어떤 동물일까?

우선 그에게 인간은 다른 동물들 옆에 나란히 앉은 또 하나의 동물처럼 등장한다. 인간의 자리는 항상 다른 동물들 사이에 존재한다. 가령 보노보 원숭이에는 한참 못 미치는 성욕을 지니고 있지만 다른 동물들과 달리 유난히 성기의 길이에 집착하는 동물이고, 대단한 자기 보존 본능을 갖고 있지만 동시에 유전적으로는 상관도 없는 개체를 위해 제 목숨을 내던지기도 하는 동물이 인간이다.

책을 읽다보면 우리는 인간이 참 특이한 동물이라는 생각을 갖게 된다. 하지만 그 특이성은 다른 동물들에 대한 천부적 우월성을 의미하지 않는다. 그저 다른 동물들도 특이한 것처럼 인간 역시 특이한 것이다. 오히려 '인간만의 것'을 찾아 그 우월성을 증명하고 싶어하는 사람들이 내세우는 많은 것들, 가령 도구를 쓴다든지, 제도나 의식儀式을 가졌다든지 하는 것들은 다른 동물들도 갖고 있다고 한다. 심지어 사회 연줄이 출세를 좌우하는 것조차 그다지 '인간적인' 것은 아니란다.

지금도 '인간만의 것'을 찾으려는 자존심 섞인 노력들은 계속되고 있다. 인간도 특이한 동물인 만큼 아마 그런 게 없지는 않을 것이다. 그러나 그런 것을 찾는 일이 인간을 잘 이해하는 길인지는 모를 일이다. 더욱이 그것이 "인간은 특별한 존재이며, 인간이 자연을 지배하는 것은 그 우월함을 보여주는 징표다"는 생각에서 나왔다면 위험하기까지 하다. 우리는 이미 인간의 패권주의로 인한 자연 파괴의 재앙들을 충분히 경험하고 있기 때문이다.

　푸코의 말처럼 인문학이 인간중심주의가 극에 달하던 19세기에 정식 과학으로서 탄생했다면, 인문학자들은 자기 피 속에 흐르는 인간중심주의라는 불길한 유전자를 경계할 필요가 있을 것이다. 인간에 관한 인문학적 지식들 중 일부는 혹시 자신을 지구의 주인으로 믿고 있는 인간의 자기 최면술은 아닐까? 나는 인문학이 '인간만의 것'에서 벗어나 세계 속에서 인간의 자리를 찾고, 인간과 다른 종들 간의 소통에 대해 고민할 때, 인간 자신을 더 잘 알게 될 것이라고 생각한다. 그래서인지 내게는 '알이 닭을 낳는다'는 제목이 이런 충고로 들린다. 인간을 이해하려면 제발 그 놈의 지구에 대한 '주인 의식' 좀 버리라고······.

자크 르 고프 『돈과 구원』

연옥의 탄생과 자본주의

자본주의의 심장에 비유될 정도로 오늘날 은행의 지위와 역할은 막중하다. IMF 사태로 얻은 값비싼 교훈 가운데 하나도 은행의 중요성 아니었던가. 중앙은행장의 말 한마디는 경제 자체를 들썩이게 만든다. 그래서인지 한국은행장이 되려면 해박한 경제 지식과 높은 도덕성을 함께 갖추어야 한다는 말도 들린다. 어떻든 자본주의 사회에서 은행가는 막강한 영향력을 지녔을 뿐더러 대단한 사회적 존경까지 받는 직업임에 틀림없다.

하지만 역사적으로 보자면 '돈 빌려주고 이자 받는 일'이 그다지 좋은 직업은 아니었던 듯하다. 오늘날 은행가들의 선조쯤 되는 중세의 고리대금업자들(중세의 고리대에 대한 일반적 정의가 "원금 이상으로 요구된 것 모두"였음을 상기하자)은 가혹한 저주에 시달려야 했다. "(동족에게) 돈을 빌려주고 이자를 받는 일"에 대한 성경의 금지는 너무도 명확해서 "어떤 빈틈도 없었다". 사람들은 고리대금업자들의 지옥행을 믿어 의심치 않았다.

　근대 은행가와 중세 고리대금업자 사이에는 천국과 지옥만큼이나 커다란 간극이 있어 보인다. 도대체 중세의 고리대금업자들은 이 간극을 어떻게 뛰어넘을 수 있었을까? 역사학자 르 고프는 질문을 슬쩍 비틀어 던진다. 12세기에 이미 화폐 경제가 발전하기 시작했고, 자유 부르주아지들의 활발한 교역이 있었는데도, 새로운 경제체제인 자본주의의 발전은 왜 그리 늦어졌을까? 그는 이렇게 말한다. 중세의 고리대금업자 문제를 보면 "이데올로기적 장애물이 어떻게 새로운 경제체제의 발전을 지체시킬 수 있는지를 알 수 있다."

　중세인들은 근대 자본주의 사회에 사는 대부분의 사람들이 인정하는 금융의 생산적 역할을 인정할 수 없었던 모양이다. "돈의 유일한 기능은 지불이며, 돈이 그 자체로 생산력을 가질 수는 없다." 돈이 돈을 낳는 일은 "수말이 수말을 낳는 것"처럼 반자연적인 일이다. 고리대금업자들은 "하느님의 것인 시간을 훔친 도둑과도 같다". 돈을 빌려준 후 시간이 흘렀다는 이유로 더 많은 돈을 가져가는 것은 '시간을 훔치는 행위'에 다름 아니라는 것이다. 더구나 인간의 것도 아닌 신의 것을 훔쳤으니 지옥행 차표는 따 놓은 당상이다.

　그렇다면 고리대금업자들은 어떻게 구원될 수 있었을까? 13세기가 되면 극단적이지 않은 보통의 고리대금업자들을 도와줄 구실들이 생겨난다. 가령 다른 곳에 투자했으면 더 큰 이득을 얻을 수 있었는데도 돈을 빌려준 경우나 상환이 지체되어 고리대금업자에게 큰 손실이 발생할 경우엔 '보상'의 차원에서 이자를 받을 수 있다는 것, 또 그냥 놀기만 한 게 아니라 여러 곳을 찾아다니고, 회계장부를 작성하는 등 힘든 일을 했다면 이자를 노동의 보수로 받을 수 있다는 생각이 나타난다. 금융 차원의 위험이나 불확실성의 가치를 인정해야 한다는 목소리도 나온다.

그러나 종교가 지배하는 사회에서 근본적 장애물은 역시 종교적일 수밖에 없다. "자본주의의 문턱에서 고리대금업자들의 발목을 붙잡은 것은 지상에서의 일이 아니라 지옥에 대한 불안스런 공포였다." 여기서 르 고프가 주목하는 것은 "천국과 지옥으로 양분된 저승구도"를 획기적으로 바꾼 사건, 바로 연옥의 탄생이다. 이승에서 곧바로 지옥으로 갈 대죄를 범하지 않았다면, 죽은 후 남은 죄를 속죄해서 천국으로 갈 수 있는 대기 공간이 있어야 한다는 것이다. 흥미로운 것은 적정한 이자를 받는 고리대금업자에게도 연옥의 구석자리 하나가 주어졌다는 사실이다. 참된 참회를 상징하는 "마음에서 흐르는 눈물"이 있다면, 이자를 조금 받은 일로 그의 천국행 자체가 좌절되지는 않는다는 것이다.

연옥 덕택에 13세기의 경제와 사회가 자본주의를 향해서 전진할 수 있었다는 저자의 결론에 얼마나 동의하느냐는 각자의 몫이겠지만, 경제사를 딱딱한 체계와 구조들의 역사로만 보아온 사람들에게는 매우 흥미로운 경험이 될 것임에 틀림없다.

이진경, 「근대적 주거공간의 탄생」

공간의 배치와 욕망의 배치

열평짜리 반지하 방에서 궁색하게 살던 당신이 어찌어찌 하다 벼락부자가 되어 오십평짜리 아파트를 구입했다고 가정해 보자. 당연하게도 당신의 태도나 사고방식도 이전과는 판이하게 달라질 것이다. 그런 변화를 야기한 것은 무엇일까. 공간과 시간의 배치가 우리의 의식에 행사하는 강력한 영향은 새삼스럽게 말할 필요조차 없는 상식에 속한다. 특히 어떤 물리적 요소의 특정한 배열을 통해 형성되는 사회학적 차원에서의 공간은 사회구성원의 의식을 규율하고 훈육함으로써 지배체제가 요구하는 주체를 생산하는 데 필수불가결한 기능을 담당한다.

그런 까닭에 공장, 학교, 가정 등의 근대적 공간이 자본주의적 인간을 어떻게 구성했는지를 들여다보는 일은 근대사회의 작동원리를 파악할 수 있는 중요한 지표가 된다. 특정한 공간적 배치가 발생하게 된 사회적 요인보다는 그것이 생산하는 사회적 효과를 집중적으로 조명한 이진경의 『근대적 주거공간의 탄생』이 흥미로운 이유는 이 때문이다. 근대적 주거공간의 배치가 근대에 이르러 나타난 특정한 욕망의 배치와 밀접한 관련이 있다는 관점을 견지하고 있는 이 책은, 내밀한 사적인 공간으로 인식되는 주거공간마저 자본주의적 인간을 생산하기 위한 치밀한 기획에서 벗어날 수 없다는 점을 지속적으로 환기한다.

그러니까 핵심은 근대적 주거공간이 자본주의적 주체를 어떻게 생산했는가 하는 점일 터인데, 이는 중세적 생활과 주거공간의 배치의 차이를 보면 명백해진다. 중세의 가족은 부모 자식이나 핏줄을 나눈 친척은 물론, 함께 살며 일하는 도제나 노동자들 그리고 하인들까지 포함하며, 그들의 공통의 삶이 그 안에서 이루어지는 개방적인 단위였다. 주거공간의 배치는 이러한 생활 양상과 긴밀한 관련성을 지니고 있어, 중세의 주거공간에서 방들은 다양한 활동이 이루어졌다는 점에서 다기능적이고 다가적多價的인 공간이었으며, 어떤 특정한 기능으로 특정화되거나 단일화되지 않았다는 점에서 혼성적인 공간이었다.

이에 비해 현재의 우리 삶을 규정하는 근대적 주거공간은 개인적인 공간과 공동 공간 사이의 구별이 뚜렷하며 기능적인 분화도 매우 명확하다는 점에서 크게 대비된다. 그런데 주거공간에서의 내적인 분화는 주거공간 내부에서 사생활의 공간이 형성되고 발전함으로써 형성된 것이 아니라는 점에 유의해야 한다. 정반대로 그것은 '사적'인 것과 반대라는 의미에서 '공적' 공간으로 발전하는 데에서 비롯했다.

18세기 말 혹은 19세기 초에 이르러 주거공간의 배치는 가족주의를 설명할 수 있는 준거가 된다. 즉 가정이 모든 사랑과 정열을 집중해

에르트만 바그너(Erdman Wagner), 「부모의 외출」, 1895년

이곳은 어린이 방이다. 어린이를 위한 공간의
독립은 집 안의 다른 공간 역시 일정한 목적에 따라
분화되었을 거라는 추론을 가능하게 한다.

야 하는 배타적인 장소가 됨에 따라, 더불어 가족 외부의 모든 공통체적 관계나 사회적 관계에 대해 대립적인 세계가 됨에 따라, 가정성家庭性에 대비되는 사회성은 급격히 축소된다. 가족생활의 안정성을 위해 모든 것을 바칠 수 있으며, 그것을 위해서는 어떠한 것도 기꺼이 희생하고자 하는 태도, 달콤한 가정생활의 꿈을 방해하는 모든 것을 죄악으로 간주하여 비난하고 파괴하려는 태도는 이러한 새로운 욕망의 배치의 산물이며, 그 배치를 적절하게 보여주는 단면이다. 이러한 가족주의의 부상에 따라 르네상스시대 귀족들을 중심으로 성행했던 사교적 모임은 축소되며, 지속되는 경우에도 주거공간에서의 생활에서 더 이상 중심적인 위상을 갖지 않는다.

이제 주거공간은 '달콤한 가정생활'과 내밀성을 보장할 수 있는 공간으로 재배치된다. 다시 한번 강조하거니와, 이러한 주거공간의 변화는 사적 욕망의 내적 발전을 보증하는 게 아니다. 반대로 그것은 어린이와 가족 생활, 결혼과 성적 관계, 아이들의 양육방식과 교육방식 그리고 그와 결부된 방들의 새로운 이용 등처럼 서로 독립적이고 분리된 선들이 특정한 조건 속에서 하나의 새로운 생활양식을 구성하는 선으로 수렴되면서 나타났다는 것이다. 이와 같은 변화가 이른바 중간계급의 주거공간에서 발생한 것에 대해 우리의 주거공간과 가장 긴밀한 연속성을 갖는 노동자계급의 주거공간은 19세기의 격렬한 계급투쟁을 통해서 탄생한다. 소위 코뮨주의적 주거공간의 배치가 등장했던 것도 이 시기이다. 자본가들의 '맞춤인간 생산 기획'에 저항하여 주거와 생산의 결합을 모색한 것 역시 이러한 맥락에서 파악할 수 있다.

고도로 전문적이긴 하지만 푸코와 들뢰즈의 시각을 빌려 논의를 개진하고 있는 이 저서가 우리에게 던지는 의미는 만만치 않다. 흔히 자연스럽게 '발전' 해 온 것처럼 보이는 주거공간이 구성원들의 의식을 어떻게 규율하고 훈육해 왔는가를 발견하고 나아가 욕망의 그물이 어떠한 방식으로 짜여졌는지를 이해하는 데 중요한 단서를 제공해 줄 것이기 때문이다. 근대적 주거공간이 그 안에 사는 개개인에게 미치는 효과와 근대적인 삶의 형식을 공간적으로 조직함으로써 개개인을 근대적 주체로 생산하는 양상을 고구한 이 저작은, 서양(주로 프랑스)의 주거공간의 변화를 추적하고 있음에도 불구하고, 지금 우리 생활과 의식의 형성을 살피는 데 튼실한 근거로 사용될 수 있을 것이며 또 그리 해야 할 터이다. 자본주의적 인간의 밑바닥을 들여다보기 위해, 나아가 도시를 점령해 버린 아파트가 우리의 의식과 욕망에 어떠한 영향을 미치고 있는가를 보다 유효한 관점에서 판단하기 위해, 마지막으로 새로운 주거공간을 설계하기 위해 근대적 주거공간의 동선을 촘촘히 살펴야 한다.

퓌스텔 드 쿨랑주 『고대도시』

인간의 영혼을 다루는 역사학

이렇게 말하는 사람이 있다. "역사학은 물질적 사실과 제도만을 연구하지 않는다. 그것의 진정한 연구 대상은 인간의 영혼이다. 역사학은 인간의 삶의 여러 가지 상이한 시대에 이 영혼이 믿었고 생각했고 느꼈던 것을 알기를 열망해야 한다." '그리스 로마의 신앙, 법, 제도에 관한 연구'라는 부제가 붙은 『고대도시』에서 퓌스텔 드 쿨랑주가 한 말이다. 역사 관련 책을 읽으면서 인간 영혼의 전개를 짚어내기란 쉬운 일이 아니다. 인간의 영혼에 대해서라면 문학이나 철학 또는 종교학이나 문화인류학에 기대는 것이 훨씬 수월하다. 그런데 역사학이 인간의 영혼을 대상으로 한다니, 이를 어떻게 받아들여야 할 것인가.

1864년에 간행된 이 책을 알게 된 것은 중국 고대사를 기웃거리면서다. 아날학파 역사 연구의 선구라고 일컬어지는 이 저작은 중국 고대사 연구의 새로운 지평을 여는 데 중요한 공헌을 한 것으로 알려져 있다. 이와 관련한 저간의 사정을 구명하는 것은 내 능력을 벗어나는 일인지라 접고 넘어가기로 하거니와, 굳이 이런 관련성을 따지지 않더라도 이 책을 읽는 재미는 여느 문학작품 못지 않다는 것은 자신 있게 얘기할 수 있다. 플루타르코스와 헤로도토스가, 키케로와 디오니시오스가, 그리고 호메로스와 소포클레스가 곳곳에서 튀어나와 고대 사회에서의 인간 삶의 전개 과정을 생생하게 증언한다. 우리가 익히 알고 있는 그리스 로마 신화 역시 생동하는 사료史料로 제 기능을 다하는 데 모자람이 없다. 그래서 풍부한 자료를 동원하여 신앙(종교)과 사회 변화의 관련성을 밝히고 있는 이 책은 한 편의 드라마로서 손색이 없다.

"신앙이 자리잡으면 인간 사회가 구성된다. 신앙이 변하면 사회는 일련의 혁명을 겪는다. 신앙이 사라지면 사회의 모습이 달라진다. 이것이 고대의 법칙이었다." 저자의 결론이다. 어떤 법이나 제도도 신앙을 바탕으로 하지 않고서는 성립할 수 없다는 주장인 셈이다. 종교는 가족과 겐스, 그리고 부족과 도시의 구성원리였다. 왜 고대인들은 종교를 토대로 할 수밖에 없었을까. '신성한 불'과 제단이 사라지지 않았던 이유는 무엇일까. 인간의 숙명이자 존재의 심연에 자리잡고 있는 불가사의한 무엇, 바로 죽음에 관한 인식 때문이었다. 퓌스텔 드 쿨랑주는 이렇게 말한다. "고대인들은 인드라나 제우스를 생각해내고 숭배하기 전에, 죽은 사람들을 숭배했다. 죽음의 목전에서 사람들은 처음으로 초자연적인 것에 대해 생각하게 되었으며, 그가 보고 있는 것을 넘어서기를 희망하였을 것이다. 죽음은 최초의 신비였다. 그것은 사람들을 또 다른 신비로운 영역으로 인도했다. 그것은 사람들의 생각을 눈에 보이는 것에서 눈에 보이지 않는 것으로, 일시적인 것에서 영원한 것으로, 인간적인 것에서 신적인 것으로 고양시켰다."

죽음의 두려움 혹은 신비로움, 결국 모든 제도와 법의 배후에는 죽음이 버티고 있었던 셈이다. 모든 가족, 모든 부족, 그리고 모든 도시는 하나의 제단과 하나의 수호신을 갖고 있었다. 그 아래에서 사람들은 죽음의 공포를 넘어 인간 영혼의 구원을 갈구했던 것이리라. 그렇다면 신앙이 어떻게 제도를 구성하는 원리가 될 수 있는가. 신앙은 우리 힘의 소산이지만 우리보다 훨씬 강하다. 또한 우리 안에 있으며 우리를 떠나지 않는다. 그것이 우리에게 복종하라고 말하면 우리는 복종한다. 그것이 우리에게 의무를 제시하면 우리는 거기에 따른다. 인간은 자연을 다스릴 수 있다, 그러나 인간은 자신의 생각에 굴복한다. 법과 제도의 탄생! 그런데 인간의 영혼에서 자기의 신들을 구했던 종교는 이제 물리적 자연에서 자기의 신들을 발견하며 급기야는 기독교의 홍성과 함께 고대 도시체제는 소멸의 길을 걷는다.

로마인과 아테네인의 "매일매일의 행동은 제식祭式이었다. 하루는 온전히 종교에 바쳐졌다. 조석으로 그들은 신성한 불, 수호신, 조상들에게 기도를 드렸다. 식사는 그들이 가족신들과 함께 나누는 종교행위였다. 출생, 성인식, 토가의 착용, 결혼, 기타 모든 기념식 등은 엄숙한 숭배행위였다". 여기에서 빠뜨리지 말아야 할 것은, 프랑스 혁명기의 역사가들이나 정치사상가들의 생각과는 달리 로마인과 아테네인들은 개인적인 자유를 알지 못했다는 점이다. 그들은 기꺼이 종교를 토대로 하는 제도에 순종했으며 그 안에서 만족했다. 그러나 혁명의 물결은 그들을 비켜가지 않는다. 귀족과 성직자 그리고 평민들의 관계가 재정립되는 과정은 혁명을 동반할 수밖에 없었고, 거대화하는 사회체제를 유지하기 위해서는 그에 상응하는 강력한 종교가 필요했다. 기독교의 등장과 도시체제의 소멸, 『고대도시』는 여기까지만 말한다. 나머지 역사의 전개에서 고대도시의 위상을 찾는 일은 우리의 몫이다.

리쾨르 『해석이론』

글쓰기의 도상성

리쾨르에 의하면 그림 그리기가 단순히 세계를, 우주를 복제하는 것이 아니라 그것을 '변형'시키는 작업인 것처럼, 글쓰기도 세계를 단순히 '모방'하는 것이 아니라 '다시 쓰는 것'이다. 리쾨르는 사진과 판화를 예로 든다. 사진은 모든 것을 담고는 있지만 사실상 아무것도 포착하지 못하는 반면, 판화는 핵심적인 것만을 드러냄으로써, 즉 최소한의 기호들 곧 생략, 선, 여백 등을 통해 '대상'을 '부재'로 둘러쌈으로써, 그 특성을 더욱 부각시킨다는 것이다. 다시 말해 도구, 기호, 언표체계가 단순하면 단순할수록, 즉 대상을 '부재', '없음', '무의미'로 둘러쌈으로써 대상이 지니는 질감을 더욱 강렬하게 드러낼 수 있다는 것이다.

대만 영화 「로빙화」를 떠올려보자. 영화의 주인공 천재 소년 '아명'은 가진 건 가난밖에 없는 아이다. 이 아이의 천재성을 새로 부임한 미술 선생님은 알아본다. 그러나 학교는 이미 권력과 돈으로 모든 것을 결정하려는 참이다. 마을 이장의 아들만이 언제나 대표로 미술대회에 출전하도록 결정되어 있는 것. 그러나 정작 이장 아들의 '모든 것이 완벽하게 재현된' 그림에서는 '아무것도 찾을 수 없다'. 그 아이는 미술 선생님이 '제목'을 주지 않으면 단 한 장의 그림도 창조적으로 그리지 못한다. 그 아이는 '교실'을 그려보라고 하면 교실의 책걸상 수, 학생 수, 선생님의 옷차림까지 자세히 관찰하고 그것을 철저한 원근법적 계산 속에서 '사진처럼' 그려내는 것이다. 그러나 아명의 그림은 다르다. 아명의 그림에는 현실과 전혀 다르지만 그보다 더 현실적일 수 없는, 아름답고 슬픈 아이의 상상력이 담겨 있다.

뙤약볕 속에서 쉬는 날도 없이 차밭에서 찻잎을 따고 차벌레를 잡는 아버지를 위해 아명은 황금빛 해가 아니라 검푸른 태양을 그린다. 태양이 검푸른 색이라면 아버지는 일사병에 걸리지 않을 것이므로. 배를 타고 학교에 다니는 아명과 아명의 누나는 아빠의 차밭에 차벌레가 득실대어 차농사를 망치게 되자 학교에도 가지 못하고 하루종일 차벌레를 잡아야 한다. 그때 미술 선생님이 준 크레파스와 종이로 아명이 그린 그림은 아빠보다 더 덩치 크고 무섭게 생긴 차벌레가 화면 가득 둥지를 틀고 아명의 교과서와 크레파스까지 모두 갉아먹는 그림이다. 아명의 간결하고도 강렬한 그림 속에서는 아이의 상처받은 꿈과 가난한 아버지에 대한 사랑이 너무나 '현실적으로' 담겨 있다.

리쾨르가 말하는 '도상성'이란 이렇듯 일상적인 실재보다 더 사실적인 실재를 드러내는 일을 의미한다. 세계를 옮겨적기는 '복제'가 아니라 '변형'이다. 현실이란 오히려 눈에 보이는 현실 저편에 도사리고 있거나 그 현실을 겪고 있는 우리 자신의 마음속에 웅크리고 있는 경우가 많지 않은가. 방현석의 「내일을 여는 집」을 읽을 때보다 강석경의 「숲속의 방」을 읽으면서 오히려 80년대의 분위기를 더욱 리얼하게 느낄 수 있었던 것처럼. 평범한 여대생이 너무도 평범하게 숨을 쉬고 살기도 힘들 만큼, 한 개인이 죽음과도 너끈히 맞바꿀 격렬한 고통에 직면할지라도 그 누구도 눈길을 주지 않았던 잔혹한 공간, 그것이 80년대가 아니었을까. 그런 사회이기에 노동자들의 '밥'쯤이야 노동자들의 '삶'쯤이야 방안 구석구석을 기어다니는 바퀴벌레 잡듯 무심히 짓이겨 버리는 것은 너무나 당연한 것이 아닌가. 여성이 처한 '내면적 현실'을 치밀하게 직조해낸 오정희의 작품들이 오히려 다른 어떤 작품보다도 여성이 처한 '외면적 현실', 현실적 억압을 더욱 절박하고 가위눌리게 그려낼 수 있었던 것처럼. 리쾨르의 말마따나 글쓰기의 도상성이란 이렇듯 세계를 좀더 간결한 재료로 또는 전혀 의외의 재료로 그려낼 때 더욱 증폭될 수 있는 것이 아닐까.

그러나 "은유가 우리에게 새로운 정보를 전해주기 때문에 단순히 담화에 부가된 장식물이 아니"라는 언급은 갑갑함을 느끼게 한다. 은유가 우리에게 실재에 대해 무언가 '새로운 것'을 이야기해 주는 것이기 때문에 '살아 있을 수' 있는 걸까? 어떤 은유가 새로울 수 있는 건, 그 은유가 나에게 내가 이전까지 진저리치게 길들여져 있었던 무언가에 대해 '다른 눈'으로 보라고 말할 때, 또는 늘 내 곁에 있었지만 내 지친 눈길이 미처 닿지 못했던 곳을 가리키며 '여기 좀 봐, 앞만 보지 말고 뒤만 보지 말고 이 외떨어진 구석도 좀 봐' 하고 외치는 은유가 있을 때가 아닐까.

    살아 있는 은유는 정보의 성격이라기보다는 '거역할 수 없는 명령'이 아닐까. 우리가 늘 봐왔던 별을, 지금까지는 한 번도 그렇게 보지 못했던 별을, 기형도로 하여금 '튀밥'으로 볼 수밖에 없게 만드는 것처럼. 풍병으로 누워 계시는 아버지, 아이들의 옷이 다 해어져 스펀지마다 숭숭 구멍이 나도 아버지의 약값을 줄일 수 없는 어머니, 아프시기 전에 아무것도 해놓은 일이 없고 어떤 약을 써도 차도가 없는 아버지의 이야기를 하다 어머니에게 뺨을 맞고 우는 누이. 반장인데도 가정방문을 받는 것이 죽기보다 싫은 어린아이의 눈에는, 상장을 자랑할 사람이 없어 종이배를 만들어 강물에 띄워버리는 아이의 눈에는, 밤하늘의 별이 '튀밥'으로 흩어지고, 창 밖의 미루나무는 거대한 '빵'처럼 부풀어오를 수밖에 없다. 이렇듯 은유는 우리의 잠든 의식을 깨워 지금까지는 아무렇지도 않게 보았던 사물을 새롭게 보라고 명령하는 것이며, 우리는 결코 이 명령을 쉽게 거역할 수 없다. 그렇게 달라진 눈빛으로 세상을 보고, 그래서 달라진 삶의 깊이로 세상을 사는 것은 각자의 몫일지라도.

레이코프 외, 『삶으로서의 은유』

'차이'를 품어내는 은유를 향하여

이 책에서 저자들은 "덜 명확히 묘사되는 개념은, 좀더 명확히 묘사되는 개념의 관점에서 부분적으로 이해된다"라는 논지를 자주 펼친다. 하지만 정말 그럴까. 이 책을 보며 존 레논의 노래 'Love'가 자꾸만 떠올랐다. 이 유명한 노래에서조차 우리는 어떤 사랑의 은유보다 완벽한 은유를 발견할 수 있다. 사랑은 어려운 그 무엇이 아니라 그냥 있는 그대로의 것이며(Love is real, real is love), 그저 느끼는 것이다(Love is feeling, feeling love). 사랑은 보듬고 어루만지는 것이며(Love is touch, touch is love), 마침내 그에게 이르기 위해 손을 뻗고, 힘껏 내닫는 것이다(Love is reaching, reaching love). 그리고 묻는 것이다. 나를 사랑할 수 있냐고(Love is asking to be loved). 하지만 이것만으론 뭔가 부족하다. 내가 사랑할 수 있는 '누군가'가 빠져 있기 때문이다. 여기서 피아노 솔로의 웅숭깊은 울림이 잠시 휴지부를 둔다. 그리고 코드가 바뀌면서 존 레논은 가볍게 내뱉듯이 비밀을 토한다. 'Love is you. You and me'라고.

이 노래를 처음 들었던 중학교 2학년 때 나에게는 'you'가 없었다. 저자들이 말하는 '좀더 익숙하고 명확하고 구체적인 개념'이 없었던 것이다. 하지만 곧바로 소름이 끼쳐왔다. 마치 사랑이란 걸 해본 것 같은 착각. 아니 지금 내가 누군가를 사랑하고 있는 것 같은 그 순간의 기시감을, 나는 또렷이 기억한다. 그리고 그것은 결코 '부분적인' 것이 아니었다. 나는 그 노래 가사 한 마디에 사랑의 어펙션affection을, 사랑만이 가진 차이difference를 '온몸' 으로, '한없이 묵직한 덩어리' 로서 느낀 것이지, 사랑의 어떤 '부분' 만을 이해했다고 생각하지 않는다. 존 레논이 이 노래를 부를 때, 이 노래를 듣는 많은 이들은 각자 다른 'you'를 숨막히게 떠올릴 것이고, 그 순간 못 견디게 각자의 '그'를 갈급해 할 것이다.

이 책의 저자들은 은유를 설명함에 있어서 체계성, 유사성, 정합성이라는 언표를 자주 사용한다. 그러나 은유에 어떤 이해의 체계가 있다기보다는, '발화의 현장성' 이라는 층위에서, 언어를 힘겹게 조탁하며 자신의 생각을 다듬어나가는 자신과의 싸움 속에서, 우리는 끊임없이 은유의 그물망을 누구도 예측할 수 없는 방향으로 매번 새롭게 '만들어가는' 것이 아닐까.

나는 '새'를 생각할 때 날개를 힘껏 푸드덕대며 허공을 질주하는 새의 이미지를 먼저 떠올리곤 한다. 나에게 있어 비둘기는 새가 아니다. 비둘기는 새라기보다는, 메마른 도시에서 먹이를 찾기 위해 새의 자존심과 야성을 잃어버린 가엾고 때로는 혐오스러운 존재일 뿐이다. 닭 역시 나에겐 조류도 포유류도 아니고 가축이나 애완동물도 아닌, 그저 그것이 살아 있을 때는 별로 쓰다듬어 주고 싶지 않은 무엇일 뿐이다. 즉 우리는 닭을 생각할 때 닭이 주는 어펙션을 먼저 떠올리지, 닭이 어떤 범주에 분류될 것인가를 쉽게 떠올릴 수는 없다. 또한 고래는 포유류라고 열심히 외웠지만, 지금 내가 떠올리는 고래의 어펙션은 이렇다. "나는 고래를 도저히 '먹고 싶은' 생각이 들지 않는다." 고래는 자살조차도 감행하는, 자유에 이르는 '문턱'을 넘나드는 위대한 영혼을 가진 수수께끼 같은 존재라는 것이다. 우리는 멸치나 갈치를 생각할 때는 '죽은' 그것들을 상상하고, 그들을 물고기라기보다는 '생선'이라고 생각하기 쉽지만, 고래를 생각할 때는 죽은 고래보다는 살아서 그 거대한 몸을 뒤척이며 바다를 유영하는 그것을 상상하기 쉽다. 고래가 지니는 '차이'는 고래의 '범주화'를 통해서는 길어올릴 수 없는 것이다.

이렇듯 은유는 체계를 가진 것이라기보다는 수없이 재배치되고 덧칠되며 그때마다 새로운 옷을 갈아입는 무엇이다. 문학적 은유와 일상적 은유를 나누는 것도 사실 무의미한 것으로 보인다. 우리는 문학작품의 언어보다도 더 위대한 '내 친구 또는 내 엄마'의 말, 시보다 한 술 더 뜨는 드라마 작가 노희경의 '언어'를, 껄렁한 소설보다 우리를 기막히게 눈물짓게 하는 「바람계곡의 나우시카」의 대사를, 알고 있다. 은유조차 고정된 것이 아니다. 프레드 머큐리가 "Don't stop me now"라는 노래에서 'I'm a sex-machine, ready to reload'라는 가사를 외쳐댈 때, 우리는 그야말로 언제든지 '기꺼이 재충전할 준비가 된'(ready to reload), 언제나 분기탱천한 건장한 남자를 떠올리는 것이 아니라, '섹스-기계'라는 단순한 의미망을 떠올리는 것이 아니라, 어떤 것으로도 채울 수 없는 프레드 머큐리의 허무의 심연을 볼 수 있는 것이다. 다시 말해 섹스-기계와 프레드 머큐리 사이의 '유사성'의 '체계'를 떠올리기보다는 그 너머의, 그것과는 전혀 다른 차이를 담지하는, 누구도 건져줄 수 없는 프레드 머큐리의 외로움과 절망이라는 새로운 의미망을 건져올리는 것이다.

이 책을 읽다 보면 '사랑은 전쟁'이라는 은유가 오랜 시간 동안 사람들의 일상언어 속에서 구축되고, 또 한 쪽에서는 '사랑은 여행', '사랑은 미친 짓'이라는 은유가 시간과 공간을 달리하여 오랜 '합의'를 거쳐 새로운 사랑의 의미망을 체계적으로 구축하는 것 같은 느낌을 받는다. 그러나 사랑은 전쟁이라는 은유도, 사랑은 여행 및 미친 짓이라는 은유도 따로따로 구조화되고 체계화될 수 있는 건축물은 아닌 것이다. 사랑이 뭐든 안 될 수 있는가. 은유의 틀이 따로따로 기계적이고 체계적으로 서로 유사성을 맺어가며 성립되는 것이 아니라, 사랑이 주는 차이와 어펙션이 우리들 각자에게 모두 '다르게' 존재하고, 그런 차이를 겨냥한 은유들이 우리의 언어놀이 속에서 끊임없이 분열증식하는 것이다. 그래서 'Love is you'는 50억 개가 넘는 의미망을 구축할 수 있다. 모두가 생각하는 너(you)에 대한 차이, 너와 나(You and me) 사이에 있는 기억의 질감이 서로 너무나 소중한 차이를 간직하고 있기 때문이다. 우리에게 세상 부대낌에 너끈히 견딜 힘을 주는 은유는, 이렇듯 유사성을 창조하는 은유가 아니라, '차이'를 창조하는 은유가 아닐까.

샤오메이천, 『옥시덴탈리즘』

何必曰 옥시덴탈리즘?

頭. 何必曰利?

인터넷으로 책을 주문한다. 택배원의 손에서 책 꾸러미를 받아든다. 그리고 여느 때처럼 책을 꺼내들어 책 소개, 저자 소개, 머리말, 후기 순으로 읽는다. 그리고 목차를 보려할 때 문득 든 생각, "왜 구미학자들에게 이 책은 획기적이었을까?" 연이어 떠오른 문구는 엉뚱하게도 "왜 하필이면 이익이란 말을 먼저 꺼내십니까?"로 시작되는 『맹자』의 첫 대목이었다.

身. 과정, 현상의 탐색 그리고 탈개념화의 시선

한족의 시조 황제黃帝가 치우蚩尤를 격퇴하고 중원을 차지한 이래로 줄잡아 몇 천년간 중국은 '나라 위의 천하, 천하의 중심'이라는 지위를 한 번이라도 의심받은 적이 없었다. 그렇기에 1840년 "견고한 함선과 정확한 함포"堅船利砲를 앞세운 제국주의 영국에의 패퇴는 무척 충격적인 일이었다. 서양이라는 중국 최초의 '타자'는 이렇게 출발부터 자욱한 포연에 가리워 '오독' 될 운명에 놓여 있었다.

재미 중국인 학자 샤오메이천은 『옥시덴탈리즘』의 저술을 통해 근대 이래 서양에 끼어 있는 '자욱한 포연'을 거두는 작업을 수행한다. 그는 주로 모택동 사후의 신시기新時期 중국의 사회문화 현상 중 「河殤」이라는 TV 다큐멘터리, 『햄릿』과 같은 셰익스피어의 연극을 예로 들어 중국의 관변과 재야에서 서양이라는 타자를 어떻게 의도적으로 '오독' 하였는지, 또 그것을 어떻게 자신들의 이데올로기적 목적을 위해 활용하였는지를 실증적으로 고찰한다. 또한 에즈라 파운드와 몽롱파 시인들, 앙토냉 아르토, 베르톨트 브레히트, 손튼 와일더, 스타크 영과 가오싱젠, 황쭤린의 현대극을 실례로 들어, 동서양이 각각 서로를 어떻게 '오독' 하였으며 그 의도적이며 한편으론 창조적인 '오독' 이 수반한 문화적 효과가 어떠하였는지에 대해 찬찬히 살펴본다. 이를 통해 저자는 '동양문화/서양문화' 식으로 문화적 경계를 나누는 것이 얼마나 허구적이며 또한 이데올로기적인가를, 그리고 그것이 얼마나 가변적이고 인위적인가를 확인하고자 한다. 그는 '오역', '오용', '오염', '오독', '오해' 등의 술어를 동원하여, 우리의 의식 속에 판연하게 나뉘어진 자아(동양)와 타자(서양)에 대한 인식의 '전복'을 촉구한다. 그리고 이러한 작업을 통해 정말 '실재' 할 수도 있는 동양문화와 서양문화의 문화적 경계를 가로지르는 '올바른' 의사소통이 얼마나 지난한 것인지를 역설한다.

그러한 난점은 저자의 중층적인 입장이 이 책에서는 시종일관 단순화되어 있음에서도 확인된다. 저자는 서양이라는 '여기'에서 생활하는 '지금'의 중국인이다. 그러한 그가 신시기 중국이라는 '그때-거기'에서 동족이 행한 서양에 대한 의도적 '오독'을 '있는 그대로' 고찰한다는 것은, 그 자체로도 몇 겹의 '오독' 개연성을 내포한다. 그래서일까? 저자는 '오리엔탈리즘/옥시덴탈리즘' 식의 경계지음이 은폐하는 것에 대해 끊임없이 환기한다. 그는 이렇게 묻고 있는 듯하다. "이러한 경계지음이 현상의 이면에 가려져 있던 동서양 각자에 대한 왜곡되고 굴절된 '신화'들을 보다 분명하게 드러내줌과 동시에 가리는 것은 무엇일까?" 또 "기구하기 그지없게 드러나지도 못한 채 더 깊이 가라앉는 것들은 무엇일까?" ……

이러한 환기를 통해 저자는 동서양 공히 각자에게 '타자'인 모든 것을 그것의 적절한 맥락 속에서 인식하고 새기기 위해, 고립적이고도 자체 완결적인 개념화의 욕망에서 벗어날 것과 하나의 개념이 사용되는 과정과 그 결과로 드러난 현상에 대한 있는 그대로의 탐색을 주문한다.

尾. 何必曰 '옥시덴탈리즘'?

개념 자체에 대한 탐구가 궁극적 목적이 아니면서도 옥시덴탈리즘이라는 개념을 제목으로 삼은 이유는 무엇일까? 이 책이 시종여일하게 "단순히 구별되는, 따라서 비교 가능한 두 가지 실체의 존재를 상정한다는 것이 불가능한 일"임을 보여주는 데에 성공하고 있음을 감안한다면, 옥시덴탈리즘은 그 자체가 아닌 다른 무엇인가에 대한 지시적 기표임을

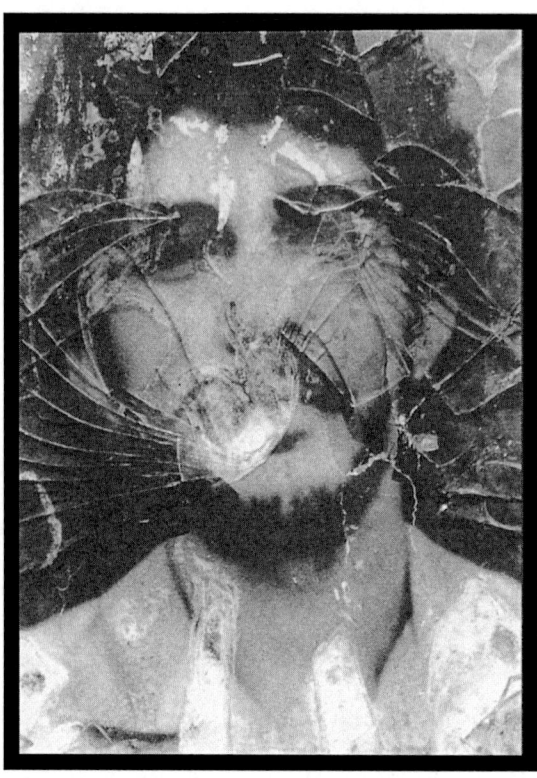

크리스 스틸-퍼킨스(Chris Steele-Perkins), 「어떤 팔레스타인 청년의 기념 사진」, 1982년

오리엔탈리즘/옥시덴탈리즘 식의 경계지음이 현상의 이면에 가려져 있던 동서양 각자에 대한 왜곡되고 굴절된 '신화'들을 보다 분명하게 드러내줌과 동시에 가리는 것은 무엇일까?

알게 된다. 무엇에 대한 지시인가?

저자는 몽롱시, 현대극에서 중국의 필요에 의해 '오독'된 서양 타자의 모습을 흥미진진하게 분석한 후, 제6장에서는 전체적인 결론을 위한 고찰로서 5·4 신문학운동新文學運動 기간에 진행되었던 페미니즘의 '오독' 현상을 소개한다. 그리고 그러한 '오독'은 '남성/여성'이라는 이항대립의 저변에 '동양/서양'이라는 또 다른 이항대립이 활발하게 간여한 소치임을 예리하게 읽어낸다. 이는 옥시덴탈리즘 논의를 삶의 일상에 종횡으로 얽혀 있는 각종 이항대립적인 구도로의 확대 적용을 유도한다. 그리고 삶의 일상에서 확인되는 이항대립은 결코 단독적이지도 고립적이지도 않음을 말해준다. 이를 통해 저자는 '분리되고 고착화된 고립된 개개 실체에 대한 탐색'이 놓치고 가리는 것들이 있음을 지적한다. 그래서 그는 옥시덴탈리즘 그 자체에 대한 개념적, 이론적 탐색이 아닌 그것이 형성되고 사용되는 '생동하는 과정' 그 자체를 충실히 복원하고자 했던 것이다.

같은 맥락에서 저자는 6장의 결론으로 전체의 결론을 대신하면서, "우리가 기억해야 할 교훈은 동양/서양, 자아/타자, 전통주의/현대주의 그리고 남성/여성 등 서로를 갈라놓는 이항대립을 조장하기보다, 모든 '진리'들의 다양성을 찬양하면서 한 종류의 '진리'만을 주장함이 없이 이러한 이항대립적 대립들을 끊임없고 지속적인 대화 속에 참여시키는 것이 비평할 수 있는 최선이라는 사실이다"고 말한다.

하나의 사안에 간여하는 제반 이항대립적 대립들을 놓치지 않고 지속적으로 대화의 장으로 포섭하는 것, 이것이 그가 일관되게 환기하는 옥시덴탈리즘과 관련한 '열린' 논의이다. 동시에 이는 삶의 순간 순간에 마주치는 복합적인 이항대립을 대하는 우리가 취할 태도를 지시해 준다. 우리가 '비평가'로서 만족할 수 있다는 전제 아래에서······.

미우라 쿠니오, 『인간 주자』

인간적인, 너무나 인간적인

맑스는 맑스주의자일까? 아닐까? 아마도 가장 정확한 대답은 '그렇기도 하고 아니기도 하다'일 것이다. 긍정의 경우는 맑스주의가 혁명적인 에너지를 발산하는 상황을, 부정의 경우는 맑스주의가 교조적 담론으로 기능하는 상황을 상정한 것일 터이다. 이런 식의 질문방식은 좀 유치한 수준이긴 하나, 어떤 전복적 사유도 시공간적 배치에 따라 의미가 달라질 뿐 아니라, 자신에 '반하는' 의미까지도 생성할 수 있다는 사실을 단순명료하게 환기시켜 준다는 점에서 나름의 미덕은 있다.

비슷한 맥락에서, 주자는 주자주의자일까? 아닐까? 중세의 텍스트를 다루는 이들에게 주자는 언제나 넘어서야 할, 탈주자주의의 맥락에서만 그 얼굴을 드러내는 존재다. 그래서 그는 항상 저 드높은 초월적 위치에서 천리天理를 설파하는 근엄한 표정으로서만 각인되어 있다. 『인간 주자』는 부드럽고 차분한 어조로 그런 편견의 기반들을 하나씩 격파해 나간다. 여기에는 왕성한 지적 호기심으로 '우주의 이치'를 깨닫기 위해 부단히 정진하는 한 지식인의 일생이 펼쳐진다. 예상 밖으로(?) 주자는 성격적 결함이 많았다. 깐깐한 스승이면서도 제자들과 함께 술 마시며 왁자하게 떠드는 것을 즐겼고, 터무니없는 고집으로 사람들을 피곤하게 하기도 하고, 주변 사람들에게 자신의 병을 시시콜콜히 드러내는 투정도 심심치 않게 부린다. 주자는 정말 인간적인(?) 사람이었던 것이다.

특히 감동적인 것은 주자학이 구성되기까지의 역동적 생산방식이다. 선학에 깊이 침잠했으나 과감하게 그로부터 몸을 돌리고 북송 도학의 계보를 집대성하면서 유학의 거대한 체계화를 시도하는 과정도 그렇거니와, 무엇보다 그는 '혼자'가 아니었다. 숱한 지적 고수(!)들과의 만남, 1천명에 달하는 제자들과의 공동생활, 논적 육상산과의 치열한 논쟁 등 주자학은 하나의 거대한 지적 운동 속에서 생성되었던 것이다.

과거를 위한 학문을 그토록 조롱하고, 만년에 '위학僞學의 금禁'에 몰려 혹독한 탄압을 받았던 자신의 학문이 뒷날 과거시험의 교과서가 되고, 국가학이 되어 다른 종류의 학문들을 모조리 이단으로 낙인찍는 도그마가 되리라는 것을 주자는 아마 상상하지 못했을 것이다. 맑스가 자신의 사유가 사회주의 국가학이 되어 '감시와 처벌의 도구'가 되리라는 것을 상상하지 못했듯이. 그런 점에서 주자 역시 주자주의자이기도 하고, 아니기도 한 셈이다.

데이비드 하비, 『희망의 공간』

자본의 공간을 넘어선 새로운 공간

2002년 한국의 6월은 뜨거웠다. 사람들은 축구를 핑계로 거리로 흘러넘쳐 도시를 점령하고 포획된 공간을 축제의 공간으로 변형시켰다. 이 새로운 공간의 배치 속에서 '어제의 보행자'들은 공간을 활보하고 통제하는 '지배자'가 된다. 즉 공간이 새롭게 변형되는 순간 새로운 관계가 만들어진 것이다.

오랫동안 자본주의와 공간의 문제에 천착해 왔던 하비는 다양한 지배형태로부터 공간을 해방시켜 새로운 사회적 관계를 형성할 공간의 가능성을 모색한다. 하비는 '세계화'와 '신체' 담론을 문제의 출발점으로 삼고 있는데, 그에 따르면 70년대 이후의 담론 배치에서 세계화는 가장 거시적인 것이고, 신체는 사회작동의 관점에서 가장 미시적인 것이다.

자본은 위기를 새로운 공간의 배치를 통해 해결해 왔다고 하비는 말한다. 세계화 역시 이러한 자본 운동의 일환이다. 오늘날의 자본 역시 시공간을 압축하면서 공간적 장애물을 제거하고 있는데, 이는 공간을 불균등하게 재조정하면서 차이를 생산하는 전략으로 드러난다. 그러나 동시에 자본에 의한 공간의 조정은 스스로 미세한 틈새를 만들어낸다. 가령 인터넷을 이용한 사파티스타의 운동에서처럼 개별적인 '장소에서의 저항'이 외부와 연대할 수 있는 가능성 또한 확대된다.

한편 하비는 푸코나 들뢰즈 등의 논의를 수용해서 신체의 문제를 자본 축적의 문제로 논의한다. 즉 인간의 축적과 자본 축적은 분리될 수 없다. 실제로 인간의 신체는 자본의 축적 전략이 진행되는 장소이며 사회적 구성물로서, 자본의 순환에 따라 자본의 부속물로 쉽게 전락한다. 그러나 사회적 관계의 모든 힘들은 신체에서 경쟁하기에 신체는 언제나 새로운 가능성의 공간이 될 수 있다. 결국 우리의 신체는 자본에 결코 유순하지도 수동적이지도 않다는 것이다.

하비는 세계화와 신체에서 발생하는 틈새에서 자본을 대체할 '희망의 공간'을 사유하기 시작한다. 그러나 하비는 실패한 유토피아의 기억을 잊지 않는다. 즉 유토피아가 현실화되고 지리적으로 고착화되는 순간 디스토피아로 변질되면서 이는 기존의 공간을 재편성하는 것에 지나지 않게 됨을.

가령 새로운 가능성의 공간으로 건설된 도시 공동체가 공동체의 안팎을 구별하는 날카로운 경계를 만드는 순간, 무엇보다도 이들은 자신들을 타인들과 대립적으로 규정하면서 금지 팻말을 세우고 감시, 통제, 억압을 내면화하기 시작한다. 공동체에 어떤 장벽보다도 높은 장벽이 세워지고, 공동체 내부는 단순한 친연성과 집착의 한계에 머물 것이며,

외부와 접속함으로써 새로운 욕망을 생성할 수 있는 기회는 철저히 차단될 것이다. 그리고 이제 유토피아는 존재하지 않는다(outopia).

이 타락의 순간에 하비는 '한번 더'를 외치기 시작한다. 흐름 속의 변화가 부패와 타락의 과정으로 정의된 순간 이를 벗어나기 위해서 새로운 비약이 필요하게 된 것이다. 즉 영구혁명 속에서 유토피아를 정의함으로써 유토피아가 현실화되는 순간 발생할 수 있는 부패와 타락을 방지하고자 한 것이다.

이제 '지금 이곳'에서 생성된 유토피아는 더 나은 유토피아로 지향되어야 하기에 '결핍된 장소'가 된다. 더 이상 유토피아는 '지금 이곳'에 존재하지 않는다. 소실점이 존재하는 모든 선을 흡수하듯이 '아웃토피아'는 산재한 모든 유토피아를 자신에게로 집중시킨다. 하비가 유토피아의 타락을 막기 위해 그 공간을 '영원성'의 형식으로 이전하는 순간 유토피아는 부재하게 된다는 역설에 직면하게 된다. 공간의 생성이라는 일종의 흐름을 유토피아라는 점과 점으로 연결하려고 시도한 순간 하비 스스로 '공간'을 볼 수 없게 된 것이다.

그러나 하비의 생각과는 달리 공간은 언제나 이질성의 다발로 미끄러져 간다. '지금 이곳'의 공간을 구성하는 배치가 조금만 변해도 공간은 늘 새롭게 생성되는 것이며, 저 멀리 '그때 저곳'에 유토피아가 존재하는 것은 아닐 것이다. 어쩌면 하비가 애타게 갈망하던 유토피아는 바로 지금 이곳에서 쉼없이 흘러 넘치고 있을지도 모른다. 바로 옆으로 눈을 돌리면 알게 되는 헤테로토피아의 모습으로.

아리프 딜릭, 『전지구적 자본주의에 눈뜨기』

맑스주의는 어디로?

이른바 '전지구적 자본주의 시대'라 규정되는 사회변동 양상을 둘러싸고 장미빛 낙관에서 묵시록적 비관에 이르기까지 실로 다양한 분석과 논의들이 이루어져 왔음은 주지의 사실이다. 물론 여기서 놓쳐선 안 될 것은 대척관계에 있는 듯 보이는 극단의 현실이 실은 서로를 그 일부로 하는 단일한 사회적 과정, 즉 전지구적인 자본 동학動學의 상이한 양태로서 전개되고 있다는 점이다.

특히 작년의 9·11 대참사를 계기로 국내외적으로 벌어지고 있는 일련의 정치경제적 상황은, 민족/국민 국가 내지 특정 지역을 자기완결적 단위로서 다루어 온 기존의 접근틀이 한낱 '분석적 착각'에 지나지 않으며, 오랜 분석적 관성과의 '인식론적 단절'이 그 어느 때보다 절실함을 새삼 일깨우고 있다. 달리 말하자면 이는 오늘날 자본주의 사회구성의 공간·문화·정치적 재편 과정에 대한 수세적 대응에 그치지 않고, 궁극적으로 이를 '넘어서기 위한' 비판 담론의 발본적 재구성이 중

장기적 차원에서 그만큼 절박한 과제임을 뜻하는 것이리라.

『전지구적 자본주의에 눈뜨기』의 글쓴이 아리프 딜릭은 이러한 비판 담론, 특히 이의 실질적 수장격인 맑스주의의 생산적 재구성에 필요한 이론적·방법론적 검토 지점과 그 역사적 맥락들을 전지구적 자본 동학의 궤적에 대한 포괄적 분석을 바탕으로 꼼꼼히 살피고 있다. 딜릭은 우선 맑스주의가 본질적으로 자본주의 생산양식에 대한 급진적 비판인 한, 그것의 분석적 유효성은 전지구적 자본주의 시대라 불리는 오늘날 한층 더 빛을 발하리란 점을 설득력 있게 논증하고 있다.

하지만 딜릭의 논의에서 걸쭉하니 배어나오는 이러한 설득력의 원천은 '과학'으로 자신을 정초하려 했던 기존 맑스주의의 '복권' 시도와는 아무런 관계가 없다. 오히려 딜릭은 맑스주의가 그 자체의 독특한 해방적 잠재력에도 불구하고 '현실 사회주의 진영'의 몰락과 함께 비판적 적실성에 있어 명백한 분석적 한계에 빠졌던 결정적인 이유를, '보편사적 필연' (혹은 이의 경제적 표현으로서 생산력주의)과 결부된 자본주의 역사 서사의 시·공간적 목적론 및 그 개념적 전제들을 '과학적 진리'라는 기치 아래 더욱 철저히 내면화하려 했던 데서 찾는다. 맑스주의가 발전-국가주의에 함몰된 동원형 사회체제 구축의 교조적 전거로 전락하는 지독한 역설에 빠졌던 건 그 역사적 귀결인 셈이다.

딜릭은 이젠 자본 동학 스스로가 근대화론의 시공간적 전제들을 거스르며 유연생산 체제로 재편된 현 상황에서, 맑스주의가 공식적 수사와 달리 자본주의적 근대의 뒤꽁무니를 좇는 "파생 담론"이길 그치고

2. 철학의 외부, 근대에 내재하는 외부를 위하여 **155**

능동적인 해방적 사회구성 담론으로서 그 역동성을 되찾기 위해서는 유럽중심주의적인 근대 서사 및 이와 관련된 '계급중심주의적 환원'으로부터의 자기비판적 탈피가 필수적임을 강조한다. 이와 관련, 딜릭은 주어진 현실조건에 고유한 시공간적 맥락과 국지적인 문화-역사적 변수들을 맑스주의적 분석/실천의 핵심 요소로 적극 사유하려 했던 1930년대의 '중국적 맑스주의' 내지 마오주의에 주목한다. 마오주의 역시 역사적 맑스주의 일반과 마찬가지로 제국주의적 국제역학에 따른 일정한 실천적 한계를 드러내긴 했지만, 딜릭이 보기에 마오주의는 중국이라고 하는 구체적인 현실 국면 속에 보편사적 필연으로부터 자유로운 다양한 계급적 실천의 갈래들이 존재하고 있음을 보여주려 했다는 점에서, 오늘날 맑스주의 자체 내지 맑스주의적 분석틀의 긍정적이고 개방적인 전회轉化에 유용한 실마리를 제공한다.

그리고 이를 통해 딜릭은 적어도 자본주의 사회구성의 효과적인 분석에 있어 '계급' 범주의 환원주의적 용법과 결부된 비판이 중요할지언정, 그러한 분석 범주 자체의 폐기가 과연 타당하며 또 가능한지를 묻고 있다. 90년대 들어 계급론적 환원을 분석적 병폐의 뿌리로 파악하면서 기껏 비非계급론적 환원으로 치닫는 모습을 보였던 우리네 이론·실천 영역의 경향적 흐름에 비추어 볼 때, 이러한 딜릭의 지적은 꼼꼼한 주목을 요하는 지점이 아닐까 싶다.

매우 흥미로우면서 논쟁적이기도 한 이상의 논의 외에 눈여겨 볼 또다른 부분은, 자본/사회주의가 공유하던 근대의 단일인과론적 거대서사에 대한 가장 급진적 비판으로 알려진 탈식민 담론을 다룬 마지막 장이다. 딜릭은 탈식민의 문제틀이 갖는 일정한 긍정성에도 불구하고 오늘날 그것이 내세우는 '차이의 정치'가 현실에선 오히려 전지구적 자본의 이해에 공명하는 문화정치적 윤활유로 활용되고 있는 역설에 주목한다. 다시 말해 탈식민 담론은 축적의 전지구적 맥락을 내포한 관계적 총체 내에서의 차이를 분석할 수 있는 '구성적 서사'로 재배치될 때라야 현존 체제를 실질적으로 압박하는 급진적 해방 담론이 될 수 있다는 것이다.

새로운 전지구적 현실 지형 속에서 국지적 맥락에 기반한 대안적 사회구성 전략을 통해 보다 나은 삶의 관계를 꿈꾸는 이들에게, 맑스주의의 가능성을 여타의 다채로운 비근대·비서구적 사유체계와의 생산적 접속에서 찾고자 하는 딜릭의 이같은 통찰은 두고두고 풍부한 정치적·담론적 영감의 원천이 될 것으로 보인다.

3. 우리 신체에 새겨진 근대성, 그리고 혁명

어떠한 도덕의 금기도 인간의 자유로운 욕망의 흐름을 가로막지는 못한다. 이 책들을 통해 우리는 '도덕의 철책으로 민중의 습속을 규격화하는 국가장치'와 '체제의 미세한 균열을 만들어 그 감시의 포획장치를 뛰어넘는 인간' 사이의 끝나지 않는 대결을 본다. 자신의 사회적 지위를 이용해 약자의 풍요를 착취하는 인간의 추악함, 나아가 도덕의 감금장치들을 유쾌하게 뛰어넘는 역동적인 인간군상을 통해 우리는 우리의 몸에 새겨진 근대성을 도처에서 확인한다. 이 책들은 하나같이 입을 모은다. 낡은 습속에 길들여진 눈을 던지고 삶을 통찰하는 '천 개의 눈'을 가지라고. 영원한 것은 오직 모든 것이 변화한다는 사실밖에 없으며, 각각의 변화마다 우리에게 주어지는 그 이질성과 차이들을 긍정하고 즐기라고. '나'라는 동일성 안에 갇힌 삶을 변이시키고, '인간'이란 이름의 경계를 넘어서라고.

아도르노/호르크하이머, 『계몽의 변증법』

계몽의 계몽, 계몽의 외부

근대 일본 문학의 아버지였던 나쓰메 소세키夏目漱石는 어느 날 젊은 작가의 신작 소설에 서문을 써달라는 요청을 받았다. 소설을 읽던 그는 문득, 충격에 휩싸였다. 자신이 사는 개명된 사회의 한편에서 여전히 비굴하고 천박하며 미신을 숭배하는 사람들의 삶이 펼쳐지고 있는 것을 보았기 때문이다. 그들은 바로 순진하면서도 교활하고, 욕심이 없는가 하면 탐욕스럽기 그지없는 그 시대의 민중들이었다. 그는 자신의 딸이 자라나면 반드시 이 책을 읽히겠다고 다짐한다.

"딸은 분명히 좋아하지 않을 것이다……. 그렇지만 딸이 이렇게 나올 때 나는, '재미있어서 읽으라는 게 아니다, 고통스러우니까 읽으라는 것이다' 라고 말해주려 마음먹고 있다."

소세키는 단순히 한 권의 책에서 얻을 수 있는 감동이나 교양을 말한 것이 아니다. 그가 진정으로 딸에게 물려주고자 한 것은, 내가 보지 못하는 삶의 다른 형식들, 불가해하고 복잡다단한 삶의 과정들이었다.

삶의 두께는 고통을 통과함으로써만 간신히 얻을 수 있는 것이라는 엄정함, 이것이 '고통스러우니까 읽으라는 것이다'라고 말하는 소세키의 의식이다. 고통을 수락함으로써만 나와 다른 삶을, 현실의 두께를 간신히 읽어낼 수 있다는 것, 이것은 전쟁과 파시즘의 지옥 속에서 계몽의 한계를 어둡게 써내려 간 아도르노와 호르크하이머의 글에서도 동일하게 발견되는 의식이다.

그런 의미에서 『계몽의 변증법』은 읽기에 고통스러운 책이다. 사람들은 생각한다. '계몽은 낡은 말이다. 변증법도 이제 더 이상 새롭지 않다.' 과연 그러한가?

계몽은 보다 나은 세계를 지향하는 인류의 희망과 더불어 시작되었고, 그 희망의 가능성과 배반 속에서 자라왔다. 자연이 주는 공포로부터 벗어나 인간을 이 세계의 주인으로 세우고자 했던 계몽과, 이성과 문명의 이름으로 자연을 지배하고, 식민지를 개척하고, 또 다른 인간을 억압하는 계몽은 서로 다른 것이 아니다. 우생학적이고 경제적인 관점에서 자행된 홀로코스트의 비극과, 서부 개척의 신화를 위해 잔인하게 희생된 아메리카 인디언들의 수난은 합리적으로 계산된 계몽의 실천이다.

아도르노와 호르크하이머의 말처럼 계몽이 진행됨에 따라 인류는 진정한 인간적인 상태에 들어서기보다 새로운 종류의 야만상태에 빠져든다. 야만이라고? 첨단의 과학기술 문명 시대를 사는 우리가? 이처럼 세련된 문화적 취향과 매너를 지닌 야만인이 어디에 있단 말인가! 아도르노와 호르크하이머는 이렇게 대답했을런지도 모른다. "그래, 우린 야만인이야." 첨단의 과학기술 문명은 '정의'의 이름으로 '악의 축'을 벌주기 위한 무기 개발에 열을 올리고, 세련된 문화적 취향과 매너는 값비싼 수입 명품과 사교클럽 속에서나 빛날 뿐.

패거리들 속에서, 패거리의 힘에 기대서 특정 지역 출신을 소외시키고, 동성애자를 조롱하고, 외국인 이주 노동자를 박대하는 것이 야만이 아니라면 대체 무엇이 야만이란 말인가. 하지만 아무도 그것이 진정으로 누구를 위해서 벌어지는 일인지 알지 못한다. 현재의 상태를 자명한 것으로 알고 지나갈 뿐이다. 익숙한 것들에 대한 맹목적 신뢰, 금지된 것들에 대한 자발적 자기검열과 반성하지 않는 이성 속에서 파시즘의 신화는 부활한다. 그리고 바로 그 지점에서 지배의 권력은 유지되고 확산된다. 소세키가 읽었던 소설에 나오는 '미신을 숭배하는 사람'은 바로 우리들 자신인 것이다.

이제 이성과 계몽을 포기해야만 할까? 아도르노와 호르크하이머의 태도는 여기서 결연하다. 계몽의 한계는 계몽을 통해서만 극복될 수 있다고 그들은 말한다. "스스로를 완전히 자각하고 힘을 가지게 된 계몽만이 계몽의 한계를 분쇄할 수 있을 것이다"라는 그들의 전언은 끊임없이 자신을 돌아보고 비판하는 이성과 사유의 회복을 촉구한다. 그것만이 계몽의 진정한 의미인 자유와 더 나은 세계를 향한 희망이다. 우리는 지금 충분히 계몽된, 아니 계몽될 준비가 되어 있는 성숙한 존재인가?

미셸 푸코, 『감시와 처벌』

지금 누군가 날 감시하고 있다

유능한 시험 감독관은 대개 교실 뒷편에 선다. 가끔 헛기침이나 발소리를 효과음으로 덧붙이면 효과는 훨씬 커진다. 그 이유는 간단하다. 교사는 학생들을 볼 수 있지만 학생들은 그를 볼 수 없다. 감히 뒤를 돌아볼 수 없는 이상 학생들은 시험 시간 내내 '바른 자세'를 유지하게 된다.

이처럼 단순한 감시의 원리는 19세기 초 제레미 벤덤이 설계한 판옵티콘(원형감시장치)의 기본 원리이기도 하다. 자본주의의 '왕 없는 권력'은 사회를 관리하고 통제할 수 있는 새로운 기술이 필요했다. 애덤 스미스가 시장을 통제하는 '보이지 않는 손'을 발견했다면, 벤덤이 찾아낸 것은 '보이지 않는 눈'이었다. 벤덤이 구상한 것은 집단적 격리와 통제가 필요한 영역 어디에나 적용될 수 있는 원리였다. 그는 판옵티콘을 이렇게 설명한다. "어떤 부류든 감시되어야 할 사람들을 수용하는 사회 시설, 특히 감화원, 감옥, 공장, 작업장, 구빈원, 제작소, 정신병원, 검역소, 병원, 학교 등에 적용할 수 있는 새로운 구성 원리." 판옵티콘은 사회 전반의 조직 원리였다는 점에서 벤담식 유토피아였다.

판옵티콘은 빛과 시선을 교묘하게 배치한다. 벤담의 계획은 중앙의 감시탑 주변에 독방들로 채워진 원형의 건물을 세우는 것이었다. 중앙의 감시탑에는 감시자 한 명을 배치하고 독방 안에는 광인이나 병자, 죄수, 노동자, 학생 등 누구든지 한 사람씩 감금한다. 중요한 것은 빛과 시선의 비대칭성이다. 중앙의 감시자는 독방을 볼 수 있지만, 독방에 감금된 자는 결코 감시자를 볼 수 없다. 감금된 자는 빛에 노출되지만 감시자는 어둠 속에 숨는다.

집단에 속한 개인들이 각자 감시자의 시선을 내면화하여 스스로를 감시할 때 판옵티콘의 효과는 정점에 달한다. 언제 어디서나 '보이지 않는 눈'을 떠올리도록 하는 것이다. "모든 동료가 감시자다." 이것이 푸코가 『감시와 처벌』에서 말하는 규율 권력의 작동 방식이다. 규율이 존재하는 어떤 집단에서도 시선의 권력은 작동한다. 군대와 학교, 직장 심지어는 국가 역시 예외가 아니다. 이 안에는 늘 우리를 지켜보는 또 하나의 눈이 있다.

'자율'이 준법의 동의어로 쓰일 때, 그것은 감시의 시선을 내면화한 결과에 가깝다. 가령 경찰 대신 교통법규 위반자를 감시하는 '카파라치'의 효과가 그것이다. 그들의 사진기는 경찰의 시선을 무한대로 복제한다. 제복을 걸치지 않은 감시자는 시도 때도 없이 출몰한다. 덕분에 운전자는 곳곳에서 감시자의 존재를 실감한다. 이 제도의 진정한 효과는 운전자들 스스로가 감시자가 되어 자신을 통제하는 것이다. 이쯤되

백외제 『프리바토피아를 넘어서』에 실려 있는 그림

규율이 존재하는 어떤 집단에서도 시선의 권력은 작동한다. 군대와 학교, 직장 심지어는 국가 역시 예외가 아니다. 그 안에는 늘 우리를 지켜보는 또 하나의 눈이 있다.

면 '자율'은 자발적 복종의 다른 표현이다.

이런 의미에서 이 책은 감옥에 대한 책이 아니다. 우리를 포위하고 있는, 한없이 촘촘한 권력의 시선에 대한 책이다. 그러나 권력을 자유의 억압 정도로 생각해서는 곤란하다고 푸코는 말한다. '보이지 않는 눈'은 개인들에게 일일이 번호를 부여하고 관찰하며 세심히 기록한다. 훈련과 평가가 뒤따르고 규준에 못 미치는 자에게는 처벌이 가해진다. 이런 과정을 통해 길들여진 신체는 개인과 집단의 생산적 능력을 증대시킨다.

대신 권력은 저항할 수 있는 힘을 뺀다. 자기 안에서 감시자의 눈빛을 느끼는 자의 복종은 체념을 동반한다. 신체의 효율성은 극대화되지만 '쓸모 없는' 힘은 제거되는 것이다. 말 잘 듣는 '모범생'이 주어진 질서의 밖에서 종종 겪게 되는 당혹감을 생각해 보라. 혹은 명예퇴직한 은행원과 제대 군인이 맞닥뜨려야 할 무력감 따위들!

푸코는 낡은 문서 창고에서 자질구레한 삶의 조각들을 끄집어 내 권력의 격자 위에 펼쳐 놓는다. 권력은 사소한 것들을 통해 작동하며, 일상은 낱낱이 감시의 시선에 노출된다. 근대의 개인은 권력의 씨줄과 날줄이 교차하는 그물코다. 그래서 권력의 그물망이라는 푸코의 비유는 섬뜩하다. 지나치게 비관적이거나 무기력한 결론인가? 그러나 저항은 이 책의 숨겨진 주제다. 들뢰즈의 표현처럼 『감시와 처벌』은 "전투의 흙먼지로 술렁인다." 이 책이 돌연 "멀리서 들려오는 전투의 아우성"으로 끝나는 것도 그런 이유일 것이다.

조나단 크래리, 『관찰자의 기술』

시선의 배치와 근대 권력의 탄생

한 사회 혹은 특정한 시대는 저마다의 고유한 양식과 규칙을 지닌다. 역사의 잡목숲 속을 헤집고 다닐 때마다, 우리는 그 속에서 특정한 양식으로 인간을 생산하고 지배하는 규칙들을 목격하게 된다. 조나단 크래리의 『관찰자의 기술―19세기의 시각과 근대성』은 특정한 시각적 효과의 생산과 그것의 작동에 의해 근대적 주체로서의 '관찰자'가 탄생하는 과정을 묘파하고 있는 책이다.

그러나 이 책은 결코 '시각'이나 '광학 장치'들의 계보를 추적하는 소박한 역사를 목표로 하지 않는다. 저자에게 시각의 역사라는 개념은 단지 가설적인 가능성일 뿐이다. 저자에 의하면 "인식이나 시각은 자신의 자발적인 역사를 갖지 않으며, 변하는 것은 인식이 발생하는 장을 구성하는 복수의 힘들과 규칙들"이다. 그리고 어느 특정한 역사적 순간에 시각을 결정하는 것은 어떤 심층구조, 경제적 기반, 혹은 세계관이 아니라 '단일한 사회표면 위에 있는 본질적으로 다른 부분들의 집합적 배치의 기능"에 의해서이다. 그래서 그는 관찰자를 다른 많은 장소에 위치한 사건들의 배치로 여기기도 하며, 나아가 관찰자의 능력을 가능하게 하는 힘의 배열이 존재함을 추적하고자 한다.

근대를 그 이전과 구분 짓는 가장 중요한 특징 중의 하나는 시각적 영역에 대한 배타적인 권리의 인정이다. 이때 시선은 곧 권력의 지표이며, 동시에 권력은 이러한 시선들을 통해 형성된다. 물론 이러한 시선은 저자의 말처럼 가시적인 것과 비가시적인 것을 넘나드는 복수적인 것을 의미한다. 저자에 의하면, 근대는 무엇보다도 시선들을 분산 배치함으로써 작동한다. 그렇다면 이때 이러한 분산 배치들을 가능하게 한 힘은 과연 무엇일까? 이는 특정한 시선의 창출과 그것들의 작동을 가능하게 한 기술적 장치들의 발명과 관련된다. 저자는 먼저 17세기에서 19세기에 이르는 시기를, 17~18세기의 카메라 옵스큐라 모델과 19세기의 자발적 시각모델로 양분한다. 그리고 다시 1820~1830년대의 사건과 효과들을 중심으로 19세기를 세분한다.

저자의 논의에 따르면, 17~18세기의 관찰자-주체는 카메라 옵스큐라라는 장치와 밀접한 관련을 지닌다. 로크는 「인간 이해에 관한 에세이」에서 카메라 옵스큐라를 '어두운 방'이라는 은유로 설명했다. 그에 의하면, 진리의 빛은 언제나 외부에 있으며, 내부는 그 진리를 받아들여야 하는 어둠을 의미한다. 이때 관찰자는 외부의 빛을 왜곡없이 투명하게 바라보고 수용해야 하는 의무만을 지닌다. 이러한 배치는 진리가 항상 주체의 바깥에 있음과, 그 진리는 빛과 밝음처럼 완전무결하게 존재함을 수용할 것을 관찰자에게 강요한다. 카메라 옵스큐라 모델에서 관찰자가 해야 할 유일한 일은 진리의 투명한 빛을 수용할 수 있는 '자아의 안전한 위치잡기'를 하는 것이며, 그것은 결국 카메라 옵스큐라에서 광학적으로 고정되는 '초점거리'의 확보와 동일한 것이었다.

고정성과 주체의 수용, 진리의 투명성과 외부성의 모델이었던 카메라 옵스큐라는 19세기에 접어들면서 서서히 붕괴된다. 이러한 사태의 원인은 '흐름'으로서의 상품과 생리학의 등장 때문이다. 괴테와 쇼펜하우어는 시각이 관찰자의 육체적 요소들과 외부세계에서 온 데이터들의 분리될 수 없는 복합체임을 발견했다. 특히 괴테는 카메라 옵스큐라 속에 내재되어 있는 '내부적 재현-외부적 실재'라는 단순한 분리를, 내/외부가 이전의 의미와 지위를 가지지 못하는 단일한 정서의 지평 위에 놓이게 했다. 괴테의 『색채론』은 시각의 주 대상으로서의 색을 어떠한 공간적 준거로부터도 유리시킨 채 논의할 수 있음을 보여주었다.

한편 생리학의 등장은 마침내 관찰자로서의 주체조차 객관적으로 바라볼 수 있게 했다. "19세기 그 순간의 생리학은 푸코가 18세기와 19세기 사이에 위치시킨 단절을 나타내는 과학들 중 하나이고, 이 과학들 속에서 인간은 초월적인 것이 경험적인 것으로 지도화되는 존재로 등장한다." 저자에 의하면 이러한 이행은 두 단계에 걸쳐 진행되었다. 첫째, 객체로서의 인간의 발견. 둘째, 객체로 발견된 인간과 자신을 동일하게 보는 장의 형성. 결국 저자가 말하는 19세기의 관찰자란 이처럼 주관적 객체로서의 주체이다. 그는 이처럼 객관적인 주체가 주관적인 객체의 모습을 포획하는 순간을 1820년대에 나타난 일련의 사건들 속에서 찾아낸다. 그것이 바로 생리학과 당시의 광학도구들, 특히 입체경의 등장이다.

근대성의 시각적 장치들이 등장한 이후, 시각의 문제는 근본적으로 육체와 사회 권력의 작동에 대한 문제로 전환되었다. 저자의 지적처럼, 시각이 관찰자라는 주체성 안에 자리잡게 되자 펼쳐지기 시작한 두 개의 서로 얽힌 경로는 우리에게 그것을 확인시켜 준다. 그 하나가 모더니즘 예술 혹은 다른 것 안에서 새로이 힘을 얻은 육체로부터 나온 시각의 주권과 자발성에 대한 다중적인 확신이었으며, 다른 하나는 시각적인 육체에 대한 지식으로부터 제기된 관찰자의 점증적 표준화와 조절, 즉 시각의 추상화와 형식화에 의존하는 권력형태이다. 그러나 저자는 이 두 가지의 길 중에서 후자에 더욱 많은 비중을 두고 있다. 왜냐하면 "시각과 그것의 효과는 언제나 역사적인 산물인 동시에 주체화의 특정 실천, 기술, 제도, 과정의 장소인 관찰하는 주체의 가능성들로부터 분리될 수 없"기 때문이다. 결국 근대적 관찰자란 개인의 육체에 직접 작동하는 지식과 권력의 장소이다. 그렇기 때문에 근대적 관찰자의 생산 과정에 주목한다는 것은 곧 근대적 권력의 작동방식과 그 탄생 과정을 반추하고, 동시에 그 배치의 변형을 예기한다는 의미이기도 하다. 근대적 관찰자, 그것은 분명 보는 사람이었지만 미리 규정된 가능성들의 체계 안에서만 보는 사람이었으며, 그런 한에서 관습과 제한의 체제에 박혀 있는 사람이었다.

레비-스트로스, 「슬픈 열대」

열대인의 '깊은 슬픔'

이변이 없는 한, 일요일 오후 5시 15분이면 나는 TV 앞에 앉는다. 채널 9번에서 하는 「동물의 왕국」을 보기 위해서다. 처음엔 하릴없이 빈둥거리다 보기 시작했는데, 이제는 만사(?)를 뿌리치고 볼 정도로 '매니아'가 되었다. 이 프로에는 먹고 먹히면서 서로 공존하는 기막힌 생존법, 어떤 악조건에서도 신체를 적응시키는 '초인적인' 변이능력이 환타지처럼 펼쳐진다. 사자와 악어에게 포위되어 18시간 동안 사투를 벌이다 마침내 무릎을 꿇는 들소, 알래스카의 추위에 적응하기 위해 털을 흰빛으로 바꿨다는 북극곰, 핵방사선에도 끄덕없다는 사막의 자칼 등은 신화 속 세계를 엿보듯 경이로웠다. 그러나 인간의 출현으로 이 왕국은 치명적 위기에 처해 있다. 나래이터에 따르면, 인간은 이 동물들이 수백년 만에 처음 만난 '천적'이다. 한번 휩쓸고 지나가면 모든 생명있는 것들을 초토화시키는 존재, 그것이 바로 이 프로의 진짜 주인공인 인간의 얼굴이다.

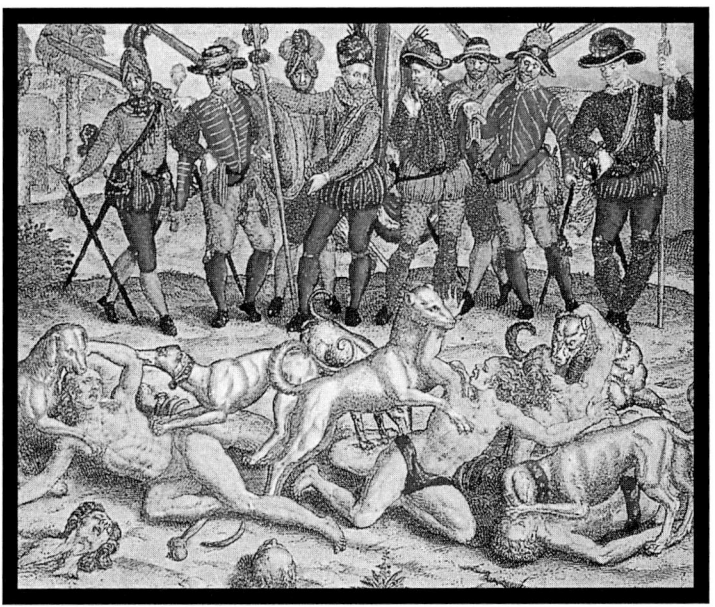

사냥개에게 물어뜯겨 피를 흘리며 죽어가는 아메리카 인디오들을 흥미진진한 얼굴로 바라보고 있는 스페인 침략자들

열대인에게 문명인이란 대체 무엇이었던가?
전염병을 퍼뜨리는 의사, 유일신만을 강요하는
선교사, 사람 사냥을 밥먹듯 하는 휴머니스트들!
한번 휩쓸고 지나가면 모든 생명 있는 것들을
초토화시키는 야만적 별종.

『슬픈 열대』는 마치 「동물의 왕국」의 전주곡 혹은 속편처럼 느껴졌다. 뜻밖에도(?) 이 저명한 고전은 여행기의 형식을 취하고 있었다. 2차대전, 그 잔혹한 전장터로부터의 탈주에서 여행이 시작되는 건 참 의미심장하다. 저자는 자신의 여행이 서구문명의 파탄 속에서 '근대 외부'에 있는 세계를 찾아나서는 탐험이라는 것을 환기하고 싶었던 것일까?

　어떻든 그가 만난 브라질 아마존 강 부근의 부족들은 '야만인'이다. 과학, 의료, 국가체제 따위로부터 벗어나 있다는 점에서. 그러나 바로 그렇기 때문에 그들은 근대사회가 결코 도달할 수 없는 특유의 공동체적 원리를 구축하고 있었다. 오직 베푸는 능력을 통해서만 권위가 인정되는 남비콰라족의 추장제도는 특히 감동적이거니와, 그 밖에도 생태계와 공존하기 위한 다양한 전략들은 문명사회를 한없이 초라하게 만든다. 아니, 그러한 가치평가 이전에 그들은 문명인과는 다른 방식, 상이한 관계 안에서 살기를 원했다. 문제는 문명인들이 그러한 차이를 절대 참지 못했다는 점, 거기에 슬픈 열대의 '깊은 슬픔'이 있었다.

　그들에게 있어 문명인이란 대체 무엇이었던가? 전염병을 퍼뜨리는 의사, 유일신만을 강요하는 선교사, 동물과 사람 사냥을 밥먹듯 하는 휴머니스트들! 결국 동물의 왕국을 위협하는 '천적'은 바로 열대인을 파멸시킨 문명인과 하나였던 셈이다. 그래서 나는 이즈음 21세기가 진정 필요로 하는 사상은 '토테미즘'이 아닐까 하는 망상(!)에 사로잡히곤 한다.

고미숙, 『한국의 근대성, 그 기원을 찾아서』

기원을 전복하는 역설의 공간

익숙한 광경은 쉽게 풍경이 되지 못한다. 매일 보는 신문과 텔레비전, 거대한 스크린처럼 우뚝 서 있는 고층건물들은 '풍경'이 되기에는 우리의 눈에 지나치게 익어버린 '배경'일 뿐이다. 그러나 100년 전의 사람이 이 도시의 광대한 스펙터클을 바라본다면, 우리가 진저리치는 이 모든 것들이 그에게는 낯선 '풍경'으로 거듭날 것이다. 그의 시선은 이 광경에 철저히 길들여진 '내부자'의 것이 아닌 '외부자'의 것이기 때문이다. 고미숙의 『한국의 근대성, 그 기원을 찾아서』는 우리의 신체에 깊숙이 각인된 근대적 표상체계들을 투시함으로써 '근대의 내부에서 그 외부를 사유하기 위한' 발판을 마련한다. 그는 지배적인 학문의 질서, 그리고 다수적인 글쓰기의 코드를 내파함으로써 '근대에 내재하는 외부'를 꿈꾼다.

    저자는 자신의 몸에 물들어 있는 끈질긴 습속들의 외부자가 됨으로써 근대성의 표상들에 대한 계보학적 탐색을 꿈꾼다. 우리를 끊임없이 내부자의 시선으로 고착시키는 강력한 중력장치들 중 하나는 '미완의 근대/제국주의적 근대'라는 표상이다. 오리엔탈리즘에 대해서는 맹렬하게 비난하면서, 민족주의 내부에 도사린 억압과 배제의 장치들에 대해서는 지극히 관대한 지적 풍토. 한일전 축구경기가 있으면 기꺼이 '파시스트'가 되어버리는 우리. 우리는 일본인에게 시해당했다는 이유만으로 명성황후에 열광하고, 이완용 한 사람을 단죄함으로써 민족 전체의 면죄부를 얻으려 한다. 이것은 모두 근대주의, 민족주의에 모든 자유로운 상상력을 재갈물린 우리들 자신의 투명한 얼굴이다.

저자는 우리의 무의식의 심층을 깊숙이 탐사함으로써 우리의 기억들이 어떠한 중력장치를 통해 '코드화'되어 있는가를 묻는다. 민족주의는 물론이고 오늘의 성문화와 여성에 대한 인식구조 또한 '근대 이후'의 산물이다. 그는 근대계몽기의 텍스트들을 통해 오직 생식과 가족을 위한 성만이 봉상스 bonsens 로 고착되는 과정, 개인의 욕망을 거세함으로써만 개인을 국민으로 재배치시키는 근대권력의 포획장치를 읽어낸다. 학교가 민족이나 역사 같은 거시적 영역의 근대화를 담당한다면, 목욕탕, 병원, 교회는 일상의 미시적인 영역에서 근대적 규율과 습속을 구성원들의 신체에 아로새긴다.

근대계몽기는 우리의 사유와 삶의 방식들이 어떻게 형성되었는지, 그 내부에 작동하는 근원적 원리는 무엇인지를 말해주는 생성적 기원의 공간이다. 다른 한편 근대계몽기는 격정적 파토스와 이념적 도그마가 공존하는 특이한 변이의 선들을 내장함으로써 근대의 외부를 사유할 수 있는 전복적 에너지를 제공해 주는 공간이기도 하다. 그는 "100년 전 그 때 그 시절, 한국에서 근대적 주체가 생산되기 위해 대체 무슨 일이 일어난 것일까"라는 소박한 질문으로 이 책의 포문을 연다. 이 물음의 기저에는 "그렇다면 새로운 주체의 구성은 어떻게 가능한가?"라는 질문이 늘 따라다닌다.

그가 근대의 외부를 향한 출구를 만들기 위해 세상 속으로 불러내는 텍스트들은 100년 전의 신문자료들과 그의 신체에 각인된 근대성의 흔적들이다. 그는 '민족주의/미완의 근대'라는 굳건한 사유의 암반 속에 묻혀 있던 텍스트 속에서 '자기 땅에서 유배당한 이들의 낮은 목소리'를 더듬어낸다. 아무도 쉽사리 말을 걸어주지 않던 근대계몽기의 텍스트들은 그의 사유의 배치 속에서 생기를 발하며 우리에게 새롭게 말을 걸어오기 시작한다. 동시에 그는 고향 강원도 정선의 병원, 교회, 목욕탕을 비롯한 어린 시절의 기억들 속에서 우리 몸 속에 새겨진 근대성의 프로그램들을 읽어낸다. 그의 '아우라지를 향한 긴 여정'을 따라가면서 우리 역시 우리 몸에 새겨진 '전도된' 근대성의 흔적들을 날카롭게 더듬는다.

그는 중국의 가혹한 탄압에도 불구하고 어떤 상처도 입지 않은 티베트인들의 낙천성과 달라이 라마의 소박한 아포리즘 속에서 근대화 프로젝트에 맹목으로 포섭되지 않은 '근대의 외부'를 발견한다. 또한 그는 성의 해방을 '금기의 파괴'가 아닌 '욕망의 자유로운 흐름'으로 인정했던 유목민들의 성풍속, 고려사를 관통하는 자유로운 사랑의 풍속을 제시함으로써, 우리가 지금 성전처럼 떠받드는 성의 규범 중 절대적인 것은 하나도 없음을 내보인다. 그는 인간의 정신을 관리하기 위해 정신의 질병을 필요로 하는 기독교적 사유, 세균을 악마로 설정하고 의사와 환자를 날카롭게 격리하는 병리학의 이분법을 벗어나고자 한다. 그는 이질적인 것들을 풍부하게 수용하는 신체, 환경과의 능동적 접속이 가능한 신체, 언제나 '다른 것'으로 변이할 수 있는 새로운 주체를 꿈꾼다. 그럼으로써 우리는 정상과 비정상, 도덕과 부도덕을 날카롭게 구획하는 근대적 동일성의 지반을 넘어 성적, 종족적, 계급적 소수자들이 자유롭게 접속하고 변이할 수 있는 집합적 주체를 구성할 수 있을 것이다.

    프란츠 파농이 제3세계 민중들에게 전한 메시지는 오늘을 사는 우리에게도 여전히 유효하다. "제3세계는 이전의 가치로써 자신을 규정하고 마음을 놓아서는 안 된다. 오히려 저개발국은 자신의 특유한 가치와 방법과 형식을 찾기 위해 최선을 다해야 한다. 우리가 처한 구체적 문제는 이제껏 다른 대륙과 다른 시대 사람들이 규정했던 바, 사회주의와 자본주의 가운데 하나를 택하는 문제가 아니다." 제3세계 식민지해방운동이 유럽인들에게 '폭력의 부메랑'이 되어 엄습했을 때, '원주민'들이 선택한 것은 절대적 폭력에 맞선 절대적 폭력이었다. "나의 종족은 파멸자, 나의 종교는 저 자신입니다. 저는 반항과 움켜쥔 주먹, 헝클어진 고수머리로 보여줄 것입니다"(프란츠 파농, 『대지의 저주받은 자들』).

    흑인들의 절박한 무기가 그들의 움켜쥔 주먹, 물결치는 고수머리였다면, 우리는 우리 몸에 새겨진 전도된 근대성의 중력장치를 어떻게 벗어날 수 있을까. 우리의 근대성의 '풍경'들은 그 어느 곳도 아닌 바로 '나'의 신체에 깊숙이 새겨져 있다. 그렇다면 근대적 주체생산의 장으로부터 탈주할 수 있는 길 역시 우리 자신에게 있는 것이 아닐까. 이 새로운 주체를 구성하기 위해 필요한 것은 낯설고 이질적인 장 속에 능동적으로 뛰어들 수 있는 용기, 바로 나 자신의 '길들여진 신체'와 싸울 수 있는 용기뿐이다.

에르네스트 르낭, 『민족이란 무엇인가』

다수자의 기억과 소수자의 기억

얼마 전 어느 재일한국인의 '민족주의'에 대한 발표를 들을 기회가 있었다. 그는 '탈근대', '탈식민주의'가 논의되는 오늘날에도 '민족주의'는 자신에게 여전히 진보적 의미를 갖는다고 했다. 많은 재일한국인들이 '다른 민족'이라는 이유로 일본에서 차별을 받고 있는 현실 때문에도 그렇고, 한반도의 '분단'이 여전히 민족적 과제로 남아 있다는 점에서도 그렇다고 했다. 그는 재일한국인들이 억압과 차별에 맞서 자의반 타의반으로 민족주의를 동원하지 않을 수 없는 현실을 설득력 있게 제시했다. 하지만 우리는 민족주의가 억압과 차별을 생산하는 경우도 있음을 알고 있다. 이민족에 대한 극우민족주의자들의 테러는 더 이상 낯선 뉴스가 아니다. 하기는 우리 역시 재일한국인이 일본 내의 '다른 민족'으로서 겪는 수모의 몇 갑절을 우리 사회의 외국인 노동자들에게 행사하고 있지 않은가.

 도대체 민족이 무엇이기에 그 이름으로 차별하고-차별받고, 억압하고-저항하는 걸까? 오늘날 민족을 내세우는 것은 '해방'인가, '억압'인가? 에르네스트 르낭의 『민족이란 무엇인가』는 '민족'을 연구하는 사람들에게는 손꼽히는 고전 중의 하나이다. 이 책은 1882년 소르본 대학에서 있었던 그의 강연 원고인데, 분량이 짧으면서도 풍성한 고민거리를 담고 있다. 민족에 접근하는 방식으로는 대개 인종이나 언어, 종교, 지리 등 세습되는 항구적 공통성을 강조하는 입장과, 근대의 특정한 조건 속에서 발생한 하나의 이데올로기 내지 집합적 의지로 간주하는 입장이 있어 왔다. 굳이 말하자면 르낭은 후자에 가까운 편이다.

그는 민족이라는 개념이 "역사적으로 생겨난 새로운 것"이며, "인종이나 언어, 종교가 다른 사람들을 어느 날 하나로 묶어준 어떤 것"이라고 말했다. 가령 하나의 민족으로서 "프랑스인들은 갈리아인도, 프랑크족도, 부르군트족도 아니며", "각자 어떤 언어를 썼었는지도 망각하고 있다". 하지만 특정한 시기가 지나면서 마치 "커다란 가마솥을 거친 다양한 요소들처럼" 하나의 민족으로 태어났다.

그는 민족에서 중요한 것은 오랫동안 세습되었다고 하는 특징들이 아니라 하나의 공동체로 느끼는 어떤 '정신적 원칙'이며, 이는 "과거에 대한 풍성한 추억, 그리고 현재의 공동 삶을 지속시키기를 바라는 의지"로 구성되어 있다고 말한다. 그에 따르면 민족의 존재는 각 개인들의 "추억과 의지"의 집합으로 이루어지므로, 마치 "매일매일〔개인들의 의지를 묻는〕국민투표" 같은 것이다(물론 이러한 입장은 당시 상황과도 긴밀히 연관되어 있는 것이었다. 프로이센-프랑스 전쟁 이후 알자스와 로렌을 점령한 프로이센은 "언어나 인종, 그리고 지리적 경계상 두 지역은 독일 민족으로 보아야 한다"고 주장했는데, 이에 맞서 그는 "중요한 것은 지역 주민들의 의지이므로 두 지역은 프랑스 민족에 속한다"고 주장했다).

민족의 탄생에 관한 르낭의 주장에서 눈에 띄는 부분은 '망각'과 '기억'의 역할이다. 그는 다양한 인종과 언어, 종교를 지닌 사람들이 민족이라는 하나의 개체로 탄생하기 위해서 망각이 필요하다고 말한다. "망각은 민족 창출의 근본 요소이다." 그러나 다른 한편으로 한 민족을 이루는 이들은 공통의 기억을 갖고 있어야 한다. 민족에게는 '함께 하려는' 의지 못지 않게 '함께 했다는' 기억이 존재한다. 물론 그 기억은 거대한 망각 이후에 새롭게 창출된 것이다. 흥미로운 점은 르낭이 들고 있는 민족 탄생의 사례들에서는 모두 승자들이 자신의 언어와 종교를 망각하고 포기함으로써 패자와 융합했다는 사실이다.

하지만 지금 우리 앞에 있는 민족주의는 어떤가. 승자는 패자에게 자신의 언어와 종교를 강제하고, 자기와 타자를 나누어 동원하고 억압하지는 않는가. 민족주의, 혹은 '망각과 기억'은 승자와 패자, 다수자와 소수자에게 전혀 다른 의미를 갖는 것일 수밖에 없을 것 같다. 민족주의가 다수자의 것인 곳에서는 '망각'이, 소수자의 것인 곳에서는 '기억'이 진보에 가까운 게 아닐까. 우카이 사토시(이 책의 일역자)의 말처럼 "국민(민족)이 자신의 기억을 망각하고, 외국인의 기억을 받아들일 날을 꿈꾸어 본다면 우리는 무엇을 생각하게 될까?"

남경태, 『종횡무진 한국사』

국사와 역사

일본제국주의에 대한 맹목적 추종의 결과물이었는지, 아니면 민족해방 투쟁의 자랑스런 산물이었는지 알 수는 없어도 우리 문학과 역사에는 '민족'과 '나라'의 규정이 너무도 강하다. 사실 문학이나 역사에 우리처럼 'national'을 붙이고 다니는 나라들은 흔하지 않다. 언젠가 국문학을 하는 동료로부터 서구에선 예술장르인 문학이 우리나라에서는 '나라와 민족'의 '과학', 즉 국학이 되었다는 이야기를 들은 적이 있다. 역사학을 하는 동료가 있었다면 그 역시 비슷한 이야기를 하지 않았을까 싶다. 우리 학자들이 과거 자료를 뒤지고 정리할 때 그것은 단순한 '역사' history가 아니라 우리 민족이라는 실체 ── 이것만큼 초역사적이고 비역사적인 것도 없을 것이다 ── 의 흥망성쇠를 다룬 '국사' national history가 되고 만다.

이 책의 저자인 남경태가 자신의 한국사 이야기를 한반도 지역의 '지역사'라고 말했을 때, 나는 신선한 충격을 받았다. 그는 문학은 항상 국문학이고 역사는 항상 국사인 현실을 비판한다. 확실히 그는 민족적 자긍심이 주는 위안을 포기함으로써 역사에 대한 더 강한 시력을 얻은 것으로 보인다. 한국의 사학계가 일본의 역사 침략에 알레르기 반응을 보이고 있는 때임에도 그는 천연덕스럽게 신라의 석탈해나 가야의 김수로가 지금의 일본 지역 출신이 아닐까 추측한다. 저자의 의도에 의심을 품는 사람들이 있다면 먼저 그 의심이 '피끓는 민족성'에서 발원한 것은 아닌지부터 살피는 것이 좋을 듯 싶다. "한국도 일본도 없는 시대를 '고대 한일 관계'라고 표현하는 것부터 고쳐야겠다"는 저자의 말이면 그 의도도 충분히 드러난 게 아닌가. 근대 민족의 영광을 찬미하기 위해 고대부터 등장하는 모든 부족들과 사물들을 못 살게 구는 점에서 볼 때, 나는 "일본 학자들이 주장하는 '임나경영설'이나 국내 일부 학자들이 주장하는 '일본경영설' 모두 극우적 역사관이라는 점에 전혀 다를 바 없다"는 저자의 판단에 동의한다.

역사를 바라보는 시각의 참신함 말고도 이 책은 많은 미덕을 갖추고 있다. 저자인 남경태는 종종 저널리즘과 아카데미즘 사이에 독자적인 영토가 있다고 말하곤 했다. 대개 그 영토를 지향하는 책들은 전공자들에겐 역사를 공상 소설로 만들었다고 비난받고, 대중들에게는 현학적이라고 비난받는다. 그러나 이 책을 비롯해서 그의 '종횡무진 3부작'(『종횡무진 서양사』, 『종횡무진 동양사』, 『종횡무진 한국사』)은 전공자들에게는 경쾌한 문투에 대한 부러움을 느끼게 하고, 대중들에게는 해박한 역사 지식에 대한 부러움을 느끼게 한다. 이 정도면 그가 저널리즘과 아카데미즘 사이에 독자적 영토가 있다는 믿음을 가질 만하다는 생각이 든다.

『종횡무진 서양사』와 『종횡무진 동양사』의 성과가 곳곳에 반영되어 있는 점도 이 책의 큰 미덕이다. 본문 옆에 있는 주석들을 통해 동서양의 여러 신화나 제도, 문화들이 친절하게 소개되어 있다. 그는 때때로 동양사나 서양사에 관한 지식을 역사 해석에 적극적으로 활용하기도 한다. 가령 신라에서 사위가 왕위를 잇는 것에 대해, 아들 상속보다 사위 상속이 많았던 중동 유목 민족들의 역사를 환기하며, 신라 문명이 중국의 농경문명보다 중국 북부나 만주의 유목 문명 영향을 많이 받지 않았을까 하는 추론을 펴기도 한다.

어떻든 이로써 그는 2천쪽에 이르는 역사 오디세이를 마쳤다. 그는 정말로 시리즈에 붙인 제목처럼 '종횡무진' 뛰어다녔다. 나는 양이 질로 전화된다는 헛소리를 믿지 않지만 저자가 다룬 시간과 공간의 절대적 양에 대해서는 존경을 표하지 않을 수 없다. 이제 그가 내놓은 막대한 양에 대해서 좀더 깊이 있는 질적 평가가 나오기를 바란다. 물론 그 평가는 저널리즘이나 아카데미즘을 고수하는 형태로 이루어지지 않아야 할 것이다. 제 영토가 아닌 곳에서 작품들은 항상 오해되기 때문이다. 남경태 작품의 합당한 영토는 그가 명명하지는 않았지만 분명히 밝혔듯이 저널리즘과 아카데미즘의 사이에 있다.

고전연구실 편찬, 『북역(北譯) 고려사』

고려사, 한국사의 야생지대

역사에 관한 한, 한국인은 두 가지 표상에 고착되어 있다. 도포자락 휘날리는 조선조의 선비와 만주벌판을 주름잡는 고구려의 무인. 한국인의 99퍼센트가 '양반의 후예'임을 믿어 의심치 않는 기현상이 전자와 관련된다면, 무시로 몰아치는 고구려 열풍에는 저 중원제국에 대한 콤플렉스가 투사되어 있다. 이 둘은 서로 공존불가능한 지층임에도 한국인들은 아주 행복하게(?) 이 두 꼭지점 사이를 '왕복달리기'한다.

그래서인가? 고대사와 조선사 사이에 낀 고려사는 역사의 변경지대다. 드라마 「왕건」의 히트로 겨우(?) 대중의 이목을 집중시키기는 했으되, 여전히 그것은 베일에 싸여 있는 '비밀의 정원'이다. 물론 고려사에는 동명왕이나 광개토대왕의 일대기같이 장엄한 제왕의 서사시도 없고, 조선조의 유학처럼 중국보다 더 '중화적인' 철학의 세계도 없다. 게다가 「여인천하」류의 궁중스토리조차 드물다. 그러나 분명한 건 '그게 다가 아니'라는 사실이다. 조선왕조 건국주체들의 심각한 윤색을 감안한다 하더라도 세가世家에서 열전까지 이어지는『고려사』11권에는 뭔가 '다른' 것이 있다! 삼한통일전쟁, 무신난, 대몽항쟁 등 굵직한 사건들만 떠올려도 그렇거니와, 이 파란만장한 선분 위에 당에서 송으로, 다시 여진과 거란, 그리고 몽고가 각축하는 중원의 회오리가 겹쳐지면 고려사에는 동아시아를 넘어 세계제국의 생생한 맥박이 고동친다. 고려가요「쌍화점」에 아라비아 상인이 등장하는 게 결코 우연이 아니었던 셈이다. 게다가 불교와 토속신앙이 정치에 그대로 연계되는 특유의 메커니즘이나 불륜과 근친상간이 다반사로 일어나는 성적 습속들은 당혹스러운 만큼이나 '이국적 스릴'을 만끽하게 해준다.

그렇다면 고려사가 외곽으로 밀려난 건 고려사 자체의 문제라기보다 역사를 재는 준거, 예컨대 국경과 혈통을 중심으로 내부와 외부를 견고하게 구획짓는 근대적 표상체계로 인한 것이 아니었을까? 따지고 보면 그것들은 고려사를 포함하여 역사 전체를 얼마나 빈곤하게 만들었던 것인지. 결국 문제는 그러한 경직된 배치를 변환하는 것일 터, 만주벌판에 대한 허황한 꿈을 꾸면서 동시에 '조선중화'를 미화하는 역설의 궤도에서 탈주할 수만 있다면, 우리는 고려사라는 '야생적 지대'를 마음껏 종횡할 수 있으리라. 이질적인 시대와의 만남이란 궁극적으로 '지금, 여기'를 재구성하는 것에 다름아니라는 점을 환기할 수 있다면 더더욱.

임형택, 『한국문학사의 논리와 체계』

하나의 '한국문학사'라는 대지

숲 한가운데 늘어선 나무와 나무 사이로 오색천들이 나부낀다. 요란한 나팔소리를 울려 늑대들을 일제히 그쪽으로 몰아댄다. 날쌔게 달리던 늑대들이 그 오색장막 앞에서 돌연 멈춰선다. 결코 넘어서는 안 되는 경계로 '오인'한 것이다. 머뭇거리는 사이 몰이꾼들이 덮친다. 이것이 발트해 연안에서 늑대를 사냥하는 방법이다. 야생의 지혜를 자랑하는 늑대들이 한낱 오색 천조각에 속아 넘어가다니.

하지만 그렇게 어이없어 하는 순간, 그 비웃음은 부메랑이 되어 고스란히 우리에게로 되돌아온다. 우리의 지적 영토에 세워져 있는 수많은 경계표지들. 그것들은 이유도, 목적도 없이 그저 우리 앞에 던져져 있고, 우리는 감히(!) 그 말뚝들을 넘지 못한다. 근대 학문분과들이 모두 그렇지만, 특히 국문학 연구에는 헤아릴 수 없이 많은 경계들이 가로놓여 있다. 고전과 현대, 한문과 국문, 남한과 북한 등등. 또 그 하위를 구성하는 수많은 장르구획선들. 주지하듯이, 이 경계표지들은 국문학사라는 대지의 비옥함과 광대함을 반증하는 것이 결코 아니다. 단지 외부와의 소통을 거절하고 좁은 영토 안에서 자족해 온 습속의 산물일 뿐.

『한국문학사의 논리와 체계』에는 무엇보다 이 경계들을 가로지르는 긴 호흡과 드넓은 시선이 담겨 있다. 저자는 첫번째 글 서두에서 이렇게 진단한다. 한국문학 연구는 70여년의 역사를 지니고 있지만, "창작의 영역과 연구의 영역이 소식불통"이고, "근대 이전의 문학과 이후의 문학 사이에는 단절의 골"이 가로놓여 있으며, 또 현대문학은 남한과 북조선 문학 사이의 분단이 여전히 지속되는 상태라고. 저자가 특히 주력하는 것은 고전문학의 이원적 구조, 곧 한문학과 국문문학의 상호교섭과 공존에 관한 것이다. 20세기 초 이래 국문학 연구는 한문학을 전투적으로 배제하면서 시작되었다. 갑오경장 이후 한글이 '국문'으로 격상되면서 국가, 민족, '천리'天理 등 온갖 성스러운 표상들이 그 주변을 에워쌌기 때문이다. 머리말에서 밝히고 있듯, 저자의 공부는 출발부터 그러한 근대적 표상 너머를 응시하면서 시작되었고, 따라서 이후 저자는 국문학사에 한문학을 복원시키기 위해 각고의 심혈을 기울인다. "국문학과 한문학의 관련양상이야말로 한국문학사의 통일적 체계를 수립하는 전략적 요충"이라 여겼기 때문이다. 물론 그것은 단지 인식론적 차원의 문제만은 아니다. 직접 두 영토를 넘나드는 실천적 투여가 요구되는 바, 그런 점에서 '시조', '삼국사기 열전', '판소리'와 '여항문학' 등을 자연스럽게 넘나드는 세부각론들은 단연 독보적이다.

그런데 국문학과 한문학의 문제는 문자의 문제이기도 하다. 저자가 문자생활의 변혁이 이루어진 근대계몽기를 주목하는 이유도 여기에 있다. 19세기 말에서 1910년 일제에 강제병합된 지점까지를 아우르는 이 시기는 한국의 근대가 태생하는 지점이다. 특히 문체문제는 비단 문학사뿐 아니라, 근대성 담론의 배치를 파악하는 핵심고리라는 점에서 주목을 요하는 사안이다. '20세기 최대의 문화적 논쟁'으로 꼽힐 한글전용논란은 지금까지도 재연되고 있지만, 정작 20세기 초 문체전환이 구체적으로 어떤 경로를 거쳤는지에 대한 관심은 미미한 편이다. 이 '무풍지대'를 저자는 국한문체를 통해 풀어나간다. '국한문체'야말로 언문일치라는 표상의 안과 밖, 그리고 앞으로 도래할 문체 등에 대한 사유의 실마리를 다각도로 내장하고 있는 까닭이다. 그리고 그것을 좀더 심층적으로 분석하기 위해 고대에서부터 현대까지의 문자생활 전반을 두루 조명한다. 더할 나위 없이 미세한가 하면, 문득 수천년을 단번에 주파하면서 파노라마처럼 조망하는 이 시선의 자유로움이야말로 이 책을 읽는 즐거움이다.

이런 식으로 저자는 한문학과 국문학이라는 경계, 고전과 현대, 더 나아가 문학과 문학 아닌 것의 경계를 자유롭게 종횡한다. 그렇다면, 이처럼 근대적 문학담론이 구획한 경계들을 자유롭게 넘나드는 힘은 대체 어디에서 연유하는 것일까? 저자는 그것을 '실사구시'라는 말로 압축한다. 추사 김정희의 고증학적 태도를 집약하고 있는 이 용어는 현실주의 혹은 대상과의 객관적 거리, 합리적 태도 등을 아우르는 개념이다. 그런데 이렇게 정리하고 보면, 이거야말로 근대적 인식의 산물 아닌가?

또 주지하듯이 이 용어는 실학담론의 모토이기도 하다. 70년대 이후 집중 부각된 실학담론은 18세기에서 근대로의 역동적 모색을 찾는 내재적 발전론의 다른 이름이기도 하다. 이 책에서 90년대 초반에 쓰여진 몇몇 글들은 그러한 담론체계의 생산자로서의 목소리가 뚜렷하다. 잘 알고 있듯이, 이 담론은 80년대 마르크스주의의 도전과 함께 현저하게 역동성을 상실했을 뿐 아니라, 새로운 지적 생산을 가로막는 장막으로 기능하게 되었다. 더욱이 최근 들어서는 민족, 민중, 현실주의 등 이 담론의 기본전제들이 발본적으로 회의되는 상황에 처한 실정이다. 그런데 놀라운 것은 저자가 내재적 발전론의 내부 깊숙이 있으면서도 항상 그 외부를 환기하는 긴장을 발휘하고 있다는 사실이다. '실사구시'를 단지 실학담론의 표상으로만 환원할 수 없는 이유가 거기에 있다.

그런 점에서 마지막에 실린 「21세기에 구상하는 한국문학사」는 특히 흥미롭다. 이 글은 가장 최근에 쓰여졌을 뿐 아니라 논의의 배치를 변환하고 있다는 점에서 '화려한 대미'라 할 만하다. 저자는 여기서 근대성 전반에 대해 명백히 거리를 유지하고자 한다. 문학주의의 환상은 물론이고, 근대주의가 전제하는 발전과 연속의 논리, 문학사를 지배하고 있는 산술적 평균주의에 대해서도 심각한 비판을 제기한다. 근대적 척도를 벗어나야만 한국문학사를 분절하고 있는 수많은 '이질적인 평행선의 관계들을 통합'할 수 있다는 것이 저자의 새로운 문제설정인 것이다.

이런 식으로 저자는 '하나의 한국문학사'라는 광활한 대지를 펼쳐

보인다. 물론 그것은 여전히 '문학사'라는 근대적 표상으로부터 자유롭지 않지만, 텍스트의 저변을 훑으면서 문제를 늘 새롭게 구성하도록 유도한다는 점에서 더할 나위 없이 역동적이다. 그렇다면, 이제 필요한 것은 이 대지 위에서 마음껏 질주하는 일이 아닐까. 오색장막 따위에 절대 속지 않는 '황야의 늑대'처럼. 그리하여 마침내 '한국문학사'라는 경계조차도 가뿐히 넘어설 수 있을 때까지!

로널드 프레이저, 『1968년의 목소리』

쓰여지지 않은 것들로 쓴 역사

민중의 역사를 쓴다는 것은 언제나 하나의 역설적 난점과 부딪친다. 역사란 필경 글로 쓰여진 자료를 통해서 구성되기 마련인데, 과거 대부분의 시기에 글이나 책은 민중들이 다루거나 쓸 수 있는 것이 아니었기 때문이다. 이 경우 역사는 글을 다루고 책을 써서 자료를 남기는 사람들이 본 것만을 체계화한 것일 가능성이 크다. 혁명이나 운동의 역사 역시 비슷하다. 혁명이나 운동은 대개 지하운동과 잠행을 특징으로 하기에 그것은 역사를 쓰는 데 필요한 자료를 별로 남기지 않는다. 운동의 필요상 발행한 '문건'들이 많이 남아 있다면 그나마 다행이다. 그래서 '성공'하지 못한 혁명의 역사는 거기 참가했던 혁명가들을 체포하여 조사했던 검찰이나 경찰의 기록, 그리고 판결문 등을 자료로 쓰여진다. 그러나 당해본 사람이라면 알겠지만, 그것은 중요한 것일수록 감추어야 하고 본말을 변형시키며 남겨야 하는 기록들 아닌가! 이 경우 역사란 일종의 '반-역사'다.

박종철 출판사귀, 『1968년의 목소리』 표지 그림

68혁명, 그것은 대중들의 자발적인 움직임이 모든 종류의 국가와 권위에 반하는 혁명으로 나아갔던 하나의 극한이었다. 그것은 새로운 삶을 구상하는 새로운 사유의 토양이었고, 그렇게 우리는 그 실패한 혁명이 준 선물 안에서 살고 있는 것이다.

1968년 전세계를 뒤흔들었던 혁명 내지 운동 역시 이런 난점을 고스란히 안고 있다. 그것은 지도자도 없이, 혹은 특정한 계획과 무관하게 대중들의 자발적인 움직임이 모든 종류의 국가와 권위에 반하는 혁명으로 나아갔던 하나의 극한이었다. 더욱이 공산당이나 사회당처럼 기성의 좌파조직들의 반대와 비난을 무력화시키면서 진행되었던 혁명이었다. 따라서 거기에 관여했던 어느 한 집단을 통해 대표될 수도 없고, 어느 한 집단의 관점에 의해 평가될 수도 없는 그런 사건들의 연속체였다. 이 경우 1968년을 역사로 쓴다는 것은 과연 가능한가? 그것은 대체 어떻게 가능할까?

  아마도 그 혁명에 관여했거나 적어도 직접적인 영향을 받은 게 분명한 9명의 저자들이 참여한 이 책은 바로 이런 난점과 대결하려는 시도처럼 보인다. 그들이 채택한 방법은 "서로 다르지만 [하나의 혁명으로] 수렴되어 갔던 궤적을, 거기에 참여했던 사람들의 기억을 통해서 보는 것"이다. 이를 위해 저자들은 한 조직의 지도자로든 아니면 평범한 참여자로든, 혹은 혁명을 통해 삶을 바꾸기 시작했던 사람이든, 다양한 방식으로 혁명에 직접 참여했던 6개국의 활동가 230명의 기억을 '받아냈고', 그것으로 50년대부터 70년대에 이르는 운동의 양상을 그려낸다.

  통칭 '구술사'라고 불리는 방법에 숙련된 역사가답게 저자들은 자신의 생각이 그 역사 속에 끼여드는 것을 최소화한 채, 사건의 요소들 사이에서 그 활동가들의 목소리를 삽입한다. 이럼으로써 그 역사의 한가운데 있던 사람들 자신이 본 사건, 그들 자신이 느낀 변화를 하나의 드라마틱한 다큐멘터리로 만들어낸다. 물론 자료의 선별이나 질문의 구성 자체에서부터 배열과 정리에 이르기까지, 결국은 역사를 쓰는 자신들의 생각이 관여하겠지만, 적어도 '문헌자료'로 쓰여진 어떤 역사보다 그 역사의 현장에서 뛰어다니던 사람들 자신이 보고 기억하는 역사에 매우 근접하고 있다는 점은 누구도 부정할 수 없을 듯하다.

이 책을 통해 등장하는 수많은 사람들은 매우 상이한 정치적 입장을 가진 사람들이다. 트로츠키주의자, 마오주의자는 물론 자생적으로 탄생한 '자율주의자', 그리고 상류계급에서 운동가를 거쳐 적군파에 이르는 사람에 이르기까지. 그만큼 기억의 종류도 다양하고 평가도 각이한데, 바로 그만큼 우리는 다양한 목소리를 듣게 된다. 그럼에도 그것이 산만하지 않은 것은 그들 모두가 68년에 정점에 이른 혁명의 과정 속에서, 정확히 꼬집어 말할 순 없는 어떤 것을 공통적으로 체험하고 느꼈기 때문인 것으로 보인다. 물론 그것은 70년대에 이르면 환멸이나 절망이 되기도 하고, 폭력의 숭배가 되기도 하지만, 그것조차 거대한 혁명의 와중에서 그들이 가질 수 있었던 새로운 삶에 대한 꿈과 희망의 크기를 반증하는 것으로 보인다.

68년 혁명은 무엇을 남겼나? 그것을 요약하는 것은 무척 어려운 일이다. 반면 실패로 귀착된 자발주의에 대한 냉소, 환상에 대한 자책을 듣는 것은 쉬운 일이다. 하지만 이 책에서 우리는 가령 흑인이나 여성들, 그리고 학교교육 등에서 50년대와 70년대의 차이가 매우 크다는 것을 볼 수 있다. 그 거대한 차이가 그 혁명들 때문이 아니라면 대체 무엇에 기인한다고 말할 수 있을까? 따라서 그 혁명의 역사에 진지한 시선을 던졌던 철학자라면 이렇게 말할 것이다. 그것은 새로운 삶을 구상하는 새로운 사유의 토양이었다고. 그렇게 우리는 그 실패한 혁명이 준 선물 안에서 살고 있는 것이다.

조르주 뒤비/필립 아리에스 편, 『사생활의 역사』

저렇게들 다른, 그리고 저렇게 다를

4천쪽을 넘는 5권의 방대한 분량의 이 책은, 로마제국에서 비잔틴, 중세의 게르만을 거쳐 르네상스와 근대, 그리고 현대에 이르는 다양하고 이질적인 세계를 통해 사생활의 역사를 풍요롭고 다채로운 양상으로 보여준다. 하지만 그것은 자칫 거대한 분량이 초래할 수 있는 세세함에 지치게 하지 않으며, '전공' 이란 이름이 종종 야기하는 관심의 협소함에 실망하게 하지 않는다. 그렇다고 거대한 통사적 서술에 따르기 마련인 모호하고 개략적인 서술로 역사 전체를 후려치지도 않는다. 반대로 '조각난 역사' 내지 '미시사' 라는 이름으로 비난받기도 하는 다양한 주제의 치밀한 연구성과들이, 사생활이라는 개념으로 표현되는 '거대한' 역사적 지형 위에서 한데 모이고 어울림으로써, 과거의 서양인의 심성은 물론 사실은 현재의 우리 삶에 정확하게 잇닿아 있는 근대적 생활방식의 '장기지속적인' 역사를 장대한 스케일로 펼쳐 보여준다.

사생활의 역사를 쓴다는 것은 '공적 생활' 의 빛이 만드는 그늘을 다시금 빛으로 비추어 알아내려는 것이란 점에서, 처음부터 해결하기 힘든 딜레마를 갖는다. 하지만 '고백록', 자서전이나 일기, 편지 등이 감추어야 할 것을 드러내기 위해 쓰는 것이란 점에서 어쩌면 가장 거짓된 것일 수 있음을 알면서도 우리는 어느새 그것에 손을 내밀게 되지 않던가! 그것은 아마 거꾸로 사생활의 역사라는 주제 자체에 포함되어 있는 매력 내지 유혹이기도 할 게다. 이런 점에서 이 책은 그것이 다루고자 하는 주제만으로도 이미 반은 성공한 것인지도 모른다.

그런데 정작 중요한 것은 이 책이 사실은 사생활에 대한 우리의 통상적 관념을 그 근저에서부터 뒤흔든다는 점이다. 예컨대 우리는 사생활을 가정과 등치하거나 '프라이버시'라는 권리 개념을 통해 이해하며, 그런 만큼 사생활이란 모든 종류의 사회성과 대립된다고 생각한다. 더불어 그런 식의 사생활에 대한 욕망을 인간의 자연적 본성이라고 생각하며, 사생활의 역사란 바로 그런 사적 영역이 점진적으로 발전해 온 역사라고 생각한다.

그러나 이 책은 사생활의 역사란 "사적인 영역이 생겨나 공적인 속박에 맞서 스스로를 인정받아 가는 어렵고도 기나긴 역사"가 아니라, "사회성의 형식들이 변형되어 온 역사"임을 거듭하여 명시한다. 가령 로마의 건축가 비투르비우스는 집의 출현은 개인의 출현이 아니라 사회의 탄생이라는 측면과 결부된 것으로 설명한다. 또 17~8세기 프랑스 궁정귀족의 저택은 사교를 통해 궁정에 진출할 기회를 찾거나 반대로 자신의 영향력 안에 든 사람을 모으는 '공적 공간'이었다. 거기서 사생활은 사교와 대비되는 '친교'를 통해 형성되었는데, 이 경우 친교가 사생활이란 말은 '가정의 억압'에서 벗어나는 영역이란 의미도 포함하는 것이었다. 즉 이 시기 사적 영역은 궁정 사회란 공적 영역은 물론 가정이라는 영역에서 동시에 벗어나는 새로운 영역을 지칭했다는 것이다.

더욱이 이 책의 저자들은 사생활의 근대적 양상이 발전하는 데 첫 번째로 영향을 미친 것이 국가였다는 또 하나의 역설적 사실을 강조한다. 궁정귀족의 저택만큼이나 평민들에겐 거리와 광장, 우물가 등이 사회성의 공간이었는데, 국가는 이 사회성의 영역에 개입하면서 사회성에 '공적 성격'을 부여하고자 하며, 그로 인해 국가적이고 공적인 영역에 들어오지 않는 '사적 영역'을 동시에 형성했다는 것이다. 물론 '가족 봉인장'이나 나중의 '가정법원' 혹은 '부권박탈에 관한 법'처럼 가족적 영역에 국가가 개입하는 경로가 다양하게 있었고, 이로 인해 '가족에 대한 통치' '가족을 통한 통치'가 가능했다는 점을 추가해 두어야 한다.

따라서 이 책은 사생활에는 항상 '국가의 그림자'가 드리워 있었다고 하며, 이런 의미에서 사생활의 역사는 비정치적 역사가 아니라 "일상의 정치사"였다고 말한다. 요컨대 이 책은 "모든 사회는 자신의 고유한 사생활을 갖는다"고 주장한다. 그것은 지금의 사생활과 무관한 것이기도 하고 때론 정반대되는 것인 경우도 있다. 그렇다면 이는 또한 '미래'의 사생활이 현재와 크게 다른 것이 될 수 있음을 의미하는 것은 아닐까? 그렇다면 이 책을 통해 우리는 저 다른 과거들만큼이나 다른 미래를, 또 다른 종류의 삶을 꿈꿀 수 있음을 뜻하는 건 아닐까?

움베르트 에코 외, 『시간 박물관』

박물학적 시간 여행

시간이란 무엇인가? 상대성이론으로 인해 더 유명해진 이 질문은, 아리스토텔레스의 『자연학』, 아우구스티누스의 『고백록』은 물론, 용수의 『중론』, 혹은 『주역』과 같은 동양의 중요한 철학책에서, 나아가 마야나 아즈텍, 아프리카의 고문명에서부터 우리의 현재적 삶에 이르기까지 빠지지 않고 던져졌던 질문이다. 그러나 아우구스티누스가 말했듯이, 질문하지 않고 있을 때는 잘 알고 있다고 느껴지지만, 질문하는 순간 그것이 무언지는 오리무중에 빠지게 되는 것 역시 시간이다. 왜 그럴까?

먼저 그것은 시간이라는 말이 지칭하는 층위가 매우 다양하고 이질적일 뿐 아니라, 그러한 이질적 차원의 요소들이 나라나 문화마다 다른 종류의 시간 개념을 만들기 때문이다. 먼저 시간은 우리가 그러하듯이 시계라는 측정수단을 통해 인지되는 어떤 측정의 척도일 수도 있다. 원주를 나눈 규칙적인 길이를 바늘이 이동하는 것으로 측정하는 갈릴레이의 시계, 두 개의 원반이 맞물려 도는 마야인의 캘린더, 쥐·소·호랑

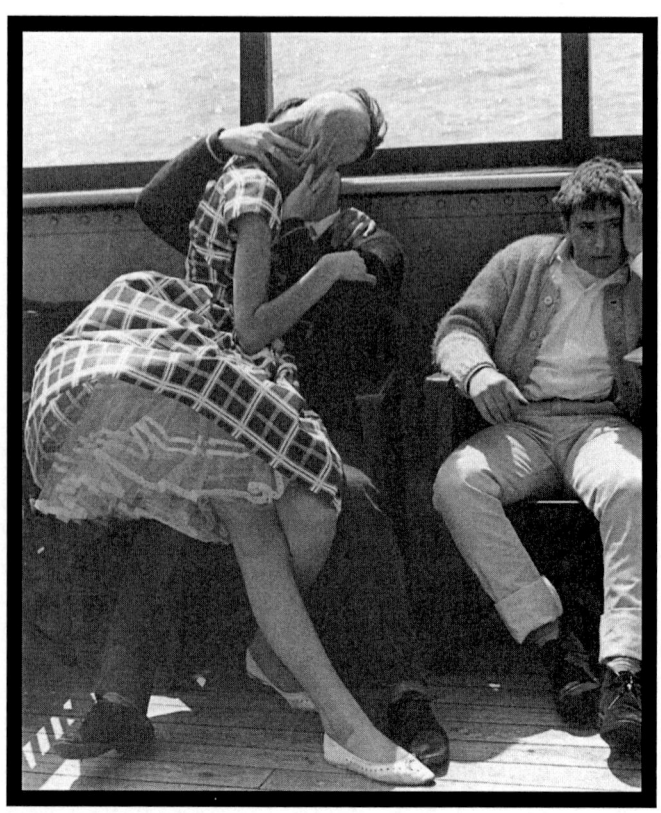

휴머니스트 刊, 『시간의 발견』에 실려 있는 사진

인터넷 버튼을 클릭하고 기다리는 5초는 애인과 만나 웃고 떠드는 5시간보다도 길게 느껴진다. 우리는 길이나 척도와는 다른 종류의 시간 개념도 갖고 있기 때문이다. 이 경우 시간은 지속이고, 지속에 대한 체험이다.

이·토끼 등이 표시하는 중국의 '시계' 등등이 그것이다.

그러나 우리는 그런 길이나 척도와는 다른 종류의 시간 개념 또한 갖고 있다. 인터넷 버튼을 클릭하고 기다리는 5초는 애인과 만나 웃고 떠드는 5시간보다도 길게 느껴진다. 이 경우 시간은 지속이고, 지속에 대한 체험이다. 흔히 체험적 시간이라고 부르는 이런 종류의 시간은 척도로 사용되는 시간과 전혀 다른 차원의 시간이다. 뿐만 아니라 신과 접하는 어떤 순간이라면, 그것은 극히 짧은 순간이지만 일종의 영원성을 갖는 그런 순간이다. 나아가 이런 이유에서 시간은 매우 다양한 상상과 상징의 세계를 만들도록 촉발한다. 해골로 상징화된 '덧없는 시간', 다른 속도로 움직이는 수십개의 메트로놈으로 표상되는 폴리포닉한 시간, 휘어진 시계로 표상되는 상대성이론의 시간 등등은 오랜 동안 예술의 중요한 주제였다.

이 상이한 차원의 시간들은 언제나 서로 섞이면서 각각의 문화에 고유한 시간 개념을 형성해 왔다. 이는 예술작품이나 시간 측정도구들, 혹은 캘린더나 기념일, 달 단위의 일정표 등을 통해 간접적으로나마 풍부하게 가시화되어 왔다. 호킹 식의 자연과학적 어법에서 벗어나, 사회적이고 문화적인 차원에서 시간에 역사라는 게 있다면, 그건 바로 이런 것들의 역사로 표현될 것이다.

이 책에서 시간의 역사, 혹은 시간에 관한 이야기를 이런 박물학적 소재들의 집적을 통해 접근하려는 것은 그런 점에서 매우 설득력 있는 방법이다. 알래스카의 이누이트족에서 마야, 인도, 일본, 유럽에 이르는 지극히 이질적이고 다양한 지역에서 시간의 흔적을 읽을 수 있는 많은 박물학적 자료들을 집성하고 있다는 점에서, 이 책은 이러한 설득력에 매혹적인 자성磁性을 더하고 있다. 뿐만 아니라 시간의 역사를 시간의 측정과 관련된 것, 시간의 체험과 관련된 것, 그리고 시간에 관한 상상과 상징의 세계를 통해 다면적으로 접근하면서, 그것들이 서로 얽히고 교차하는 양상을 볼 수 있게 해준다는 점에서 시간이라는 저 복잡한 다양체에 대해 이해하는 데 매우 효과적인 지형을 짜고 있다.

비록 시계적인 시간에 의해 지배되고 있음에도, 음력과 순간성, 체험적 시간, 상징화된 시간 등등의 이질적인 시간들이 교차하면서 교직되고 있는 것이 우리의 삶이며, 우리의 삶을 관통하는 시간이라고 할 때, 그것은 차라리 이런 풍부한 박물지를 통해서만 이해될 수 있는 것인지도 모른다. 따라서 우리의 삶을 넘어서 그런 삶의 시간성에 대해 이해하는데서도 서양인의 그런 박물학적 수집을 통과해야 한다는 사실은 불행이지만, 그건 이 책이 우리에게 줄 수 있는 풍요로움에 비하면 아주 사소한 불행임에 틀림없다.

에르네스트 만델, 『즐거운 살인—범죄소설의 사회사』

범죄로 쓴 자본주의의 역사

에르네스트 만델의 『즐거운 살인—범죄소설의 사회사』는 범죄소설과 부르주아 사회 간의 관계를 '반영론'의 관점에서 접근한 문학사회학적 저작이다. 트로츠키-맑스주의 경제학자로 널리 알려진 그는 이 책에서 부르주아 사회와 범죄의 필연적 연관성이 '범죄 소설'의 변천 과정을 통해 고스란히 반영되고 있음을 보여준다. 그에 의하면 현대의 추리소설은 '선한 악당'에 관한 대중 문학에 그 기원을 두고 있다. 그러나 19세기 초반에 발발한 반反자본주의적 흐름 속에서 그들은 부르주아 계급에 의해 '악당'으로 취급된다. 따라서 초기의 범죄 소설들이 보여주는 악에 대한 선의 종국적 승리는 바로 노동자들에 대한 부르주아의 승리를 의미하며, 동시에 부르주아 체제의 영속성을 확인시켜 주는 장치였다. 초기 범죄 소설들에 등장하는 냉철한 이성의 소유자인 탐정, 그가 바로 부르주아적 합리성과 이성의 대변자이다.

저자는 초기 추리소설들이 지녔던 통상적인 이데올로기, 즉 물신화된 죽음과 제한된 법칙에 따른 재판, 증거와 그것의 분석만으로 진행되는 형식화된 범죄수사에서 부르주아 사회에 만연한 소외와 물신화 현상의 징후를 발견한다. 자본주의의 성장과 더불어 진행된 범죄 집단의 확대재생산은 마침내 범죄소설에 경찰을 등장시켰다. 초기 부르주아 사회와는 달리 이제 경찰은 가장 숭고한 질서, 즉 사유 재산을 지켜주는 수호자로 나타났다. 그러나 2차 세계 대전과 냉전 체제는 경찰 대신 스파이를 등장시켰는데, 이때부터 범죄와 정치는 경계선이 불분명해진다.

이 책에서 무엇보다도 눈길을 끄는 대목은 범죄 집단의 카르텔화 현상에 대한 분석이다. 마피아와 같은 대규모 범죄 집단은 후기 자본주의적 기업 구조와 동일한 방식으로 형성되었다. 그들은 마약 밀매 등을 통해 대규모의 이윤을 획득했으며, 자신들의 잉여 자금을 합법적인 사업으로 전환함으로써 범죄와 신디케이트, 법률 전문가 사이의 연계고리를 만들었다. 부르주아 사회에서 범죄는 더 이상 악당들만의 전유물이 아니다. 서구 자본주의 국가들에서 나타나는 범죄와 법률의 공생, 도덕상의 타락과 물질적 부패 현상은 전통적인 선과 악의 구분을 모호하게 만들었다.

현대의 범죄소설은 이러한 타락상을 작품 속에 고스란히 반영함으로써 독자들로 하여금 더 이상 부르주아 사회의 정당성과 합리성을 신용하지 못하도록 만들었다. 만델에 의하면, 자본주의 사회의 추악한 이면을 반영하는 오늘날의 범죄소설들은 부르주아 사회의 분리적 기능을 담당한다. 그러나 이러한 평가가 곧 범죄소설에 대한 긍정성으로 연결되지는 않는다. 그는 자본주의를 전면적으로 부정하지 않은 상태에서 개인에 기반한 대립 관계의 설정이란 개별 상품 소유자간의 경쟁을 극도로 합리화한 부르주아적 질서와 다르지 않다고 생각한다. 문제는 바로 자본주의에 대한 전면적 부정과 '대안'의 문제이다. 그러나 만델의 도덕적 목소리 역시 해방의 전망을 담아내기에는 여전히 거친 듯하다.

샹플뢰리, 『풍자예술의 역사』

풍자와 그로테스크, 예술 안의 외부

웃음 없는 사회는 존재할 수 있는가? 프랑스의 작가이자 19세기 리얼리즘 경향의 가장 열렬한 실천가이기도 했던 샹플뢰리의 『풍자예술의 역사』는 이러한 질문에서 시작된다. 대개의 경우 서양 예술의 모든 이론은 아리스토텔레스의 『시학』으로 환원되어 말해진다. 그는 예술의 영역에서 비극과 숭고, 비례와 조화 등 엄격한 고전미를 강조하는 입장을 대표해 왔다. 이후 이러한 그의 입장에 근거한 대부분의 이론가들은 서양 예술의 역사를 기술함에 있어서, 당대의 예술품들이 보여주는 스케일의 거대함과 감성의 고상함, 조화와 비례 등 아리스토텔레스가 설파한 예술론의 흔적을 발견해내는 데 주력함으로써 그의 이론을 정설의 반열에 올려 놓았다. 그리고 이러한 예술의 역사에서 중심은 언제나 비극과 고상함에 주어졌다.

그러나 과연 고대의 아시리아와 이집트, 그리스인들의 예술은 정말 웃음을 몰랐을까? 그들은 언제나 예술을 통해서 울기만 했을까? 이러한 질문을 던짐으로써 저자는 아리스토텔레스의 권위에 도전한다. 고대와 중세, 두 부분으로 나뉘어 기술되는 이 저작은 서양 예술의 역사 속에서 희극성의 흔적을 발견하고, 그것을 중심으로 예술의 역사를 재구성한다. "우리가 괴기성이라고 부르는 그것을 나는 예술가들의 소박성과 그들이 친숙한 주제들에 차용한 친근성을 통해서 설명하고자 노력했다." 따라서 표면상 단절되어 보이는 고대와 중세의 두 부분은 사실 희극성에 의해 견고하게 연결된다.

고대 예술의 희극성에 대한 저자의 논의는 선행 연구자인 빌란트의 글에서 영감을 얻고 있다. 그는 빌란트가 고대 로마의 박물학자 플리니우스의 저작들에서 발견한 '기괴한 것을 그리는 화가들'의 존재를 인용한다. 특히 빌란트의 이러한 발견은 소크라테스를 풍자한 아리스토파네스의 희극, 아리스토텔레스가 『시학』에서 비판한 파우손의 풍자정신의 몰취향 등과 더불어 고대 예술의 희극성에 대한 구체적인 증거가 된다. 그러나 이 책에서 저자가 강조하는 풍자 혹은 희극성이란 오늘날의 의미에서의 그것이 아니라, 고전미와 대조되는 의미에서 '추' 또는 '기괴성'을 일컫는 말이다. 따라서 저자의 용어인 '풍자'를 현대적 풍자 개념으로 받아들여서는 곤란하다. 그것은 오히려 베스신을 새긴 고대 이집트의 조각품, 파피루스에 새겨진 풍자화들, 가정과 동물을 그린 풍경화, 철학자와 영웅들을 패러디한 일련의 작품들에서 나타나는 발랄하고 건강한 웃음의 의미로 받아들여져야 한다.

엄격한 고전미가 풍미하던 고대 예술의 세계 속에서 풍자 혹은 기

「영혼의 무게 달기」(오텅 대성당 박공의 저부조 일부)

엄격한 고전미가 풍미하던 고대 예술의 세계 속에서 풍자 혹은 기괴함은 대중들에게 신선한 웃음을 가져다 주었다.

괴성은 '지적 영역에 적용할 수 있는 윤작의 법칙'으로 작용함으로써 대중들에게 신선한 웃음을 가져다 주었다. 특히 고대 예술의 풍자화에서 빈번하게 등장하는 동물 형상의 전통은 초기 기독교 예술과 뒤섞이면서 자연스럽게 중세까지 이어졌다. 로마의 벽에서 발견된 그리스도에 대한 풍자화는 예수를 당나귀로, 대성당의 수도사들을 원숭이로까지 묘사하고 있다.

이러한 풍자화가 초기 기독교 사회에 존재했다는 사실은 예술사적으로 몇 가지 중요한 의미를 지닌다. 우선 중세 초기의 이러한 풍자화는 서양 기독교 예술이 이교도 예술과의 이질적인 조합에서 출발했음을 증거한다. 또한 이러한 풍자화의 존재는 그것이 초기 기독교 사회에서 탄압받기는커녕 기독교도와 민중들이 함께 웃으며 즐기는 수단이었음을 보여준다. 그러나 이러한 풍자 예술품들은 이후 가톨릭 교회의 입장을 대변하는 '상징주의' 미술사가들에 의해 왜곡된 형태로 해석되는데, 저자는 이들 상징주의자들의 해석에 강하게 저항한다. 상징주의 미술사가들은 풍자 예술에 심오한 신학적 상징을 덧씌움으로써 풍자 예술과 기독교 신학을 화해시키려 했다. 그리고 나아가 18세기에 이르자 마침내 중세의 외설적이고 풍자적인 이러한 예술품들을 신성모독으로 간주하고 파괴하기도 했다.

고대와 중세를 잇는 풍자 예술의 역사에서 무엇보다 두드러지는 것은 동물 형상이다. 주지하듯이 그리스인들은 그들 신화의 일부분을 이집트 예배의식에서 차용해 왔으며, 이것은 그들이 어떻게 동물을 통해 인간에 대해 주목했는가를 잘 설명해 준다. 이러한 동물 형상에 의한 풍자의 전통은 중세 초기, 특히 메이예 성당의 기둥머리에 새겨진 당나귀 형상, 마그데부르크 대성당의 기둥머리 장식에 등장하는 독수리와 염소, 오네의 생-피에르 성당에서 발견된 당나귀 등으로 그대로 이어지고 있다. 한편 중세 풍자예술에서 당나귀와 더불어 중요한 형상으로 등장한 또 하나의 동물이 바로 여우이다. 서양 중세의 성당 건축에서 흔히 나타나는 여우 형상은 '루이 15세 치하에서의 여우 이야기' 부분에서 저자가 밝히고 있듯이 중세를 대표하는 풍자적 동물 형상이다. 여우와 당나귀 형상은 예술품의 주요 소재가 됨으로써 '기형의 전통'을 형성하고 있는데, 이들 형상이 집중적으로 제작되었음은 당시 그것들에 얽힌 수많은 이야기들이 사회 전체에 퍼져 있었음을 말해준다. 또한 당나귀와 여우는 특정한 성격을 대표하는 동물로 인식됨으로써 풍자와 우화 등에 집중적으로 출현할 수 있었던 듯하다.

샹플뢰리의 『풍자예술의 역사』는 약 150여년 전에 출간된 전체 5권의 역작이다. 비록 고대와 중세에 대한 날카로운 식견과 전문성을 보여주지는 못하지만, 해박한 지식과 수많은 자료들을 바탕으로 예술사를 새롭게 구성하려는 저자의 의도만큼은 충분히 존중할 만하다. 예술의 정치성과 민중예술에 대한 지대한 관심이 주를 이루었던 지난 시대, 우리에게는 풍자 예술의 역할이 무엇보다 강조되었다. 오늘날 풍자 예술의 영역은 급격히 위축되었으며, 나아가 저급한 예술 기교 정도로 인식되고 있는 것이 사실이다. 그러나 풍자 예술을 중심으로 예술사를 재구성하는 작업은 결코 낡은 것이 아니다.

　예술의 역사에서 그로테스크와 풍자는 언제나 예술의 외부 영역으로 간주되어 왔다. 이는 아마도 예술의 뿌리깊은 아리스토텔레스주의 때문일 것이다. 말 그대로, 풍자와 그로테스크는 예술의 내재하는 외부였다. 외부를 사유하는 예술, 우리는 현대예술의 새로운 흐름 속에서 여전히 그것들의 반복을 경험하고 있는지도 모른다. 예술의 운명이 소수성에 있다면, 그리고 풍자와 그로테스크야말로 예술사의 영원한 소수자라면, 예술의 진면목은 그것들 속에 있는 것이 아닐까?

그레이엄 핸콕, 『신의 거울』

고대 문명, 거인의 어깨 위에 선 난쟁이

인류 문명의 역사에 대한 탐험은 실로 길고 지난한 작업이다. 오랫동안 인류는 자신의 문명적 근원지를 그리스에서 시작되어 헤브라이즘을 통해 오늘에 이른 것으로 생각해 왔다. 이러한 사유는 모든 문명의 근원을 유럽에서 찾는 데 암묵적으로 동의함으로써 문화적 제국주의에 동조하는 결과를 낳았다. 그러나 그레이엄 핸콕은 이러한 통설적 입장과는 사뭇 다른 측면에서 인류 문명의 근원에 접근함으로써 기존의 학설들과 대결한다. 그는 고대의 문명들은 미지의 영적 지식을 지니고 있었던 초고대 문명의 터전 위에서 자리잡은 것이며, 또한 그것들은 특정한 지역에 편중되지 않고 전세계적인 네크워크 체계를 구축하고 있었다고 주장한다.

핸콕의 저작 『신의 지문』은 남극에 관한 지도의 제작을 역추적하는 서사적 과정을 통해 인류 문명의 초고대적 네트워크를 찾아간다. 거기에서 그는 페루와 볼리비아, 이집트 문명에 나타난 초고대 문명의 흔적을 발견하고 그것들을 '세차운동의 암호'와 연관시켜 논증하고 있다. 이런 점에서 『신의 거울』은 『신의 지문』의 연속선상에 놓이는 한편, 그것의 완결적 성격을 지니는 저서이다. '잃어버린 문명을 찾아서'라는 부제가 붙어 있는 『신의 거울』은 멕시코, 이집트, 캄보디아, 태평양, 페루와 볼리비아 등 세계 각지에 흩어져 있는 초고대 문명의 흔적들을 일종의 네크워크적인 발상으로 보려는 야심찬 시도이다. 핸콕이 이 책에서 상정하고 있는 가설들은 다음과 같다.

첫째, 오늘날 우리가 문명의 발상지라고 일컫는 일련의 지역들은 이미 그보다 수천년 전의 초고대 문명의 터전 위에서 발생했다. 즉 그것들은 거인의 어깨 위에 올라 선 난쟁이에 불과하다.

둘째, 고대 문명의 거대한 구조물들은 모두 초고대 문명의 오랜 경험과 통찰이 얻은 데이터들을 바탕으로 성립했으며, 그것들은 하나같이 하늘의 질서를 땅에 옮겨놓은 것들이다. 그리고 이 질서들의 재현과정에서 가장 중요한 척도는 하늘의 질서, 즉 별들의 위치와 움직임이다.

셋째, 고대 문명의 거대한 구조물들은 모두 우주적 질서의 한 부분을 구성하고 있는데, 그것들은 인류 전체의 생존과 번영에 깊숙이 관련되어 있다. 그래서 고대 문명들은 시간의 질서를 직선과정으로 보지 않고 우주적 순환 속에서 파악하며, 또한 인류의 종말적 파멸을 늦추거나 되돌리기 위해 거대한 구조물들을 만들었다.

"죽음은 삶의 근본적인 신비다." 『신의 거울』은 고대·초고대의 문명들이 죽음에 관한 많은 담론들을 남기고 있으며, 실제로 그들이 건설한 대부분의 대건축물들이 인류의 죽음 의식에 관련되어 있다는 사실을 지적하고 있다. 모든 고대 문명에는 성전聖典 혹은 경전經典이 존재하는데, 그것들은 하나같이 죽음에 대해 설파하고 있다. 이집트의 거대 피라미드와 『사자의 서』, 아스텍의 피라미드와 케찰코아틀 신에 대한 전승 등은 그 대표적인 경우이다.

아스텍인들은 비폭력 및 우주적 영지靈知의 원천으로 알려진 케찰코아틀(Quetzalcoatl ; 깃털 난 뱀)이라는 신-왕을 숭배했다. 그들은 폭발적으로 성장한 그들 제국의 숱한 불가사의들과 문명에 대한 공로를 전적으로 케찰코아틀에게 돌리는데, 그들은 그를 "이 땅의 최초 거주민들, 멕시코라고 불리는 이 지역에 최초로 온 이들, 이 나라에 최초로 인간의 씨앗을 뿌린 이들"로 인정한다. 아스텍인들의 케찰코아틀 숭배의식은 끔찍한 인간 희생 제의를 동반한다. 그들은 우주의 태양을 생성과 소멸의 순환으로 인식하며, 따라서 자기들이 속해 있는 늙은 제5의 태양—그들의 예언대로라면 제5의 태양의 소멸은 2013년이다—을 인간의 피와 심장으로 회춘하게 함으로써 예언된 세상의 종말을 연기하거나 막으려고 제의를 행한다.

한편 핸콕은 고대 문명의 유물 및 거대 건축물들이 모두 하늘의 질서를 땅에 옮겨 놓은, 이른바 '하늘 베끼기' 작업이라고 설명한다. 하늘 베끼기 작업은 우주 천체의 별자리 이동과 연관되며, 여기서 특히 72라는 숫자에 대한 관념이 등장한다. 천문학자들이 춘점(춘분 때 별들을 배경으로 한 태양의 주소)이라고 부르는 것은 황도띠 상에서 1도를 이동하는 데 72년이 소요된다. 따라서 30도 이동의 진행 과정에 대한 관찰은 약 2,160년이라는 시간적 경과를 통해서만 확인 가능하다. 그리고 두 개의 황도 별자리를 통한 60도 이동에는 4,320년이 걸리며, 결국 360도 이동(12개 황도 별자리 모두)은 총 25,920년이란 엄청난 시간을 요한다.

핸콕은 이러한 세차운동의 전 과정이 이집트의 거대피라미드뿐만 아니라 대부분의 고대 문명들에서 공통적으로 발견된다는 사실을 강조하고, 이것을 '세차운동의 암호체계'라고 명명한다. 캄보디아의 앙코르 톰의 출입구 양편에 놓여 있는 각 54개의 석상들은 세차운동의 암호 체계의 중심 숫자인 72에 36이 더해진 108을 둘로 나눈 것이다. 그리고 앞서 언급한 2,160(춘점이 황도 12별자리를 한 번 통과하는 데 걸리는 연수)을 10으로 나누면 216이 되고, 그것은 이집트 거대 피라미드의 심장인 왕의 내실의 기본 치수들 세 개로 형성되는 삼각형 속에서 발견된다.

핸콕의 가설이 진실이라면, 기존의 학설들은 거인의 어깨 위에 올라 선 난쟁이의 모습만을 말하고 있는 것이다. 덴데라 신전과 피라미드의 예가 잘 보여주듯이 핸콕은 기원전 1세기 중 물고기 자리의 시대가 시작될 당시에 그것들이 건축되었음에도 불구하고 왜 그것들은 물고기 자리의 하늘을 반영하지 않느냐고 되묻는다. 그것은 바로 그 건축물들이 핸콕이 말하는 초고대 문명의 지식체계 위에서 건설된 것들이기 때문이다. 따라서 우리는 고대 문명의 건축들이 자신들의 시대가 아닌, 초고대 문명 시대의 하늘――이른바 12,500년 전의 별자리――을 모방한 것들이며, 그 시대의 건축가들이 천문학과 수학에 뛰어난 식견을 지니고 있었다는 사실을 인정하지 않을 수 없다.

　핸콕의 『신의 거울』은 우리가 알지 못하는 미지의 어떤 문명들이 이미 고대 문명의 발생 이전에 지구상에 존재했으며, 그것들은 기자의 피라미드와 스톤헨지의 석상들, 아스텍의 케찰코아틀과 태평양의 수많은 섬들에 네트워크적으로 동시에 퍼져 있었다고 주장한다. 핸콕의 주장에 의하면 그 시기는 지금으로부터 12,500년 전이다. 과연 이러한 사실들이 진실인가라는 물음을 던지기 전에 오히려 우리는 20세기의 과학이 아직 선사의 유물들에 대해서 그다지 많은 것들을 알지 못한다는 사실을 먼저 지적해야 한다. 과학과 진보의 한 정점인 20세기는 아직 고대 문명의 암호들을 제대로 풀어낼 능력을 지니고 있지 못하다. 그래서 때로는 정통 학설과 과학의 장치들이 풀지 못하는 문제들을 미지의 어떤 힘들이 보여준다는 사실 역시 인정될 수밖에 없는 듯하다.

피터 브룩스, 『육체와 예술』

육체 — 생명의 샘 또는 예술의 원천

『육체와 예술』 276쪽 상단을 보면, 귀스타프 쿠르베가 1866년에 그린 「세상의 기원」이라는 제목의 그림이 놓여 있다. 검은 거웃이 무성한 성기를 중심으로 벌거벗은 여성의 몸을 그린 작품이다. 유방께는 시트로 살짝 가려져 있다. 이 그림을 보면서 내가 주목한 것은, 그림에 대한 감식안을 갖추지 못한 탓이겠거니와, 그림 자체보다는 오히려 「세상의 기원」이라는 제목이다. 신화적 비유를 동원하지 않더라도 자궁이 세상의 기원이며 생명의 근원이라는 것을 모르는 사람이 어디 있겠는가마는, 그 성스러운 '처소'가 어쩌다가 이처럼 타락하고 말았는가에 생각이 미쳤기 때문이다. 무엇이 또는 누가 성스러운 처소를 더럽혔는지를 따질 여유는 없다. 다만 우리의 몸이 왜 은폐해야 할 대상이 되어버렸는지, 왜 철저하게 사물화 혹은 타자화하였는지에 관한 상상은 우리들 사유의 새로운 가능성을 열어 보일 수 있을 것이라 생각할 따름이다.

우리 시대의 육체는 신성한 기원을 철저하게 파괴당한 채 '불온한

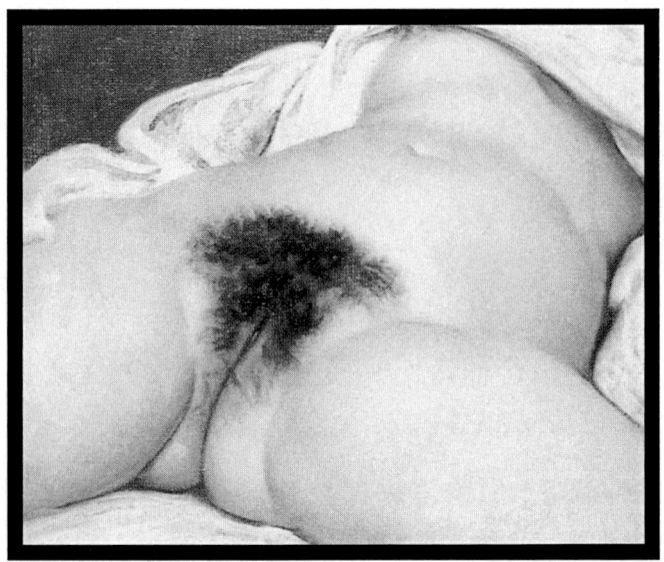

귀스타프 쿠르베(Gustave Courbet), 「세상의 기원」, 1866년

 '세상의 기원'을 은폐함으로써 권력이 노린 건 무엇이었나? 프로이트와 니체의 지원하에, 이성에 의해 유폐되었던 우리 몸은 이제 언어보다 더 많은 의미를 담아내는 기호로 당당하게 부상하고 있다.

시선'의 한갓 노리개로 전락하고 말았다. 표현이 맘에 들지 않긴 하지만 나는 이렇게밖에 말할 재주가 없다. 푸코라면 이렇게 말했을 것이다. "몸은 단순히 담론의 초점이 아니라 일상의 관습들과 대규모 권력조직의 연결고리 그 자체이다. 우리 개개인은 육체·몸짓·일상행위에 접근함으로써 근대의 제도적 장치 속에서 권력의 미시물리학이 어떻게 작동하는지를 알 수 있다!"라고. 권력의 시선은 불온하다. 그것은 규율을 신체에 각인하고 훈육을 육화함으로써 육체가 지닌 기원으로서의 신성한 성격을 박탈해 버린다. 오해하지 않길 바라건대, 내게 육체의 신성성을 강변할 생각은 조금도 없다. 쿠르베의 그림에서 보듯 세상의 기원을 은폐함으로써 권력이 노린 게 무엇이었는가를 반드시 물을 수 있어야 한다는 점을 강조하고 싶을 뿐이다. 이성에 의해 유폐되었던 우리의 몸은 프로이트와 그리고 니체의 지원하에 서서히 원기를 회복할 수 있었다. 이제 육체는 언어보다 더 많은 의미를 담아내는 기호로 당당하게 부상하기 시작했다.

피터 브룩스가 말하고 있듯이 『육체와 예술』은 일상생활의 역사와 정신분석학 그리고 페미니즘론이 교차하는 지점에 놓인다. 일상생활이나 사생활의 역사에 관한 연구와 이론 구성은 이미 낯설지 않으며, 정신분석학이나 페미니즘론도 그러하다. 그런데 이들 논의가 근대 서사문학을 중심으로 하여 전개될 때에는 사뭇 긴장감마저 감돈다. 그 이유는 육체에 관한 글쓰기가 '한편으로는 육체를 의미체계 속에 포함시키려는 우리의 욕망, 그리고 또 한편으로는 육체가 타자일 수밖에 없으며 또한 의미영역의 외부에 즉 글쓰기의 피안에 존재한다는 깨달음이라는 전혀 상반되는 두 경향 사이'에서 이뤄지기 때문이다. 육체는 정신적 갈등이 각인되는 장소임과 동시에 인간 상징의 근원이기도 하다. 그런 까닭에 육체에 관한 담론은 긴장을 동반할 수밖에 없다. 그러한 육체가 또는 육체에 관한 이야기가 소설 속에서 어떻게 개진되는가를 살피는 일은 결국 인간 정신에 대한 인식의 궤적을 추적하는 것과 크게 다르지 않다.

진부한(지극히 신성한!) 인용을 용서하기 바란다. "그녀의 몸에 온기가 도는 것만 같았다. 그는 다시 한번 그녀의 입술에 대고 손으로 그녀의 유방을 만졌다. 그가 손으로 만지자 상아는 그 딱딱함을 잃고 부드러워졌다. 말랑말랑한 표면에 손가락 자국이 났다. 마치 히메투스의 밀랍이 햇볕에 녹아 사람의 손가락에 의해 다양한 용도로 사용될 수 있는 여러 물건으로 만들어지듯이. 연인은 한편으로 놀라고 또 한편으로 잘못 보았을까 겁이 나 그 자리에 우뚝 섰다. 그러고는 기뻐하면서 그러나 일말의 의심을 가지고 여신에게 아내로 줄 것을 빌었던 바로 그 대상인 조각 처녀를 자꾸만 손으로 문질렀다. 그것은 정말 인간의 육체였다! 그가 엄지손가락으로 혈관을 누르자 혈관 속에서 맥박이 느껴졌다." 피그말리온이 갈라테아를 어루만져 육신으로 확인하기까지의 망설임과 그후의 경이를 기억하는 사람이 어디 예술가뿐일까마는, 우리가 '몸' 그러니까 이성理性이 '갈라테아처럼 조각해 놓은 것'에 생명을 불어넣어 맥박이 뛰게 할 수 있는 힘의 원천이랄까 근원이 무엇인가를 새삼 묻지 않을 수 없다.

몸은 이성의 억압에서 이미 벗어나 있었다. 다만 우리가 그 실체를 회피했을 뿐이다. 몸은, 우리의 '성스러운' 육신은 다시 부활을 꿈꾸어야 한다. 우리의 기억을 몸만큼 정확하게 기억하는 '언어'가 도대체 어디 있단 말인가. 이제 몸은 일상에서 제몫을 찾아야 한다. 피터 브룩스에 따르면 서사적 글쓰기라고 말하는 소설은, 이성이 몸을 노예화한 그 순간부터(아니면 그 이전부터) 조각이 되어버린 또는 화석화해 버린 우리의 몸에 온기를 불어넣는 작업을 멈추지 않았다. 루소의 『신엘로이즈』에서부터 마그리트 뒤라스의 『연인』에 이르기까지, 몸과 몸을 둘러싼 언어는 쉼없이 억압과 규율의 담을 넘어 발언하기를 멈추지 않았다. 어디 소설뿐이겠는가. 고갱이 타이티의 여인들을 사랑하고 그 사랑을 그려낸 그림을 보고 그저 겉멋에 젖은 오리엔탈리즘의 소산이라고 쉽사리 얘기하지 못하는 이유도, 그 바닥을 들여다 보면, 도구적 이성이 빚어낸 근대문명의 화려한 껍질을 '야만'의 시선으로 응시하고자 한 고달픈 천재의 붓질에 동감을 표하지 않을 수 없기 때문이다.

에드워드 홀, 『생명의 춤』

여러 겹의 삶을 살기 위하여

꽤 오랫동안 인류학에 꿈을 두었던 적이 있다. 궁색한 변명이긴 하나 '현실'에 부딪혀 그 꿈을 접고 말았지만. 그런데도 아직껏 인류학만 생각하면 마음이 설레는 것은 나도 어쩌지 못한다. 20대 초반, 나는 문화인류학이라는 생경하고 낯선 강의를 '폼'으로 기웃거리곤 했다. 그런데 이게 웬 일인가, 그토록 소심하고 불만으로 가득 차 있던 나를 사로잡는 게 있을 수 있다니. 그해를 꼬박 문화인류학에 푹 빠져 보냈던 걸로 기억한다. 그후 프레이저, 반 게넵, 에반스 프리차드, 레비-스트로스, 마가렛 미드, 말리노프스키 등등의 책을 두서없이 읽으면서 그 시절의 상처들을 핥곤 했다. 그리고 이를 통해 신화와 종교를 알면서 세상에 조금씩 눈을 뜨기 시작했다. 그리고 십 몇 년이 훌쩍 지난 지금, 다시 에드워드 홀의 『생명의 춤』을 앞에 놓고 이렇게 즐거워한다. 무엇 때문일까?

　에드워드 홀은 『생명의 춤』에서 이렇게 쓰고 있다. "키체족에게 삶을 살아간다는 것은 작곡을 하고, 그림을 그리고, 시를 쓰는 일과 다소

유사하다. 적절하게 보낸 하루는 하나의 예술작품일 수 있고, 적절한 조합이 이루어지지 않은 하루는 재앙일 수 있다. 구미의 전통에서 자란 사람들에게는 이러한 차이를 정확하게 분간하거나 이해하는 것이 쉽지 않다. 왜 그럴까? 우리는 제대로 산다는 것이 어떤 의미를 갖는지 별로 관심을 두지 않기 때문이다. 우리 쪽 세계에서는 살아간다는 것이 당연한 것으로 여겨지고 생은 자동적으로 흘러가기 때문이다. 살아간다는 것은 단지 상자를 채우는 일, 즉 목적을 달성하는 일과 연관된 것이다."

살아간다는 것, 살아 있다는 것을 당연한 것으로 여기고 살아가는 삶이란 얼마나 단조롭고 지겨운가. 우리는 진정 '여러 겹'의 삶을 살 수는 없는 것일까. 현실 속에서 불가능하다면 사유의 힘을 빌려서, 아니라면 상상력의 힘을 빌려서. 에드워드 홀의 말마따나 우리의 삶을 지배하는 시간과 공간의 차원을 넘어서, 숨겨진 시간과 공간의 차원을 발견하고 그것을 우리의 삶 속으로 끌어들일 수는 없는 것일까. 그리하여 '채워지기를 기다리는 빈 상자'와도 같은, '컨베이어 벨트에서 이동하는' 시간의 구속으로부터 해방될 수는 없는 것일까. 지금 여기의 내가 아닌 또 다른 나의 삶을 '구성'할 수는 없을까.

물론 여러 겹의 삶을 산다는 게 지금 여기에서의 삶을 허물처럼 훌훌 벗어버리고 '저 먼 다른 곳'으로 비상하는 것을 의미하지는 않는다. 현실적 삶으로부터 탈주를 꿈꾸는 것은 현실로 되돌아오기 위해서이다. 역설적이지만 옳은 얘기다. 탈주를 위한 탈주는 의미가 없다. 통과의례가 그런 것처럼, 끊임없는 탈주를 통해 우리는 현실을 다른 시각으로 재구성할 수 있으며 다른 방식으로 상상할 수 있다. 이를테면, 아메리칸 인디언들이 의례에 참가하는 동안 의례 속에서 존재하며 의례의 시간 속에 존재하듯이, 자본에 의해 배치된 획일적 시간 관념을 파기하고 '성스러운 시간'의 회복을 소망함으로써 사물화한 우리의 삶을 반성할 수 있는 계기를 찾을 수도 있을 터이다.

    시간은 또 다른 언어이며, 모든 삶의 최우선적인 조직자이다. 동시에 시간은 우선권을 결정하고 경험을 분류하는 방법이며 능력·노력·성과를 판단하는 척도이기도 하다. 저자가 말하듯이 시간과 문화는 불가분의 관계를 맺고 있다. 그런데 문화에는 고도로 패턴화한 심층의 숨겨진 차원이 존재한다. 따라서 이렇게 말할 수 있다. 문화인류학적 접근을 통해 시간의 또 다른 차원을 발견한다는 것은 새로운 문화 혹은 삶의 양상을 발견하는 일이며, 그 발견을 우리의 삶에 적극적으로 수용함으로써 홑겹의 삶, 자본의 논리에 의해 획일화된 삶을 거부하는 데로 나아갈 수 있어야 한다. 내가 보기에 『생명의 춤』의 핵심은 바로 이것이다.

    "인류는 자신이 살고 있는 다양한 문화적 세계의 실재를 무시하는 여유를 누릴 수 없는 지점까지 도달했다"고 에드워드 홀은 말한다. 다양성이 혼란을 초래한다는 지적은 옳다. 그러나 축제가 혼란이라 해서 이를 깡그리 말살해 버린다면 우리는 어떻게 숨쉴 수 있단 말인가. 다양성에 대한 거부는 권력의 음모와 조작에서 비롯한다. 단선적인 삶의 양식을 거부하고 다양한 문화의 패턴을 발견하여 보다 큰 '자기 인식'을 얻기 위해, 그리하여 새로운 삶의 가능성을 끝없이 모색하고 허물기 위해 우리는 '생명의 춤'을 추어야 한다. 『침묵의 언어』와 『문화를 넘어서』에 이어 『생명의 춤』에서 에드워드 홀이 얘기하고자 하는 바는 여기에 있을 것이라고, 나는 생각한다. 그런 까닭에 문화인류학은 내게 있어 여전히 버리지 못할 소중한 사유의 터로 남는다.

천바오량, 『중국유맹사』

건달, 그들의 역사와 문화

이제는 '조폭' 하면, 그들의 살벌함이나 비열함보다는 진한 동료애와 비장함이 먼저 다가선다. 사그라지는 군사문화에 대한 몸에 배인 향수인지, 21세기 벽두의 한국에는 이른바 '건달 문화'가 넘실댄다. 하기야 인류의 '건달 문화'에 대한 동경은 오늘만의 현상은 아니었던 듯하다. 이미 2천여년 전에 한비자(韓非子)가 "칼을 휘둘러 사람을 공격하여 죽이는 것은 난폭하기 그지없는 사람인데, 세간에서는 이런 사람을 오히려 칭찬하며 용기 있는 사람이라고 부른다"고 탄식했으니 말이다.

천바오량(陳寶良)의 『중국유맹사』는 막연한 동경의 대상이었던 건달의 역사를 다루고 있다. 이 책은 먼저 각종 전적에서 확인되는 건달로 번역될 수 있는 갖가지 용어에 대한 소개로부터 시작한다. 유협(游俠)이라든지 야선(野仙), 나한각(羅漢脚) 등의 별칭이 그것인데, 저자는 이러한 별칭 속에도 건달에 대한 존경의 어기가 배어 있다고 지적한다. 뒤이어 논의는 건달의 계층적 기반·활동 무대·생활 방식·상용 수법 등으로 확대된다.

그리고 저자는 당대의 관리와 양민의 눈에 비친 건달의 모습을 살펴봄으로써, 건달이 지니는 사회사적인 함의를 찬찬히 따져본다. 다만 저자의 주된 시선이 '유맹'流氓이라 불리는 건달과 그들의 행적에 대한 학문적인 정리와 발굴에 머물러 있는 탓에, 경우에 따라서는 건조한 '범죄의 사회학'처럼 읽히기도 한다.

그러나 이 책의 덕목은 역사의 주변부에 처해 있던 건달의 사회사를 통해 실제 사회생활의 한 단면을 생생하게 복원해냈다는 점에 있다. 또한 고고한 윤리적 잣대로 건달을 조감하던 기존의 태도에서 벗어나 인생의 밑바닥부터 올려보며 건달을 서술하였기에, 역대 중국 사회를 새롭게 바라볼 수 있는 여지가 풍부하다는 점도 이 책의 덕목 중 하나이다. 굳이 첨부하자면 '생활사'로서의 사회사 서술의 실제를 중국사 연구에도 거뜬히 적용해냈다는 점에서 개인적으로는 이 책이 반가웠다. 생활 중심의 역사 서술이 사회제도나 사회사상사 중심의 사회사 서술에 비해 읽는 이에게 쏠쏠한 실감과 재미를 보다 수월히 안겨준다는 것은 부인하기 어려운 사실이기 때문이다.

한편 이 책에서 다룬 중국 역대의 '건달문화' 중 몇몇 시대의 그것에는 각별히 주목할 필요가 있다. 그중 하나는 저자가 건달문화의 하나로 분류한 유협이 극성했던 춘추전국 시기이다. 중국 최고의 역사책인 『사기』史記에는 역사에 족적을 남긴 위인의 전기를 기록한 부분인 '열전'이 있다. 저자인 사마천司馬遷은 몇몇 유협과 자객의 이야기를 떳떳하게 열전에 넣고 있다. 자객과 건달 부류를 일종의 영웅호걸로 격상시킨 셈이다. 그래서 그러한 것일까? 역대로 중국은 외세의 침탈 등과 같은 위기상황에 처하게 되면, 일군의 지식인들이 '조상의 빛나는 유협 정신을 오늘에 되살려' 민족적인 위기를 극복하자고 외치곤 하였다. 이쯤되면 건달문화와 '한끗'(?) 차이인 유협문화가 단순히 사회악 차원에서 처리되지 않았음을 볼 수 있다. 백수건달 출신인 유방劉邦과 주원장朱元璋이 황제의 자리에 오를 수 있었음은 어쩌면 '특이한' 사례가 아니라 당연한 것이었을지도 모른다.

    남송과 명대의 건달에 대한 기록 역시 눈 여겨 볼 필요가 있다. 이 두 시기는 민간 분야인 상공업 성장이 비약적인 이루어졌던 시기이다. 건달 역시 이 두 시기에 비약적인 발전을 이루는데, 이를 통해 우리는 한 사회의 정치경제적 성장과 건달 세력의 확산 사이의 상관관계를 실증적으로 고찰할 수 있는 좋은 실례와 마주한다. 특히 명대는 자본주의 사회로 봐도 된다고 하는 이가 있을 정도로 이른바 시장 경제가 극성했던 시기이다. 정화가 이끄는 대규모 선단을 지중해 연안까지 파견함으로써 유럽을 놀라게 했을 정도로, 명대는 비교적 짧은 기간 동안 당시 전지구적 차원에서 최고일 정도의 경제력을 창출하였다. 따라서 이 시기 건달의 궤적에 대한 실증적인 탐색은, 개혁개방 이래 급속도로 경제성장을 일구고 있는 지금의 중국 사회 이해에 효율적인 타산지석이 되어 줄 수 있다. 청대의 건달에 대한 서술 역시 바로 이러한 이유에서 주목할 필요가 있다.

    명·청 교체기에 강남의 선비들은 다수의 비밀결사를 조직하여 이

민족 왕조인 청에 대항하였고, 현대 중국의 출발점이 된 신해혁명(1911년)에는 가로회哥老會니 천지회天地會 같은 건달들의 조직이 참여하고 있었다. 그리고 지금 중국 공산당 내에도 이른바 '헤이셔후이'(黑社會 : 주먹세계)와 연관되어 있는 세력이 있고, 얼마 전부터 자본가를 공산당원으로 받아들이기로 했다고 한다.

'정치-경제-주먹'의 연합은 그 연원이 만만치 않게 길다는 점에서, 건달에 대한 역사적 탐구가 단지 건달에 대한 얘기에 그치지 않음을 잘 말해주고 있다.

가와무라 미나토, 『말하는 꽃 기생』

친숙한, 그러나 그 존재에 대해 너무 무지한

일본인이 쓴 한국 연구서라고 별 편견이 있진 않았다. 다만 『말하는 꽃 기생』은 읽고 나니 편견이 생겨버린, 나로선 개운찮은 책이다. 일본인 한국문학 연구자에게 "왜 한국문학에 관심을 가졌느냐?"라고 물었더니 "일제시대의 한국문학이라면, 더욱이 일본어로 쓰여진 문학이라면 넓은 의미에서 일본문학의 일부일 테니까"라는 답이 돌아오더라며 분개하는 선배를 본 일이 있다. 한국학을 공부하겠다는 학생은 십중팔구 "우리가 저지른 잘못을 속죄하고 싶어서" 운운한다면서 개탄하는 일본인 학자의 글을 읽은 적도 있다. 풍문을 100퍼센트 믿을 수야 없는 노릇이지만, 이런 분개나 개탄이 근거 없다는 생각이 들지는 않는다. 일본인에게 있어 한국은 '엄연한 타자' 라기보다 끊임없이 동일시하게 되는 대상, 일종의 '열등한 자아'가 아닐까 싶어 조마조마해지는 경험은 나로서도 종종 있었으니까 말이다.

시비를 먼저 걸자면, 『기생』은 일제시대나 1960~70년대 '기생관

광' 류의 상상력을 그대로 승인하고 있는 듯 보인다. 저자 스스로가 "나에게 있어 기생이란 존재는 과거의 우아한 문화적 유산이라기보다 일본의 조선반도 식민지지배와 깊이 관련된 문제"라고 인식하면서 거기서 "민족적인 지배"와 "성적 지배"를 동시에 읽어내려 하고 있으니 만큼, 일본과의 관련을 전제할 수밖에 없다는 것은 당연한 일이겠다. 근대 이후 기생 문화에 스며들어 있는 일본의 시선과 권력을 감별해내는 일이야 물론 중요한 과제다. 문제는 이러한 근대 이후의 상황을 초역사적인 조건으로 해석해내려는 시각에 있다. 저자는 근대 이전과 이후 기생의 지배·종속 구조가 본질적으로 동일하다고 주장하며, 조선의 기생은 중국과의 '기생정치' '기생외교'를 위해 키워진 존재였다고 지적하고, 기생의 존재 목적은 언제나 매춘이었다고 역설한다.

기생의 역사를 서술하면서 첫 장과 마지막 장을 각각 오늘날의 윤락 산업 실태에 할애한 책의 구성이야말로 기생에 대한 저자의 시각을 압축적으로 보여주고 있다. 대외 종속과 매춘이라는 두 가지 요소로 기생의 역사를 다시 쓰고자 하는 의욕은 때때로 지나칠 만큼 넘쳐흘러, 대외 접대용에 불과했던 1960~70년대의 '기생'이라는 명칭을 곧이곧대로 받아들이는가 하면 퇴폐이발소마저 외국인을 위해 생겨난 현상이라고 분석하는 과잉 반응이 나타나기도 한다. 이런 문제점에 비한다면 신라시대의 원화와 화랑을 전혀 구별하지 않는다거나 연산군의 언문 탄압 사실을 거꾸로 기술한다거나, 어여머리라면 무조건 기생의 특색으로 생각한 나머지 신윤복의 「이부탐춘」楚婦貪春까지 기생 그림으로 받아들인다

소담출판사刊, 『말하는 꽃 기생』의 표지 그림

황진이의 일화를 흥미진진하게 듣고, 논개나 계월향을 입에 올리면서도 우리는 기생이라는 존재의 실상에 대해 너무나 무지하다. 심지어 기생이 관비였다는 사실마저 깜박깜박 잊곤 하는 게 우리의 기억력이고 역사감각임에랴.

거나 하는 오류는 한결 소소한 문젯거리이다.

그러나 맹목의 지점이 어디 저자에게만 있을까? 지금까지 우리—라는 위험한 명칭을 잠시 쓰도록 하자—가 범해 온 맹목은 『기생』이라는 책이 새로워 보인다는 사실 자체에서부터 드러난다. 생각해 보면 기생이란 우리가 얼마나 자주 입에 올려온 화제였던가. 기생의 시조를 배우고, 황진이나 소춘풍의 일화를 흥미진진하게 듣고, 논개나 계월향을 입에 올리고, 그러면서도 우리는 기생이라는 존재의 실상에 대해 너무나 무지하다. 『기생』의 저자 가와무라 미나토가 대외 종속과 매춘이라는 두 가지 요소에 치중함으로써 기생의 역사를 지나치게 평면화해 버린 감이 있다면, 반면 우리는 기생이라는 존재의 근거에 대해 제대로 생각해 본 적이 없는 게 아닐까. 폐쇄적이었던 조선시대, 기생만은 홀로 자유롭고 낭만적인 연인이었다는 식의 상상에 취해 기생의 사회·문화적 조건을 살펴보는 데 지나치게 게을렀던 것은 아닐까. 심지어 기생이 관비官婢였다는 사실마저 깜박깜박 잊곤 하는 게 우리의 기억력이니까 말이다. 얼마 전 『조선 사람들, 혜원의 그림 밖으로 걸어나오다』 같은 책이 나와 조선 후기에 대한 궁금증은 아쉬운 대로 해결할 수 있게 되었지만, 기생의 역사에 대한 통사적 서술을 준비하고 있다는 소식은 아직 어디서도 듣지 못했다. 이 상황에서 일제시대에 관한 한 이의 없이 경청해야 할—「기생양성소 규정」 같은 희귀자료의 힘이 크다—『기생』이 번역되었다는 건 어쨌거나 반겨야 할 일이다. 그저 이쪽의 맹목과 그쪽의 맹목이 충돌하기보다는 서로를 감싸안을 수 있기를.

4. 한 시대의 철책을 뛰어넘은 광인과의 만남

도덕은 자유로운 영혼을 길들여 덜 위험하게, 즉 나약하게 만드는 '동물원'이다. 지배적 사유는 도덕의 철책을 뛰어넘는 것들을 '광기'라 부름으로써 '우리'와 다른 모든 것들을 '타자'로 밀어낸다. 그러나 광기는 건강함의 반의어가 아니라 '길들여진 두뇌'와 '보편적 신념'에 반하는 것이다. 광인의 시간은 언제나 미래를 향해 열려 있다. 미래란 단순히 과거, 현재 다음에 오는 시간이 아니다. "미래란 항상 와 있지만 항상 오해되고 있는 시간이고, 아무리 늦게 나타나도 항상 너무 이르게 나타나는 시간이다." 어느 시대나 미래는 때 아닌 것, 시대와 타협하지 못하는 시대로 존재한다. 모든 시대의 광인들은 누구도 알아보지 못하는 미래의 시간을 향해 절규한다. 지금-여기서, 모든 금지된 것들을 찾아 끝나지 않는 여행을 감행하는 유목민, 광인의 얼굴을 찾아 떠나자.

디디에 에리봉, 『미셸 푸코』

저기 푸코가 있다

'투사이며 콜레주 드 프랑스 교수' — 프랑스의 한 언론은 푸코를 이렇게 제시한 바 있다. 얼굴 표정만으로도 수많은 이미지를 발산하는 철학자에 대한 설명치고는 너무나 간결한 요약인 셈이다. 하지만 거꾸로, 상당히 먼 거리에 있는 것처럼 보이는 이 두 지시어 사이에 징검다리들을 놓을 수만 있다면, 이 요약만큼 푸코를 잘 말해주는 것도 없을 듯싶다. 정말로(?) 그는 68년 5월 혁명 이후부터 84년 사망에 이르기까지 언제나 '거리에 있었다'. 그리고 바로 그 시절은 그가 프랑스 최고의 명문 콜레주 드 프랑스에서 교육자로나 학자로나 전성기를 구가하고 있는 시점이기도 했다. 대체 어떻게 그런 일이 가능하단 말인가?

기자 출신의 저자 에리봉의 이 전기는 그에 대한 멋진 보고서다. 그는 치밀한 자료를 바탕으로 데모꾼과 천재 철학자 사이를 날렵하게 오가면서 독자들로 하여금 푸코의 역동성과 강렬함에 매혹되도록 이끈다. 특히 『말과 사물』이라는 초유의 히트작을 낸 뒤, 맑시즘을 둘러싸고 당대 철학계의 거장 사르트르와 치열한 논쟁을 벌이는 장면, 또 이후 이 '백전노장'과 모든 종류의 반파시즘 투쟁을 함께 하는 장면은 가슴벅차게 감동적이다.

'저기 푸코가 있다!'는 말이 유행할 정도로 그는 모든 종류의 투쟁에 참여했다. 스페인, 브라질, 폴란드, 이란 등 국경을 무시로 넘나들었고, 감옥정보그룹, 이민자운동, 사형제도 폐지 등 근대권력의 폭력성에 맞서 온몸으로 싸웠던 것이다. 따지고 보면, 『감시와 처벌』, 『성의 역사』와 같은 저서, 그리고 콜레주 드 프랑스에서 했던 명강의가 바로 이 투쟁의 기록이기도 했던 바, 그는 몇 백년 전의 역사자료와 임박한 현실문제를 '대각선으로' 잇는 천재적인 능력을 지니고 있었다. 이 대목에서 특히 환기해야 할 사항은 그 천재성이 '밴드'를 조직하는 능력의 다른 표현이기도 하다는 점이다. 학생들과 세미나를 조직하는 푸코, 뒤메질 · 알튀세르 · 장 주네 · 들뢰즈 등과 열렬하게 교유하고 토론하는 푸코. 바리케이드 위에서 이질적인 존재들과 연대하는 푸코. 말하자면, 푸코가 지닌 '천의 얼굴'은 20세기 후반 유럽 지성계의 '별들의 전쟁', 바로 그것이었다.

그 '손에 땀을 쥐게' 하는 서스펜스를 만끽하노라면, 그가 동성애자이며, 에이즈에 걸려 『광기의 역사』에서 상세하게 분석했던 그 병원에서 죽었다는 '충격적인 사실'조차 그저 사소한 에피소드처럼 느껴질 정도이다.

미셸 푸코(Michel Paul Foucault)

"푸코는 늘 전투의 먼지나 술렁임을 환기하고 있습니다. 사유 자체가 그에게는 하나의 전쟁 기계인 것처럼 보입니다."
—1986년 클레르 파르네와의 대담에서 들뢰즈가 한 말

사드, 『미덕의 불운』

'절대 부정'을 향한 도발적 여정

사드만큼 유명한 작가도, 사드만큼 불행한 작가도 드물다. 그의 이름은 '사디즘'이라는 임상의학적 용어를 통해 범세계적인 명망(?)을 얻었지만, 정작 그의 텍스트는 '사디즘'에 열광하는 이들에게조차도 별로 읽히지 않는다는 점에서 그렇다. 국내에 나와 있는 책들도 '사디즘에 관한' 것이 압도적이고, 그 원천이 되는 작품들은 무관심 속에 방치되어 있다. 얼마 전 『소돔 120일』만이 각별한 호기심 속에서 재출간되었지만, 이 '악명 높은' 작품도 끝까지 읽히는 경우가 거의 드물다는 점에서 사드의 작가적 불운을 덜어주지는 못한다.

'쥐스띤느'라는 제목으로도 불리는 『미덕의 불운』은 그 후속편 '줄리에뜨'와 더불어 사드의 대표작이자 프랑스 문학사의 가장 특이한 별에 속한다. 푸코가 『말과 사물』에서 고전주의에서 근대로 넘어서는 문턱에 있다고 한 바로 그 작품이기도 하다.

제목 그대로 이 작품은 미덕이 한 여인의 일생에 얼마나 끔찍한 불행만을 안겨다 주었는지를 그리고 있다. 쥐스띤느는 역경에 처할수록 수녀원에서 받은 교육, 예컨대 신앙심, 헌신, 순결 등의 미덕을 지키고자 애쓰는데, 그럴 때마다 운명의 가혹한 보복을 받는다. 고리대금업자, 후작, 사제 등등 이른바 그녀가 몸을 의탁했던 사회지배층 인사들은 그녀의 미덕을 철저하게 냉소하며 그녀의 몸과 영혼을 '야수처럼' 짓밟는다. 상황의 잔혹함, 에로틱한 극한성은 『소돔 120일』 못지 않지만, 여기서 포르노그라피를 기대했다가는 철저히 배반당하고 만다. 오히려 차갑고도 담담한 어조를 통해 에로틱한 담화의 문법 그 자체를 전복하는 데에 이 작품의 독창성이 있다.

미덕은 언제나 불운을 가져다 주고, 악덕은 늘 승리한다는 줄거리는 언뜻 보면 지배적 관습의 부조리를 고발하는 '아이러니'처럼 보이기도 한다. 하지만 그건 사드를 너무 가볍게 읽는 독법이다. 그가 겨냥하는 것은 도덕체계의 불합리성을 넘어 도덕성 그 자체이고, 법의 부조리성을 넘어 법의 원리 그 자체이다. 그 도발적 여정은 신과 자연, 우주적 질서에까지 이르는 이른바 '절대부정'의 형식을 취한다. 사드가 앙시앙레짐, 혁명 공화정, 집정체제 등 모든 체제하에서 지하감옥의 수인이 되어야 했던 이유도 바로 거기에 있을 터이다.

어디 그때뿐이랴? '외설이 흘러넘치는' 이 21세기에도 사드의 텍스트는 여전히 불온하고, 여전히 매혹적이다.

레이 몽크, 『루드비히 비트겐슈타인』

위대한 작품으로서의 생애

칸트가 어떻게 살았는지를 모른다고 해서 그의 『순수이성비판』 읽는 것을 두려워할 필요는 없다. 작가와 작품은 별개이기 때문이다. 누군가 작가를 아는 것이 작품을 아는 데 결정적인 중요성을 갖는다고 말한다면, 나는 거기에 가장 큰 오해의 가능성이 존재한다고 말하겠다. 작가와 작품을 혼동하지 않는다면, 그래서 작가의 삶은 또 다른 작품일 수 있다는 사실을 이해한다면, 우리는 작가의 삶을 다루는 평전의 독립적인 영토가 어디인지도 알 수 있을 것이다. 작가의 삶은 작품의 배경이 아니라 그 자체로 하나의 작품이어야 한다. 따라서 훌륭한 평전의 주인공은 의미 있는 작품을 쓴 사람이기보다는 의미 있는 삶을 산 사람이다. 이 점에서 『루드비히 비트겐슈타인』은 비트겐슈타인의 생애와 철학을 연결시키려는 저자의 소박한(?) 야심과는 상관없이 훌륭한 평전의 조건을 갖추었다. 내가 이 책을 통해 배운 것은 비트겐슈타인의 '철학'이 아니라 그의 삶인 '철학하기'였다.

비트겐슈타인은 유럽의 최고 갑부의 아들로 태어났다. 그의 전반기 삶을 지배했던 것은 부정직한 여러 허식들과의 대결이다. 어린 시절부터 계속된 거짓말에 대한 결벽증적 자기 검열, 화려한 장식이 없는 기능 중심의 가구들, 센티미터 수준까지 정확히 계산해서 지어주었던 누이의 집, 그리고 아버지가 물려준 막대한 유산에 대한 거부(스스로 번 것이 아닌 어떤 돈도 받지 않기 위해 그는 온갖 치밀함을 동원한다!). 학위 논문으로 통과되기 위해서는 논문의 여러 형식적 요건들(주석을 다는 것 따위)을 갖추어야 한다는 무어의 편지에 그토록 분노했던 것도 그것들이 논문의 훌륭함과는 아무런 관련도 없는 허식들이라고 생각했기 때문이다. 자만의 유혹과 부정직의 허식을 떨어내려는 투쟁이 철학에 '말할 수 없는 것'에 대한 침묵의 요구로 나타난 것도 이해할 수 있는 일이다. 그의 스승이었던 러셀은 잉크 세 방울을 떨어뜨리며 세계에 최소한 세 개의 사물이 있어야 함을 인정하라고 애원했지만, 그는 세계 전체에 대한 어떤 주장도 무의미하다고 거절했다. 그가 인정한 것은 단지 '종이 위에 세 방울의 얼룩이 있다'는 것뿐이었다.

그러나 그는 언제부턴가 철학이 "움직이는 방향을 계속 바꿀" 용기를 필요로 한다는 사실을 알았다. 그것은 사실 철학의 문제이기 이전에 삶의 문제였다. 처음에 그는 명제를 세계에 대한 그림으로 생각하는 방식으로 논리학의 기본적인 문제를 해결할 수 있다고 믿었다. 그에 따르면, 세계가 어떤 질서를 가지고 있고 언어가 그것을 표상한다면, 명제의 참/거짓은 언어와 그 대상인 실재의 일치 여부에 달려 있다. 그러나 나중에 그는 이전 모델을 완전히 뒤엎기라도 하듯이, "언어가 사용되는 방식을 언급하지 않고 그것에 대응하는 실체를 찾는 시도는 헛되다"고 말한다. 단어의 의미는 삶과 무관한 영역에 자립적으로 존재하지 않으며, 삶의 형식 자체로부터 얻어진다는 것이다.

여기서 강조하고 싶은 것은 그의 새로운 철학이 아니라 그것을 통해 표현되는 그의 새로운 삶이다. 특히 러시아의 노동자로 살고 싶어했다는 이야기는 아주 인상적이었다. 그는 유럽의 낡은 삶과는 다른 새로운 삶이 혁명 후 러시아에서 시작되고 있음에 흥분했다. 불행히도 러시아는 그 '저명 인사'를 노동자보다는 대학 교수로 모시고 싶어했고, 비트겐슈타인이 그것을 거부함으로써 계획은 실행되지 못했다.

나는 이 책에서 그의 철학적 전환으로 다 담아낼 수 없는 삶의 전환을 목격했다. "빈손으로 떠나느니 이 요새에서 피흘리며 죽겠다"는 절규도, 대화에서 친구들의 논리적 헛점을 집요하게 파고드는 전투적인 태도도 사라졌다. 대신 그는 삶의 행복을 위해 철학을 사용할 줄 아는 삶의 기술을 얻었다. 친구들은 유럽 최고 갑부의 아들로 태어났지만 빈털터리가 된 그를 즐겨 불렀고, 그는 기꺼이 그들에게 자신의 철학적 재능으로 얻은 보물들을 나누어주면서 행복한 삶을 살았다. 그는 『논고』나 『탐구』에 결코 뒤지지 않는 자신의 또 다른 위대한 작품을 이렇게 마감했다. "친구들에게 전해주시오. 나는 멋진 삶을 살았다고."

이탁오 『분서』

경계를 넘나드는 '야생의 철학'

'분서'는 '태워버려야 할 책'이라는 뜻이다. 대체 자신의 책을 이렇게 이름짓는 이의 심정은 어떤 것일까? 저자 이탁오. 명말의 사상가로, 10대 이후 경서를 탐구하다가 54세에 관직을 버리고 가족을 떠나 불도에 입문, 이후 20여년 동안 구도의 길을 걷다 76세에 '잘못된 도로 사람들을 현혹시킨다'는 이유로 감옥에 갇혀 그곳에서 스스로 목을 찔러 생을 마쳤다. 흔히 양명좌파로 분류되지만, 유학과 양명학, 불학을 넘나들며 그 어디에도 정주하지 않은 야생적 사고의 소유자. 사실 그는 살아 생전에는 말할 것도 없고, 이후 그의 사상적 계승자로 간주되는 명말청초의 사상가들로부터도 이단으로 지목받을 만큼 '돌연한 외부자' 혹은 '소수자'였다.

'나이 오십 전까지는 나는 정말 한 마리 개와 같았다. 앞의 개가 그림자를 보고 짖어대자 따라서 짖어대는' ― 유학의 지반을 탈주하여 새로운 앎의 세계로 나아갈 때의 변이다. 오십에 이토록 치열하게 다시 시작할 수 있다니! 그에 비하면, 우리 시대 학자들은 너무나 빨리, 너무나 쉽게 안주해 버리는 '조로증'에 걸려 있는 건 아닐까. 이탁오의 눈으로 본다면, 40대면 이미 지식에 대한 갈망을 포기한 채 자신을 지키기에 바쁘고, 50대면 어깨에 잔뜩 힘이 들어간 원로가 되거나, 아니면 새로운 모색을 억압하기에 급급한 전투적(?) 기성세대가 되어버리는 우리 인문학의 '조로증'은 얼마나 그로테스크할 것인가. 지식이란 피로하고 노쇠한 고행의 산물이라는 통념에 사로잡힌 이들은 『분서』를 읽으시라. 지식이란 본래 목마른 자가 마시는 한 모금의 물, 굶주린 뒤에 먹는 밥 한 술처럼 '꿀맛' 같은 것임을 체험하게 될 터이니.

　『분서』에는 체계적 이론, 정립된 테제가 없다. 수많은 아포리즘들이 충돌하면서 기성의 언어와 문자의 범주들, 고정된 체계와 질서를 뒤흔드는 아찔한 미끄러짐만이 존재한다. 이것이야말로 『분서』가 던져 주는 진정한 당혹스러움이자 경이이다. 그래서 『분서』에는 수많은 텍스트, 무수한 인물들이 교차한다. 주자학적 초월론을 전복하면서 우정의 철학을 갈파할 때면 스피노자의 '코뮨주의'가, 성聖과 속俗의 경계를 넘나들며 '무아'無我의 자유를 말할 때는 『유마경』이, 참을 수 없는 욕망의 능동적 생성을 긍정할 때는 들뢰즈/가타리가 오버랩된다. 또는 비수 같은 풍자, 스릴 넘치는 비약으로 가득한 잡문의 형식을 음미하다 보면, 문득 이런 황당한 상상을 해보기도 한다. 혹 "노신이 전생에 이탁오였던 게 아닐까?"라고.

프란츠 파농, 『검은 피부, 하얀 가면』

'문명'을 향한 내 안의 나르시시즘

식민지의 경험이 있는 우리에게 프란츠 파농의 『검은 피부, 하얀 가면』은 매우 친숙하게 다가온다. 그렇지만 비슷한 경험을 했다고 해서 그것을 곧바로 동일시할 수 있을까?

파농의 말을 따라가다 보면, 나는 한국의 식민지적 상황과 그 속에서 자라난 식민지적 양가성보다는 근대계몽기의 파노라마적인 풍경이 먼저 스친다. 파농이 제기하는 문제는 백인이 제3세계에 저지른 만행보다는 오히려 흑인 내부에 존재하는 '열등 콤플렉스'이다. 흑인은 끊임없이 백인과 동일시하려는 욕망을 가진다. 따라서 흑인은 "어떤 대가를 치러서라도 그들 사상사의 풍요로움과 그들 지성사의 뒤떨어지지 않는 가치를 백인들에게 증명"하려고 노력한다. 파농의 비판은 백인에게 자신의 존재를 증명하려는 '승인욕망'과 흑인 내부에 존재하는 '자기 안의 나르시시즘'이다. 파농은 단호하게 말한다. '내가 진정 희망하는 것은 식민지 환경이 촉발한 다종다기한 콤플렉스의 창고, 바로 그곳으로

프란츠 파농(Frantz Omar Fanon)

"흑인들은 문명인으로 인정받으려는 나르시시즘적 욕망으로부터 탈주하여 문명의 실체를 비판하고 자신 속에 각인된 노예근성을 철저하게 탈각하는 일이 무엇보다 중요합니다. 노예가 없어지면 주인도 없어집니다."

부터 흑인들 스스로가 벗어나는 일이다."

파농이 제기한 '열등 콤플렉스'는 문명에 대한 콤플렉스이다. 서구는 항상 문명의 종주국으로 자신들의 존재를 위치시켰다. 분명 문명이라는 말에는 인종주의적 냄새가 짙게 배어 있다. 서구가 말하는 문명이라는 개념 속에는 항상 우열優劣의 흔적이 존재한다. '문화'가 자국 민족의 정체성을 통해 발현되는 것이라면 문명은 서구 열강들의 힘의 논리에 의해 그 가치를 증명받는다. 흑인들이 모방하려는 것은 백인의 피부색도 눈동자도 금발의 머리카락도 아니다. 그것은 다름아닌 백인들이 산출한 '문명'이다. 즉, 흑인은 식민지 모국인 서구문명에 대한 끝없는 나르시시즘을 표출하는 것이다.

"식민지인은 식민모국의 문화적 수준을 자신이 어느 정도 전유하고 있느냐에 따라 밀림의 신분을 초월하기도 하고 매몰되기도 한다. 식민지인은 자신의 흑인성 혹은 자신의 원시성의 폐기를 통하여 백인화되어 가는 존재인 것이다." 결국 파농은 서구가 만들어 놓은 '야만의 정글'에 함몰된 흑인성과 백인문명에 기생하려는 흑인들의 욕망을 비판하고 있는 것이다.

문명국이라고 자처한 서구는 열등인종을 만들어냈다. 이는 사회생물학과 인종론에 의거한 발상이다. 백인들의 시선은 항상 유색인종을 만들어내고 그들의 열등함을 부각시키는 방향으로 투사된다. 따라서 제3세계 식민지인들과 유색인종에게는 문명에 대한 발언권이 주어지지 않는다. 그들은 수혜자일 뿐이다. 그렇다면 어떻게 발언권을 획득할 것인가. 발언권자와의 투쟁이 절실하게 필요하다. 그러나 유색인들은 투쟁의 길을 버리고 백인들의 문명에 편입하는 길을 택했다. 그들의 시민권을 받기 위해서 말이다.

　파농은 당시 흑인들을 "백인의 눈망울 속에서 안식과 승인을 구걸하는 거렁뱅이"로 보았다. 이는 흑인들의 "철저한 나르시시즘적 외침"에 대한 파농의 일갈이다. 그렇지만 파농은 흑인사회 자체를 절망하지는 않는다. 그의 절망은 "무슨 수를 써서라도 백인에게 흑인문명의 존재를 증거해야" 하는 식민지 사회가 처한 현실의 아픔이다. 파농은 생각한다. 흑인을 규정하는 최종심급은 "그의 행동과 태도"의 문제라고. 때문에 파농은 흑인들에게 말한다. 문명인으로 인정받으려는 나르시시즘적 욕망으로부터 탈주하여 문명의 실체를 비판하고 자신 속에 각인된 노예근성을 철저하게 탈각하는 일이 무엇보다 중요하다고.

　중국의 저명한 문학사상가인 루쉰魯迅은 중국의 역사를 '노예가 되고 싶어도 될 수 없는 시대와 노예가 되어 편안하게 살 수 있는 시대'의 연속으로 파악했다. 루쉰이 이렇게 말한 이유는 중국인들 내부에 잠재되어 있는 노예근성 때문이다. 그는 근대 초기의 중국 사회를 한국과 마찬가지로 서구문명을 배척하거나 극단적으로 추수하는 상태로 파악했다. 서구문명을 배척하는 경우, 그 저변에는 극단적인 민족주의가 도사리고 있다. 반면, 서구문명을 추수하는 부류들의 인식 속에는 언젠가 서구문명을 따라잡을 수 있다는 희망이 내포하고 있다. 하지만 루쉰이 보기에 이는 둘 다 현실을 직시하지 못한 생각이었다. 루쉰은 서구문명을 배척하고 민족주의를 강조하는 쪽이나 서구문명을 따라잡으려는 부류에서나 공통적으로 주인과 노예의 변증법이 도사리고 있었음을 갈파한다. 따라서 루쉰이 생각하기에 현금 중국의 문제는 바로 이 노예근성을 내파內破하는 문제였다.

파농은 "노예가 없어지면 주인도 없어진다"고 했다. 이는 흑인사회 내부에 존재하는 노예근성을 비판하고 있는 것이다. 이 말은 '지금-여기'의 삶에도 유효한 비판이다. 흑인사회의 노예근성은 서구인들에게 흑인의 존재 가치를 인준할 수 있는 특권을 스스로 부여한 결과이다. 비록 서구 문명국이 흑인을 만들어내고 야만과 열등을 만들어냈지만, 이를 인정한 것은 바로 그들 자신이었던 것이다. 파농은 이런 흑인들의 가치관을 변혁시키고자 한다. 그 방법은 흑인이라는 존재 자체를 내파하는 일이다. 철저한 자기부정을 통한, 내 안에 존재하는 나르시시즘의 거울을 깨버리는 것, 서구문명에 대한 대타의식적인 '흑인성'의 봉인을 풀어버리는 것, 이것이 파농이 바랐던 혁명이자 운동이었으며 흑인들이 나아갈 길이었다.

루쉰은 잡문雜文「묘비명」에서 말한다. "내가 티끌이 되었을 때 너는 비로소 나의 미소를 볼 것이다." 그리고 파농은 말했다. "그러나, 우리는 반드시 그 극단까지 내려가 보아야 한다." 파농이 극단까지 내려가 본다는 것은 루쉰의 말로 하면 '티끌'이 된다는 의미이다. 이 말은 다름아니라 자신의 현재적 삶에 각인된 나르시시즘과 대타적 흑인성의 족쇄를 철저하게 끊어버려야 한다는 말이다.

『검은 피부, 하얀 가면』에 습윤되어 있는 파농의 모습은 매우 침착하고 날카로운 시선의 소유자이지만, 그는 언제나 인간에 대해 따사로운 광채로 가득한 눈을 가졌다. 그 눈은 이제 진정 "세계에 대한 새로운 판짜기"를 해야만 한다고 말하고 있다.

프란츠 카프카, 「변신」

가족이란 이름의 구속과 폭력

「하나비」를 만든 일본 감독 기타노 다케시는 인터뷰에서 가족에 대해 이렇게 말한 적이 있다. "보는 사람만 없다면 버리고 싶다." 가족을 버리고 싶다고? 이 사람 제정신이 아니군! 하지만 당신은 가족으로부터의 탈출을 꿈꾼 적이 없는지.

적어도 카프카는 벌레로의 변신을 통해 가족과 일상에서 벗어나려고 한다. 그리고 그런 시도를 통해 너무나 익숙해 알지 못하던 많은 것들에 놀란다. 어느 날 아침, 평범한 샐러리맨 그레고르 잠자는 거대한 갑충으로 변해버린 자신을 발견한다. 한 회사원이 아침에 일어나 직장에 가려고 허둥대는 것은 아주 자연스럽다. 그러나 자기의 온몸이 벌레로 변한 대사건이 발생했는데도 오로지 지각만을 걱정한다면? "최근 당신의 업무 성과는 무척 불만족스럽소." 사장의 목소리가 귀에 쟁쟁하다. "제가 벌레가 된 관계로 출근을 할 수가……." 변명은 필요없다. 꿈틀거리며 기어서라도 나가야 한다. 내가 아니면 누가 가족을 지킬 것이며,

가족이 아니면 누가 나를 지키랴! 집이야말로 험한 세상의 폭풍을 막아 주는 안식처다. 모두가 등을 돌려도 가족만은 내 편이다.

그러나 들뢰즈의 말처럼 카프카는 가족이 상업적, 관료적 외부세력으로부터 우리를 보호하기는커녕, "우리에게 닥쳐오는 악마적 세력들이 두들겨 대는 문"처럼 가족 외부에서 만들어진 욕망이 개인에게 스며드는 통로일 뿐이라고 생각했던 듯하다. 물론 이와 다르게 말할 수도 있다. 「변신」의 벌레는 근대 산업 사회에서 소외된 한 개인의 상징이며 그의 죽음은 가족마저 우리를 지켜주기는 역부족임을 증거한다고.

하지만 카프카의 벌레되기란 이런 종류의 통념과는 전혀 다른 것이다. 카프카의 작품에 빈번히 등장하는 갑충이나 원숭이, 개, 쥐 등은 존엄성을 상실한 왜소한 인간의 상징과는 무관하다. 또한 정신분석학의 주장처럼 오이디푸스 콤플렉스에 따라 죄의식을 느끼는 개인의 무의식을 의미하지도 않는다. 말 그대로 그것은 변신에 관한 것이고 "내가 동물이 된다면" 발생하게 될 사태에 관한 것이다.

카프카의 동물이나 벌레는 하찮은 존재가 아니라 인간의 모습으로는 뚫기 힘든 막다른 벽에서 출구를 찾는 존재다. "저는 자유를 원치 않았습니다. 단지 하나의 출구만을 원했습니다." 그래서 변신은 심지어(!) 벌레가 된 주인공에게도 어떤 기쁨을 제공한다. 그런데 이 기쁨을 가로막고 격렬한 거부감을 표시하는 것은 다름 아닌 가족들이다. 어머니는 기절소동을 벌이고 아버지는 아들의 무른 등에 사과를 집어 던진다. 모두가 착실한 아들 대신 남겨진 벌레를 증오하며 그를 유폐시킨다. 이것은 단지 고약한 부모를 가진 불운한 개인의 일화가 아니다. 정해진 궤도를 이탈하려는 당신의 자유로운 발걸음에 가장 먼저 태클을 거는 건 바로 가족이다. "이게 다 너를 위한 거야"라고 하면서. 그 고착된 욕망의 가족그물에 걸려 쓰러지는 것은 아이들만이 아니다. 제대로 된 부모 노릇을 위해 당신은 양심을 팔아 뒷돈 거래를 하고 아파트투기를 일삼는다. 수많은 불의와 냄새나는 욕망이 가족의 거룩한 성찬보로 가려진다.

그래도 당신은 가족, 그 눈물겨운 이름을 떨칠 수가 없을 거다. 물론 한 개인의 삶을 가족이 전적으로 책임지고 부담해야 하는 사회에서 이 절박한 가족애는 개인이 가진 성향의 문제만은 아니다. 그러나 가족을 위해 무엇도 불사하겠다는, 혹은 모두가 부러워할 만한 번듯한 가족만을 꿈꾸는 가족주의의 만연이 바로 가족의 위태로움을 가져온다면? 기백만원 하는 영어유치원에 고급과외, 조기유학까지 가족사랑의 신기루 속을 헤매다 아이가 튕겨나가고 부모가 쓰러지고 가족이 해체된다. 이것이 카프카가 100년 전 예견한 가족주의의 역설이다.

가족에 낯설고 불편한 시선을 던지는 것은 '변신'만이 아니다. 문학은 늘 집을 떠나면서 시작된다. 문학은 영혼의 모험, 언제나 가족적 지평을 너머 낯선 곳을 향하는 실험이다. 물론 집으로 향하는 길이 문학이 될 때도 있다. '오디세이'처럼 돌아가는 데 한 20년쯤의 모험이 필요하다면. 모험 후 도착한 곳이 예전과 완전히 달라진 집이라면. 따라서 그곳에는 또 다시 우리를 바꾸는 세계로의 모험이 있다. 그것이 바로 카프카가 「변신」에서 꿈꾸었던 것 아닐까?

로렌스 스턴, 『트리스트럼 샌디』

자유로운 영혼, 그 끊임없는 멜로디

로렌스 스턴, 세상에서 가장 자유로운 영혼을 지닌 작가. 욕 잘하는(?) 니체가 군더더기 하나 달지 않고 그런 최고의 찬사를 보냈다면 그건 보통 일이 아니다. 니체보다 먼저 똑같은 찬사를 보냈던 괴테는 "스턴을 읽고 나면 나 역시 자유로움을 느낀다"고 말했다. 자유란 참 묘한 것이다. 무심히 지내다가도 자기보다 더 자유로운 영혼을 만나게 되면 그 자유가 탐나서 견딜 수가 없다. 그래서인지 스턴을 읽고 난 사람들은 한결같이 제 자신을 자유롭게 만들지 못해 안달이다. 아마 맑스가 소설을 썼다는 걸 아는 사람은 많지 않을 것이다. 맑스는 『전갈과 팰릭스』라는 익살스러운 소설을 쓴 적이 있는데, 그것을 충동질 했던 작품이 바로 스턴의 『트리스트럼 샌디』였다.

왜 그렇게 많은 사람들이 이 작품에 열광하고 그 자유에 매혹되는 걸까? 답은 책 장을 넘기자마자 경험하는 파격과 쉼없이 이어지는 이야기들에 있다. 주인공 '트리스트럼 샌디'는 "주인공에 관한 모든 비밀을 처음부터 끝까지 알지 못하면 불안해 하는 사람들"을 위해 모든 것을 알려주겠다며, 자기가 어떻게 수태되었는지부터 이야기한다. 그러고는 그것이 호기심에 몸을 달아하는 사람들 때문에 쓴 것이니 관심 없는 사람들은 그냥 건너 뛰라고 말한다. 조금 더 읽다가 보면 책의 맨 앞에 있어야 할 헌정사가 튀어나온다. 주인공 왈, 좀 특이한 책이기는 하지만 이 책을 바치니 받아달란다! 그러다가 등장인물 중 한 명인 요릭 목사가 죽는 이야기가 나오자 애도의 뜻으로 다음 페이지를 완전히 까맣게 칠해 버렸다. 다음엔 또 무슨 일이 벌어질까? 한참을 가면 책의 서문이 기다리고 있고, 그 다음엔 한 글자도 쓰여 있지 않은 텅 빈 장들이 있으며, 작품 끝쯤 가면 트림 상병이 휘두른 지팡이의 자취가 그려져 있다.

무슨 이런 책이 있을까? 하지만 작가에게 책임을 물을 생각은 않는 게 좋다. 스턴은 이미 '쓰는 작가, 읽는 독자'라는 전통적 도식을 붕괴시킨 지 오래다. 중간 중간에 이야기가 좀 이상하게 전개된다 싶으면 작가에게 시비 거는 독자도 등장한다. 주인공이 자기 어머니는 가톨릭 교도가 아니었음을 밝혔지 않냐고 하자 갑자기 한 부인이 등장해서 그런 말을 한 적이 없다며 작가에게 따진다. 그러자 작가는 독자에게 그런 말을 분명히 했으며 기억 못한다면 그 벌로 그 문장이 끝나는 즉시 앞으로 가 다시 읽으라고 야단친다. 어떤 곳에선 독자에게 백지 한 장을 주며 자기가 알고 있는 가장 아름다운 여인의 모습을 그리라고 말한다. 그 얼굴이 작가 자신이 지금 설명하고 있는 여인의 모습이라며.

우리는 보통 책을 읽을 때 제목을 아주 중요하게 생각한다. 하지만 스턴은 생각이 다르다. 트리스트럼 샌디의 삶과 견해? 그런 걸 물었다 가는 긴 코 이야기, 모자 이야기, 단추 구멍 이야기, 구렛나루 이야기, 보헤미아 왕과 일곱 성 이야기 등 해주고 싶은 이야기가 얼마나 많은데 제목 같은 것에 신경 쓰고 있냐고 되레 야단만 맞을 것 같다. 제목만이 아니다. 책이 어떻게 시작했는지, 어떻게 끝났는지에도 관심 갖지 마시라. 서론과 결론? 샌디가 수태되는 이야기가 시작이고, 토비 삼촌의 사랑을 다루다 엉뚱하게 튀어나온 황소 이야기가 끝이지만, 그것들은 이 책의 기원도 목적도 아니다. 마치 악보의 여러 음표들이 첫 음표나 끝 음표를 위해 존재하는 게 아니듯이, 작품 속 이야기들도 각자 제 자리에서 자기 소리를 내고 있을 뿐이다. 독자들은 그냥 편하게 멜로디를 흥얼거리고 박자를 맞추면서 중간중간에 등장하는 변주들을 즐기면 되는 것이다. 완결된 이야기가 아니면 안 된다는 강박증으로부터도 벗어나라.

  니체의 찬사로 시작했으니 니체가 얻은 깨달음으로 맺어볼까 한다. "위대한 작품이란 완결된 멜로디를 구사하는 게 아니라 끊임없는 멜로디를 구사하는 것이다."

니체, 『반시대적 고찰』

시대를 거스르는 삶의 속도

중국 어느 길거리에서 이광수가 초라한 행색의 망명객 신채호와 마주쳤다. 당시 총독부 기관지에 가명으로 기고하던 이광수로서는 그 만남이 꽤나 부담스러웠던 모양이다. 다행히 신채호는 그와 관련된 소문을 믿지 않았다. 당신이 그런 글을 썼을 리 없다며 이광수를 위로했다. 이광수는 뒷날, 그 순간 등골에서 땀이 흘렀노라 술회한다.

  신채호의 강직함은 남달랐다. 서서 세수를 했다는 일화도 있다. 총독부를 향해 허리를 굽히지 않겠다는 뜻을 다소 과장한 것이리라. 훗날 역사가들은 그런 신채호를 민족주의 안에 가둬 두려고 했으나, 그러기에는 그 궤짝이 턱없이 낡고 비좁아 보인다. 신채호가 지닌 삶의 속도가 너무도 빨랐기 때문이다.

  1920년대, 어쩌면 그보다 일찍, 신채호는 더이상 민족주의자가 아니었다. 한때 성균관 출신의 유학자였던 그가 이번에는 '민중의 직접 혁명'을 외치는 아나키스트가 된 것이다. 그는 자신의 아들뻘 되는 세대들

4. 한 시대의 철책을 뛰어넘은 광인과의 만남 **261**

과 어깨 거는 것을 마다하지 않았다.

'민족'이 아니라 '민중'이, '자치'가 아니라 '혁명'이 그의 슬로건이었다. 그렇게 해서 나온 것이 "강도 일본의 통치를 타도하자"는 '조선혁명선언'(1923)이다. 시대의 흐름을 좇아 섬약한 내면 따위나 숭상하며 근대의 아들이 되려는 문학 청년들을, 신채호는 좀처럼 용납할 수 없었다. 그것은 노예가 되는 길이었다. '천재' 이광수가 근대의 교양과 지식에 찌들어 어떤 길을 걸었는지, 우리는 잘 알고 있다. 글깨나 한다 하는 조선의 청년들이 너나없이 문학과 예술에 코를 박고 엎어졌을 때, 그럴 바에야 차라리 거꾸로 서서 죽겠다는 것이 신채호의 신념이었다.

삶이 지식을 지배할 것인가, 아니면 지식이 삶을 지배할 것인가? 프리드리히 니체는 자신의 청년기 저작 『반시대적 고찰』에서 인간은 사는 것을 먼저 배워야 한다고 대답한다. 삶은 밑바닥에서 끊임없이 배우고 혹독하게 훈련받아야 한다는 것이다. 지식이 삶을 외면할 때, 그것은 삶을 억누를 것이라고도 말한다. "오만한 19세기의 유럽인이여, 그대는 미쳤다! 그대의 지식은 자연을 완성시키기는커녕, 그대 자신을 죽였을 뿐이다."

니체는 교양과 상식의 이름으로 청년이 길들여지는 것에 격분했다. 교육은 궁극적으로 훈련과 강요의 체계라는 것이다. 점점 비대해지는 과거는 현재의 삶을 짓누르고 젊은 혼을 질식시킬 것이다. 생명이 없는 교훈, 활기를 갉아먹는 지식의 잡동사니가 청년들을 백발의 노인으로 만들 것이기 때문이다. 이러한 시대의 채찍질을 니체는 역사의 과잉이라 불렀다. 그렇게 우리가 삶에서 퇴각할 때, 야릇한 긍지와 함께 내면성에 대한 숭배가 시작된다. 니체가 이른바 시대의 질병이라 불렀던 근대인의 내면.

한때 신채호는 역사에 모든 희망을 걸고 영예로운 과거에 매달렸다. 제국의 폭력과 맞설 영웅들을 낡은 기억 속에서 불러내기 위해 애쓰던 시절도 있었다. 그러나 그 순간조차 신채호는 철저하게 자기를 파괴하고 새로운 미래를 건축하려는 충동을 숨긴 적이 없다. 왕조의 역사를 '노예의 기억'이라 부정하는 용기를 갖고 있었으며, 시간의 흐름에 굴복하지 않는 강함에 대한 신념도 지니고 있었다.

역사 속의 영웅을 부를 때조차 그는 과거로 도망치는 것이 아니라 누구도 따를 수 없는 맹렬한 속도로 현재를 살아냈다. 신채호 자신이 스스로를 부정하고 새로운 존재로 거듭나기를 멈추지 않았다. 니체가 말하는 바, 과거의 짐을 덜어내고 망각하는 법을 신채호 자신이 알고 있었던 것이다. 차라리 괴물이 되겠다고 했다. 청년들이 혁명의 칼을 던지고 문예의 붓을 잡을 때, 그들이 한없이 좁은 내면의 웅덩이에서 허덕이며 시대의 후예임을 자처할 때, 그는 조금도 주저함 없이 "바로 그것이 노예"라 했다.

그는 시대를 거스르는 투사였다. 협착한 시대의 흐름으로는 좀처럼 측정할 수 없는, 그래서 절대 제로의 강렬함을 유지했던 그의 삶. 그는 진정 강한 것이 무엇인지 알고 있었다. 여기 청년 니체가 있다. 청년 신채호가 있다.

콘스탄틴 모출스키, 『도스토예프스키』

페테르부르크,
그 숨막히는 도시의 '잔인한 천재'

도스토예프스키의 이름을 떠올리는 것만으로도 나는 설렌다. 뚜렷한 이유는 물론 없다. 누구를 좋아하고 싫어하는 데 무슨 까닭을 구구절절이 설명하는 것만큼 성가신 게 없다. 그래도 굳이 묻는다면 나는 이렇게 대답할 수밖에 없다. "그는 나의 병을 대신 앓아 준 사람이기 때문이다"라고. 해서 나는 그의 소설전집이 나오기까지 많은 시간을 애태웠다. 몇날 밤 '예쁘게' 장정된 그의 전집을 쓰다듬으며 19세기 중후반 러시아를 꿈꾸었다. 그리고 읽기 시작했다. 시내버스를 타고 종점에서 회차지점까지 몇 번을 오락가락 하다보면 『가난한 사람들』과 『여주인』과 『노름꾼』과 『상처받은 사람들』과 『백치』와 『미성년』과 『죄와 벌』과 『까라마조프씨네 형제들』 등등이 하나씩 나의 지치고 병든, 나태하고 찌든 나의 내면을 헤집고 갔다. 그렇게 2000년이 갔다. 회색 도시 서울에서 도스토예프스키와 함께 나는 그가 헤매며 돌아다녔던 페테르부르크를 꿈꾸었다. 그렇게 시간이 또 흘렀다…….

젊은 시절의 도스토예프스키와 함께 같은 아파트에서 생활했던 의사 리젠캄프는 그의 모습을 이렇게 묘사하고 있다. "그는 밝은 금발, 상당히 펑퍼짐한 얼굴에다 코가 약간 들쳐진 인물이었다. 밤색에 가까운 밝은 금발의 머리를 짧게 깎았고, 솟은 이마와 숱이 적은 눈썹 밑에는 조그맣고 움푹 팬 눈이 숨겨져 있었다. 주근깨 투성이의 두 뺨은 창백했다. 안색은 병자와 같았고 흙빛이었으며 입술은 두툼했다. 그는 단정한 모습의 자기 형보다 활동적이었으며 열정적이었다……. 그는 시를 정열적으로 사랑했으나 오직 산문만 썼다. 형식을 가다듬을 만한 인내심이 없었기 때문이다. 그의 머릿속에서는 소용돌이의 물보라처럼 많은 생각들이 떠올랐다"라고. 내면에서 꿈틀대는 창조의 힘을 감당하지 못해 몸부림치는 그의 모습이 손에 잡힐 듯하다. 그래서 이렇게 말했으리라. "자신의 내부에 무궁무진한 힘이 있는 것을 알면서도, 자신의 본성에 거짓되고 위배되는 어떤 현실 속에서…… 다시 말해 거인이 아니라 난쟁이 같은, 어른이 아니라 코흘리개 아이에게나 어울리는 생활 속에서 그 힘들이 상실될 때, 그 사람의 인생은 얼마나 슬픈지요!"

끝없이 투덜거리기만 하며 '난쟁이'로 살아가고 있는 나의 모습을 향한 질타라 아니할 수 없다. 그는 엄청난 지적 호기심에 목말라 한다. 호메로스, 발자크, E. T. 호프만 등등이 고독한 그의 동반자였다. 그리고 그는 '현실보다 환상적인 것은 없다'고 선언하며 러시아 현실에서 산문을 본다. 잿빛 도시 페테르부르크에서. 하기야 그는 『미성년』에서

표도르 미하일로비치 도스토예프스키(Fyodor Mikhailovich Dostoevskii)

"지금 너희들이 누리고 있는 삶은 결코 정상이 아니다. 제도와 자본에 의해 길들여진 노예의 삶이다. 비정상적인 삶을 추구하라. 네 영혼의 외침을 모른 체하지 마라."

였던가, 페테르부르크를 산문과도 같은 도시라 말하고 있다. 그는 산문 즉 소설을 빌려 고골리와 푸쉬킨을 다시 읽고 다시 쓴다. 그 도시 페테르부르크의 관과도 같은, 선실과도 같은 골방에서. 이 책의 초반에 인용되어 있는 '네바강에 비친 자신의 환상'에 관한 기록의 일부를 보자. "강자이든 약자이든 간에 모든 거주민들을 포용하는, 거지의 피난처이건 금빛 궁전이건 간에 모든 것을 아우르는, 이 세계는 결국 이 황혼의 시간에 환상적이고 매혹적인 환상, 검푸른 하늘로 당장 수증기처럼 사라져 버릴 하나의 미망과도 같았다."

누가 이 사실을 모르겠는가마는 그 '미망'을 처절하게 추궁함으로써 인간과 세계의 이중성을 파헤치기란 결코 쉬운 일이 아니다. 도스토예프스키는 '산문적인 존재들'을 빌려 이를 그려낸다. 탁월하다느니 놀랍다느니 하는 감탄사가 오히려 쑥스럽다. 그야말로 저주받은 악마의 영혼을 지니지 않은 인간이라면 결코 도달할 수 없는 경지란 이를 두고 말함이 아니겠는가. 그는 악마였다. 그는 죽음을 빠져 나와 도박과 간질병 그리고 신경쇠약증과 내내 더불어 살았다. '정상적인' 사회에서는 도저히 용납될 수 없는 그런 삶을 살지 않고서는 우려낼 수 없는 자유로운 영혼의 모습이, 귀기鬼氣를 내뿜는 그의 작품이 하나씩 되살아 온다. 그리고 이렇게 말한다. "지금 너희들이 누리고 있는 삶은 결코 정상이 아니다. 제도와 자본에 의해 길들여진 노예의 삶이다. 비정상적인 삶을 추구하라. 너의 영혼의 외침을 모른 체하지 마라."

아무래도 무리일 듯싶다. 지극히 정상적인 삶은 사는 내가 그의 마성魔性을 수용하는 것은. 더구나 그의 삶의 행적을 한두 마디로 잘라 말하기란 얼마나 무모한가. 하나만 더 말하기로 하자. 콘스탄틴 모출스키의 이 책과 도스토예프스키 소설전집을 함께 놓고 읽어보기를 권한다. 이 책은 도스토예프스키의 전기적 행적과 작품이 긴밀하게 직조하고 있다. 모출스키는 그의 작품은 그의 삶과 떼어놓을 수 없다는 것을 누누이 강조한다. 전기와 작품을 나란히 읽을 때 작품 속은 수많은 인물들이 도스토예프스키의 모습과 겹쳐 되살아 올 것이다. 적어도 나에겐 그러했다. 적어도 나에게 도스토예프스키는 그리스도의 모습을 한 근대의 예언자이자 수도승이다. 이렇게밖에 말할 수 없다. "제발 도스토예프스키의 말 좀 들어보십시오. 그리하면 지금 우리의 모습이 얼마나 추레한지를 알 수 있을 테니까요."

콘스탄틴 모출스키는 도스토예프스키의 다음과 같은 발언을 빌려 자신의 사상을 기독교의 역사로 증명했다고 말한다. "이야기가 나온 김에 말인데, 고대 기독교회는 무엇이었습니까? 그리고 그것이 추구하던 바는 무엇이었는지 생각나십니까? 그것은 그리스도 직후에 발생했습니다. 모두 헤아려도 몇 사람밖에 되지 않았지만, 그들은 그리스도 사망 후 며칠도 지나지 않아, 개인의 자기 완성 원칙에 따라 도덕적 희망에 전적으로 기초하고 있는 '시민적 형식'을 찾으려고 노력했습니다. 기독교 교회 공동체가 시작되었고, 곧 새롭고 듣지도 못한 민족성이 형성되기 시작했습니다. 그것은 완전히 형제애적이고 인류보편적이며 세계교회적인 형태를 취합니다." 저주받은 영혼 도스토예프스키가 꿈꾸었던 세상은 바로 이것을 두고 말함이리라. 그것은 영영 꿈일까. 막연한 꿈이라고 한다면 대심문관인 그는 우리에게 무슨 말을 할까. 아마 이렇게 일갈하리라. 꿈이야말로 새로운 세계를 향한 정신의 혁명을 추동하는 원동력이라고. 이제 우리는 도스토예프스키를 빌려 니체와 프로이트를 다시 만날 수 있다.

김상환, 『풍자와 해탈 혹은 사랑과 죽음—김수영론』

김수영, 그 아득한 여백을
다시 채울 수 있을까

두 시간도 넘게 그 책을 찾았다. 분명히 있었는데, 몇 번씩 밑줄을 그어가며 행 옆에 혹은 행 밑에 물음표를 몇 개씩 찍어가며 읽었던 그 책이 어딘가 있어야 하는데, 없다. 경험해 본 사람은 알리라, 손때 묻은 책이 눈에 들어오지 않고 숨어버렸을 때 엄습해 오는 불안과 초조 그리고 그 황망함을. 요즘 들어선 책 몇 권쯤이야 있어도 그만 없어도 그만이라는 생각에 잠깐 뒤지다가 그만 두는 일이 흔해지긴 했다. 그래도 이건 아니다. 하지만 어찌하겠는가, 내게서 김수영은 이미 과거의 희미한 흔적이 되고 말았다는 것을 두 권짜리 김수영 전집의 부재가 웅변해 주고 있으니. 불법으로 증축한 옥탑의 내 공부방 어디선가 인내심을 갖고 나를 지켜보던 그의 시들과 산문들이 끝없이 이어질 듯한 나의 무관심과 게으름을 알아차리고 스스로 이 방을 떠난 게 틀림없다. 떠나면서 무슨 말을 남겼을까, 뒤돌아보기나 했을까?

고속버스 터미널 근처에 새로 생긴 휘황찬란한 대형서점에서 그의 '기침과 침'咳唾을 다시 만났을 때, 어색하고 낯설기만 해 참으로 곤혹스러웠다. 활자는 눈에 익숙한데 여백이 너무 넓어 보인다. 다시 이 여백을 채워 넣을 수 있을까? 혹시 이 여백을 채워 넣기에는 일상에 너무나 익숙해진 것은 아닐까? 아니라고 얘기하고 싶건만, 뒤돌아보는 순간 자신이 없다. 가끔 들르는 낚지집에 혼자 앉아 소주를 두 병째 들이키고 난 다음에야 풀죽은 30대는 간신히 사그라들던 '오기'를 추스릴 수 있었다. 그리고 이틀을 꼬박 김수영과 얘기했다. 처음엔 외계인과 통신이라도 하는 듯 낯설기만 하더니, 기억이 조금씩 비집고 들면서 심장 뛰는 소리가 조금씩 들리기 시작했다. 「방안에서 익어가는 설움」이 이러했으리라. '설움을 逆流하는 야릇한 것만을 구태여 찾아서 헤매는 것은 / 우둔한 일인 줄 알면서 / 그것이 나의 생활이며 생명이며 정신이며 시대이며 밑바닥이라는 것을 믿었기 때문에— / 아아 그러나 지금 이 방안에는 / 오직 시간만이 있지 않느냐'.

누군가는 병적이라고 말하지만, 김수영의 시를 보고 난 다음에야 조금은 덜 미안한 마음으로 철학자 김상환이 쓴 『풍자와 해탈 혹은 사랑과 죽음—김수영론』을 읽을 수 있다. 김상환도 그렇지만, 김수영 시에 대한 견해는 사람에 따라 얼마든지 다를 수 있다. 그리고 내가 생각하기엔 이해와 해석이 다양한 아니 혼란스럽기까지 한 시야말로 시정신의 치열함을 보여주는 증좌이다. 좋은 예술이란, 니체식으로 말하자면, 질서를 거부하고 혼돈을 조장해야 한다(조금 다른 맥락이긴 하지만 김수영이

'시는 무한대의 혼돈에의 접근'이라고 한 말을 기억하라). 그리해야 '춤추는 별'을 꿈꿀 수 있다. 춤추는 별, 역동적인 사유가 출렁이는 대지에서의 삶을 향한 꿈! 곳곳에서 우리의 삶을 옭아매고 있는 자본과 권력의 미늘을 제거하기 위한 몸부림 — 그것은 바로 시를, 김수영의 해타를 훑는 행위가 아닌가. 그러하다면 김수영의 시를 읽는 일이란 참으로 '굴욕'이 아닐 수 없다. 그러나 이 '굴욕'은 '춤추는 별'을 낳기 위해 스스럼없이 벌거벗는 자의 그것이어서 통상적인 의미에서의 굴욕과는 그 성격이 확연히 다르다. 굴욕을 거부하기 위해 굴욕을 선택하는 것, 이는 역설이라고까지 말할 것도 못 된다.

김상환의 독법을 추인하거나 폄하할 생각이 없는 것도 그런 이유에서이다. 식민지인으로 남기를 암묵리에 소망하는 자가 허다한 상황에서, 프랑스에서 데카르트를 공부한 사람이 김수영의 시를 쉼없이 읽었다는 것, 그것만으로도 저자의 김수영 시에 대한 생각은 소중하다. 지금 우리의 현실과 삶에 대한 그의 생각과 반성이 김수영을 매개로 하여 치열하게 진행되어 왔다는 것을 나는 어렵지 않게 발견하기 때문이다. 역사와 현실로부터 자유롭지 않다는 것을 자각하고 역사와 현실의 이면을 들여다 볼 수 있는 '용기'를 지닌 자만이 김수영의 시를 '훑을 수' 있을 것이라고 생각하는 것은 나의 오만 때문일까. 김상환의 말을 들어보자. "적어도 '자칭 예술파 시인들'을 경멸했던 김수영에게 시는 역사적 현실의 조형으로서, 따라서 정치학으로서 기능해야 했다. 시적 정치학 또는 도시학으로서의 작시는 역사적 현실이 분열과 모순을 겪을수록, 그래서 어떤 문화적 정체성을 상실할수록 자신의 본래적 과제를 재기억해야 했다. 또한 현실로 다가서는 방법을, 그 현실을 건축하는 공법을 생각해야 했다. 김수영은 그것을 다리 위에서 생각했다. 왜 하필 다리 위에서인가? 그것은 여전히 역사적 현실의 파편화와 단절에 대한 인식 때문이다."

다시 읽는 김수영 시의 여백을, 그 아득한 빈칸을 메울 수 있을는지 의문이다. 그것은 나의 삶에 대한 성찰을 필요로 하는 '작업'이기 때문이다. '헌 기계는 가게로 가게에 있던 기계는 / 옆에 새로 난 쌀 가게로 타락해 가고 / 어제는 카시미롱이 든 새 이불이 / 어젯밤에는 새 책이 / 오늘 오후에는 새 라디오가 승격해 들어왔다'(「金星라디오」 부분)는 김수영의 발언을 지금 나는 어떻게 들어야 하는가. 수많은 '새것'들이 밀려드는 통에 정신을 못 차리고 새것으로 새것으로 매진할 때 우리에게 남을 그 가공할 삶의 진공을, 그 지독한 공허를 모면하려면 나는 김수영 시의 여백을 다시 메우기 시작해야 하리라. 나도 모르는 새에 도망쳐 버린, 오래 전에 보았던 김수영에게 아니 나의 젊은 시절에 조금이라도 덜 미안해 하기 위해. 이렇게 생각하면 『풍자와 해탈 혹은 사랑과 죽음─김수영론』은 김수영을 피해 다닌 나를 다시금 붙들어 세워 그 이유를 추궁한 심문자였던 셈이다. 지극히 온당한!

서동욱, 『차이와 타자』

들뢰즈의 꿈
혹은 비표상적 사유를 향한 모험

들뢰즈와 가타리는 이미 많은 사람들이 '별 어려움 없이' 얘기하는 사상가에 속한다. 예컨대 『니체와 철학』『프루스트와 기호들』『스피노자의 철학』『앙띠 오이디푸스』『칸트의 비판철학』『베르그송주의』『의미의 논리』『매저키즘』『철학이란 무엇인가』『감각의 논리』『영화1』『소수집단의 문학을 위하여: 카프카론』『푸코』『대담』 등 들뢰즈/가타리의 저작이 상당 부분 번역되었다는 것만 보아도 그 관심도를 대략이나마 짐작할 수 있다. 이 정도라면, 내가 아는 한, 최근 들어 이렇게 집중적으로 소개되고 있는 사상가를 찾아보기가 결코 쉽지 않다. 그렇다고 한다면 '21세기는 들뢰즈의 세기가 될 것'이라는 푸코의 말이 적어도 21세기 문턱에 들어선 한국에서는 현실화한 것으로 보아 큰 잘못이 아닐 터이다. 그렇다면 왜 들뢰즈인가, 왜 들뢰즈가 이토록 강력한 영향력을 행사하기에 이른 것인가? '들뢰즈 현상' 또한 말 그대로 한바탕 신드롬 또는 붐으로 끝나고 말 것인가, 아니면 한국 인문학의 사유를 더욱 풍성하게 할 자양분으로 자리잡을 것인가?

 한 사상가의 전모를 그려볼 수 있으려면 그가 구사하는 개념을 정확하게 파악하는 것이 필수적이다. 그래서 전문적인 연구자가 아니라면, 그 사상가의 저술과 입문서를 나란히 놓고 읽어가는 게 상례이다. 들뢰즈 또한 마찬가지여서 그가 아무리 매력적이라 하더라도 그가 구사하는 개념어들이나 용어에 대한 검토 없이 그의 생각을 되새기다가는 낭패를 보기가 일쑤이다(적어도 나의 경우는 그러했다). '현대철학과 비표상적 사유의 모험'이라는 부제가 붙은 서동욱의 『차이와 타자』를 읽으면서 그런 생각은 더욱 절실해진다. 물론 서동욱 이전에도 마이클 하트의 『들뢰즈의 철학 사상』이나 로널드 보그의 『들뢰즈와 가타리』와 같은 '괜찮은' 입문서가 있었다. 그리고 이정우의 일련의 강의 노트, 즉 『시뮬라크르의 시대』 『삶·죽음·운명』 『접힘과 펼쳐짐』 등도 들뢰즈 사상의 뿌리와 맹아 그리고 줄기를 파악하는 데 많은 도움을 준다. 특히 이정우의 책들은 들뢰즈를 매개항으로 하여 동양과 서양의 철학이 어떻게 만날 수 있는지에 관해 적지 않은 힌트를 제공한다.

 그런데 『차이와 타자』가 지닌 강점은 무엇보다 들뢰즈의 사상을 구성하는 개념을 면밀하게 그리고 '어렵지 않게' 풀어낸다는 데 있다. '어렵지 않다'는 데 주목하기 바란다! 많은 소개서나 입문서들이 '원저보다 더 어려운' 예를 심심찮게 보아온 터인지라 이 책을 잡고서도 반신반의한 게 사실이다. 그러나 나의 의심은 참으로 보기 좋게 빗나갔다. 개넘들에 대한 꼼꼼한 해설과 상세한 각주(각주가 저자의 성실성을 드러내는 소중한 글쓰기 공간일 수 있다는 것을 확인하는 재미도 만만치 않다), 그리고 들뢰즈 사유의 방법론에 대한 탐색과 그의 전후좌우에 배치되어 있는 다른 사상가——플라톤, 칸트, 니체, 스피노자, 라이프니츠, 프루스트, 프로이트, 사르트르, 레비나스, 바르트——들과의 관련성 파악 등은 이 책을 읽는 재미를 배가한다. 그 내적 연관성을 따져가면서 읽노라면 『차이와 타자』는 어느새 한 편의 드라마 또는 조각맞추기 퍼즐처럼 여겨진다. 하기야 사상사란 시공간을 넘나들며 물고 물리는, 쫓고 쫓기는, 내부로 파고들어 전복을 꿈꾸는, 그리하여 기존의 사유 패턴에 상처를 입히고 자신마저도 상처를 입는, 그런 드라마가 아닐까.

다시, 앞에서 제기한 문제로 돌아가 보자. 왜 들뢰즈인가? 들뢰즈 철학의 핵심은 주체성에 대한 비판, 고쳐 말해 데카르트에서 칸트로 이어지는 주체성의 확립에 근거를 둔 표상적 사유에 대한 비판이다. 근대 철학의 존재론과 인식론에 있어 핵심이라 할 수 있는 주체성의 원리를 내파함으로써 역사적 체제로서의 근대가 초래한 비인간화 논리를 공략하기 위한 기획, 이것이 들뢰즈 사상을 가로지르는 핵심이라 할 수 있다. '주체성이 부재하는 카오스'를 꿈꾸는 것, 주체를 일의적인 것으로 규정함으로써 또는 '미리 전제된 자아'를 설정함으로써 인간의 자유를 무차별적으로 억압해 온 사유의 근거를 폭파하는 것, 그리하여 차이를 인정하고 타자를 통해 또 다른 '수많은 나'를 발견하는 일, 이를 두고 나는 들뢰즈의 꿈이라 명명하고자 한다. 서동욱은 들뢰즈의 『니체와 철

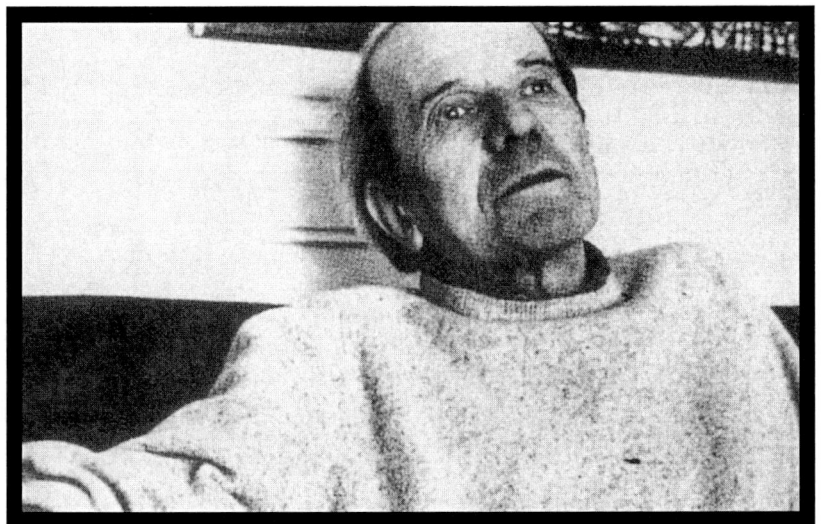
질 들뢰즈(Gilles Deleuze)

삶이란…… 주체성이 부재하는 카오스를 꿈꾸는 것,
주체를 일의적인 것으로 규정함으로써 인간의 자유를
무차별적으로 억압해 온 사유의 근거를 폭파하는 것,
그리하여 차이를 인정하고 타자를 통해 또 다른
'수많은 나'를 발견하는 일.

학』을 빌려 이렇게 말한다. "사유하는 것은 삶의 새로운 가능성들을 발견하는 것, 발명하는 것을 의미한다. 이런 의미에서 사유란 '창조'이다. 인식은 창조이다"라고. 따라서 미리 주어진 무엇 또는 어떤 독단적이고 임의적인 공리(억압)들이 개입할 여지는 없다. 법칙과 가치는 보호되는 것이 아니라 다시 '지속적으로' 창조되는 것이다. 그러므로 니체와 들뢰즈가 사용하는 문화란 언제나 '생성' 가운데 있는 동적인 사건일 수밖에 없다! 내가 보기엔, 바로 이런 점 때문에 지금 우리는 들뢰즈를 읽어야 한다. 『차이와 타자』는 그런 들뢰즈의 진면목을 이해하는 데 친절하고도 진지한 안내자 역할을 할 것이다.

새러 시먼스, 『고야』 / 박홍규, 『야만의 시대를 그린 화가, 고야』 / 프란시스코 데 고야, 『고야, 영혼의 거울』

금기와 복제를 거부하는
불온한 상상력—광기

김수영은 그의 시, 「바뀌어진 지평선」에서 서정시의 죽음을 선언한다. "타락한 오늘을 위하여서는 / 내가 〈오늘〉보다 더 깊이 떨어져야 할 것이다 …… 솔직한 고백을 싫어하는 / 뮤우즈여 / 투기와 경쟁과 살인과 간음과 사기에 대하여서는 / 너에게 얘기하지 않으리라 …… 이 어지러운 세상을 살아가기 위하여 / 나에게는 약간의 경박성이 필요하다 …… 시인이 시의 뒤를 따라가기에는 싫증이 났단다". 민족국가를 세계지도에서 발견하며, 자본이 우리를 행동하게 한 이후, 예술이 최소한의 진정성을 획득하기 위해서는 '미'를 버리고 더러운 근대의 삶과 대면해야 했다. 자본과 국가가 자리잡은 1960년대, 김수영은 서정시와 결별하고 "더러운 전통"을 '보고' 한다. "곰보, 애꾸, 애 못 낳는 여자, 무식쟁이, 이 모든 무수한 반동"의 역사, 변방이고 더럽고 추하기에 오히려 권력의 중력을 끊어낼 수 있는 어둠을 더러운 언어로 끌어안는다. 산업

혁명, 프랑스혁명, 스페인내전 속에서 고야는 고전적 미와 결별하고, 근대를 열어 젖힌 이성이 삶에 가한 폭력을 '보고'한다. 김수영이 1960년대의 한국을 살기 위해 '요만한 우울과 경박'이 필요했듯이, 고야가 18세기의 스페인을 살기 위해서는 '근대의 광기와 잔인함'을 그리는 게 필요했다.『고야』를 통해 고야가 독창적으로 구축한 근대의 이면을 탐사해보자. 2002년, 고야는 아직도 이성의 야만적인 검열 속에 사는 우리에게 질문한다. 왜 유럽이 아닌 스페인이며 이성이 아닌 광기인가?

'근대의 변방'에서, 모방된 근대이성의 잔혹함은 더욱 기형적으로 자행되었다. 계몽군주는 가장 비합리적인 '합리성'이란 거울로 세상을 구획했다. 스페인은 인구증가와 실업, 범죄에 시달렸고 "온갖 악덕—위선, 거짓, 잔혹, 도덕적 타락—으로 가득찬" 상태였다. 고야 또한 자신의 시대를 본다. 그러나 고야의 거울은 근대이성만 복제하는 나르시시스트의 거울이 아니다. 굴절되고 깨지고 중심을 잃었으며 빛이 아닌 어둠을 비춘다. 고야는 '근대의 빛'과 등을 맞댄 '근대의 암흑', 날 것 그대로의 현실을 포착함으로써 근대의 핵심에 도달했다. 물론 고야는 귀족들의 초상화를 그려주며 부유하게 살았다. 그러나 위엄있고 고상한 듯한 초상화를 자세히 살펴보면, 배경은 음습한 공기로 가득하고, 초상은 지나치게 뚱뚱하거나 난쟁이처럼 묘사되어 위엄을 떨어뜨린다. 온갖 불안과 허무가, 탐나는 옷과 장식으로 꾸민 귀족의 초상을 질식시킨다.

『고야, 영혼의 거울』에는 1799년 출간된 판화집 『변덕』*Los Caprichos* 전체가 실려 있어 반갑다. 『변덕』의 애쿼틴트 기법은 거친 듯하면서도 섬세하게, 얼굴의 음영과 주름까지 노골적으로 드러낸다. 괴물들은 어둠 속에서 어슴푸레 눈을 빛내고, 남자는 안경으로 그녀를 관찰하지만, 「그러한들 그녀의 마음을 알 수 있을까」? 이성의 상징인 안경은 웃음거리일 뿐이다. 귀족들은 「티끌」처럼 많은 군중 위에 군림하지만 우스꽝스러운 포즈로 가난한 사람들 등에 업힌 꼴이다. 빈민층은 가난과 미신에 휘둘린다. 사형수의 몸에 아픈 곳을 대면 병이 낫는다는 미신을 믿고 자신의 젖가슴을 시체에 갖다대는 유방암에 걸린 여인. 코를 틀어막고 부패한 시체의 이를 뽑는, 스스로 농락하지만 거부할 수 없는 그로테스크한 가난. 「즐거운 여행을」처럼 아무렇지도 않은 듯 제목 붙여진 그림들은 절규조차 어리석어 보이는 동공풀린 공포로 가득하다. 끔찍한 이 현실에 우리도 발을 뺄 수 없을 만치 깊이 빠져 있다는 자각을 고통스럽게 불러일으킨다. 그리하여 「이성의 꿈은 괴물을 낳는다」. 괴물은 이성이 잠들었기에 등장하는 게 아니라, 이성이 꿈을 꾸고 잠재력을 맘껏 발휘할 때 등장한다. 고야는 타락한 이성의 꿈으로 들어가 감춰진 심장부를 찌른다. 폭발하는 광기, 잔인, 성적학대, 온갖 사기와 거짓 유행. 야만을 비추는 이성의 거울은 없다. 이성과 그 이성의 중심을 차지한 야만이 있을 뿐.

근대이성은 결국 '전쟁'이란 괴물을 부른다. 1807년, 나폴레옹은 스페인 침공을 명령한다. 「1808년 5월 2일」, 민중봉기가 마드리드에서 발생한다. 「1808년 5월 3일」, 반란의 가담자들은 처형된다. 이 두 작품은 총으로 단장한 '이성의 폭력'을 기록한다. 『야만의 시대를 그린 화

프란시스코 고야(Francisco Goya), 「이성의 꿈은 피물을 낳는다」, 1797~98년

고야는 타락한 이성의 꿈으로 들어가 감춰진 심장부를 찌른다. 폭발하는 광기, 잔인, 성적 학대, 온갖 사기와 거짓 유행. 야만을 비추는 이성의 거울은 없다. 이성과 그 이성의 중심을 차지한 야만이 있을 뿐.

가, 고야」는 「전쟁의 참화」를 잘 보여준다. 고야는 전쟁영웅이나 역사적 승리를 그리는 대신, 비판적인 제목을 붙여 전쟁의 잔혹함을 그렸다. 판화 제목은 그 참상 그대로다. 「이제 곧 닥쳐올 사태에 대한 슬픈 예감」을 지닌 남자는 「차마 보고 있을 수가 없다」고 울부짖으며 아내의 강간을 목격하고, 「이러자고 태어났는가?」, 「이 이상 무엇을 할 수 있는가」, 「이리하여 구원은 없다」 개탄해봐도 곧 학살당하고, 「시체에 대해 이 무슨 만용인가」 절규해도 머리와 팔이 잘리고 발가벗겨진 채 나무에 주렁주렁 매달린다. 안개처럼 불분명하지만 일상을 마음대로 포획하는 「거인」, 근대의 폭력이다.

그렇다면 고야는 프랑스에 대항한 시민을 그린 민족주의자였을까, 가난한 사람들을 그린 민중주의자였을까? 고야는 모든 규정을 초월한다. 불온한 상상력을 자극하는 광기의 세계! 시대가 지어준 무거운 의무로서의 광기가 아니라, 어떤 시대 어떤 공간에서건, 잠입하는 억압을 감지하고 조롱하고 박차고 나올 수 있는 광기의 강렬함! 근대의 타락, 그 표면을 그린다. 따라서 고야의 그림에는 프랑스군의 학살뿐 아니라 서민의 천진한 잔인성도 드러난다. 사람들은 늪에 빠지면서도 「결투」를 멈추지 않고, 죽고 죽이고 속고 속인다. 「어리석음」은 환상과 현실의 경계, 가해자와 피해자의 경계가 명확치 않다. 고야는 이성에서 야만을, 현실에서 환상을, 민족주의와 민중주의의 경계에서 '인간 본성의 광기'를 본다. 모든 금기가 풀리는 카니발처럼 이성의 화장 뒤편에서 악마와 마녀와 거인의 음모와 지배가 폭발한다. 고야는 우리의 불온한 상상력을 자극해 아무도 보지 못한 광기의 세계를 끊임없이 불러낸다. 선악을 넘어선 자리, 이성과 야만이 함께 붙어 모의하고 현실과 환상이 함께 일을 꾸미는, 그 자리에 고야가 있다. 그 어둠 속에서 '근대의 금기와 복제'를 거부하는 '더러운 반동들'이 숨쉰다. 근대적 삶에 대한 조롱과 애착이 부딪히며 폭발하는 그림. 위선적이고 폭력적인 근대의 표면을 그려 근대와 불화한 고야의 광기, '더러운 아름다움'이다.

세르반테스, 『돈키호테』

말의 아수라장

『돈키호테』의 저자는? 세르반테스. 정말 그렇게 믿는가? 이 두번째 질문에 멀뚱하게 반응하면 그 사람은 분명, 책을 읽지 않았다. 물론 저자는 세르반테스다. 그러나 『돈키호테』를 읽다보면 한 아랍인이 원저자이고 자신은 그저 번역자임을 강조하는 대목과 도처에서 마주친다. 그러면서도 무슨 번역자가 툭하면 나서서 원작에 대한 첨삭, 윤색을 자행(?)한다. 그러니, 독자들은 계속 헷갈릴밖에. 설상가상(?)으로 2부는 1부의 속편이 아니다. 1부에서 돈키호테가 행한 기이한 모험들이 이미 책으로 간행되어 인구에 회자되고 있는 상황이 서사의 출발지점이다. 말하자면, 돈키호테는 자신이 1부에서 저지른(!) 모험들을 확인하기 위한 순례를 떠나는 것이다. 책 속의 책이라?

　기이한 모험담으로 알려진 『돈키호테』는 이처럼 다중적 목소리, 텍스트의 중첩 등 언어적 실험이 난무하는 텍스트이다. 실제로 돈키호테는 광인이 아니다. 그의 명징한 이성은 타의 추종을 불허하는 고매함을 자랑한다. 그런 그가 광인이 되는 것은 순전히 그가 놓인 '자리' 때문이다. 신부, 이발사 등 이른바 정상인들의 언어와 '속담에 살고 속담에 죽는' 산초 판사의 분열적 언어 사이에 놓이는 순간, 돈키호테의 그 영웅적인 수사학은 광인의 징표가 되어버린다. 여기에서 광기와 정상성, 고상함과 비루함의 성격은 그다지 중요하지 않다. 이 텍스트의 저력은 서로 다른 층위를 지닌 말들이 펼치는 아수라장, 바로 거기에 있다.

　보르헤스도 이 아수라장에 한몫 거든다. 보르헤스는 「삐에르 메나르, 『돈키호테』의 저자」라는 단편에서 20세기의 작가 삐에르 메나르가 『돈키호테』를 다시 쓰는 과정을 그리고 있다. 메나르는 '뼈를 깎는'(?) 노력 끝에 『돈키호테』의 몇 페이지를 그대로 베껴놓은 작품을 내놓는다. 근데, 저자 보르헤스는 원텍스트에 비해 메나르의 작품이 '거의 무한정할 정도로 풍요롭다' 는 궤변을 늘어놓는다. 논거는? 세르반테스가 구사한 언어는 동시대의 평범한 스페인어지만, 20세기 프랑스 작가 메나르가 시도한 문체는 17세기 스페인의 고어체라는 것. 어이없긴 하지만, '텍스트는 외부의 주름이다' 라는 명제를 이보다 더 간명하게 보여주기도 쉽지 않으리라.

　그래서 『돈키호테』 1, 2부에다 보르헤스의 이 작품까지 함께 곁들여 읽으면 텍스트의 안과 밖, 그 경계를 넘나드는 짜릿한(!) 재미를 한껏 맛보게 된다.

모레티, 『근대의 서사시』

근대문학을 전복하는 브리콜라주

굳건하리라 믿었던 일상이 갑자기, 탁! 암전. 피카소의 그림처럼 조각나고, 평범함이 낯설음으로 교차되는 순간이 있다. 드러난 현실은 낯설고 두려워, 대개는 그 균열을 모르는 체하고, 변명하고, 가까스로 눈을 돌려 불을 켠다. 그런데 모레티는 바로 이 순간 용감하게 그 어둠 속으로, 심연 속으로 들어가라고 말한다. 그는 균열의 순간 들이닥치는 혼란스러운 명멸 속으로 들어가 문제설정 자체를 바꾼다. "자유롭게, 네 뜻에 따라 들어가라." 늘 해체 직전에 놓인 개념이 아니라, 거리에서 배운 알록달록 조각나고 우연히 만난 현실, 텍스트의 숨결 속으로. 따라서 모레티는 부여잡을 필요가 없다. '장르'의 굳건함이나, '고전'의 숨막히는 압박감이나, 그 어떤 과거의 전통도. 그러니 이 책을 마주한 우리도 어마어마한 양과 어려운 내용으로 턱 가로막는 '고전'의 부담일랑 깨끗이 버릴 것. 이 책에 언급된 고전들을 모두 읽고 『근대의 서사시』를 읽으려는 야망을 품는 순간 『근대의 서사시』는 평생의 숙원사업이 되어버린다. 물론 이 책은 쉽지 않다. 각 장이 하나의 브리콜라주^bricolage이면서 동시에 긴밀히 구성된 전체로서 서로 갈등하고 침투한다. 그러나 전체를 장악해야 한다는 부담을 벗고 책의 한 조각을 삶의 한 조각에 대응시키듯 읽는 것도 한 방법이다. 둥둥둥둥! 무거운 권위일랑 털어버리고 자신의 경험과 느낌으로 텍스트와 싸우라!

모레티는 자신이 부딪힌 균열들에 맞선다.『파우스트』,『율리시즈』,『백년의 고독』등은 근대장르인 '소설'로는 도저히 분류되지 않지만, '너무 자주' 등장한다. 그렇다면 그 작품들을 '소설'에 끼워맞추기보다 '소설'이란 '장르' 자체를 의심해봐야 하지 않을까? 풍부한 텍스트와 직접 대결할 때 이론은 힘을 잃는다. '리얼리즘', '모더니즘'의 오랜 싸움도 '무의미한 형용모순'이 아닐까? 문학/과학이란 구분은, 삶을 설명하는 여러 방식일 뿐이다. 문학은 문학 속에서만 평가됐기에 빈약해진 것 아닐까? 진보 이데올로기는 모든 삶을 '문명'을 기준으로 평가하고, 그 외의 것들은 '야만'으로 규정했다. 그러나 숱한 '비동시대적인 것의 동시대성'이 있지 않은가?

이 모든 균열 앞에서 모레티는 '소설' 대신, '근대의 서사시'를 선택한다. 서사시의 억압적 통일성은 거부하지만 무의미한 경계를 없애고 현실을 '관계들'로 파악하는 장점을 취한 브리콜라주. 브리콜라주는 신문, 아스팔트, 벽돌 등 손에 잡히는 모든 것을 활용하는 '반미술적 미술 운동'이다. 우연한 효과 같지만 단 하나의 요소가 변하더라도 모든 관계가 변하는 전체이다. 1920년대 초, 쿠르트 슈비터스는 고정된 캔버스를 거부하고 '버려진 버스표, 신문에서 오린 것, 누더기 조각 등 잡동사니들을 접착제로 붙여「보이지 않는 잉크」라는 콜라주를 만들어냈다. 근대의 상상력이란 콜라주와 같은 다성성이 아닐까?

　서구 도시의 브리콜라주는 '광고'다. 적응할 수 없이 빠른 속도의 도시에서, 광고는 소비욕망을 증폭시키기도 하지만, 탐나는 상품과 누추한 개인과의 거리를 훌쩍 좁혀 무심하게 만든다. '무심함'이란 광고의 구조는 '의식의 흐름'과 닮았다.『율리시즈』에서 시도된 '의식의 흐름'은 도시적 외상에 대한 치료로서 '두서없는 지껄임'이다. '의미'는 부재하지만 '사물'은 가득차, 숨쉴 틈 없는 도시를 적절한 무심함으로 견디게 한다. 대신 '의식의 흐름'은 삶을 유토피아로 유배시키지 않는다. 도시에 살며, '악'으로 분류되었으나 '지금-여기'를 구성하는 '수동성, 익명성, 상투어, 의미부재'의 가능성을 본다. '의식의 흐름'은 '다성성의 우연한 효과'를 통해 근대와 불화했다.

　한편, 비서구의 브리콜라주는 '마술'이다.『백년의 고독』은 '고립된 작은 마을'이 '자본주의'에 통합되는 과정을 그린다. 그러나 피식민지는 어떤 식으로든 제국중심의 질서에 흠집을 낸다.『백년의 고독』은 이 지배와 피지배의 우연한 전복을 보여준다. '서구가 비서구를 약탈'하는 과정이 근대였다면 근대문학은 '소설에 의한 문학전반에 대한 약탈'이었다. 글쓰기의 다양성은 충분히 조명되지 못하고 '소설'로 규정됐다. 그러나 서구와 다른 방식으로 문명을 경험한 곳에서 근대적 장르인 '소설'은 전복된다.『백년의 고독』은 제국주의가 남미에서 '소설'을 금지시킨 덕분에 독특한 이야기로 탄생했다. 여기에는 근대질서를 거부하는 정리되지 않은 가능성이 있다. 간디가 연설하는 순간 1001명의 아이들이 태어나고, 서구의 '문명'은 집시들의 '마술'로 변신한다. 이것이 변방이 지닌 '건강함', '어느 맑은 아침처럼 투명한 글쓰기'이다. 서구는 근대의 한계를 극복하기 위해서 예술로, 소비로, 다른 대륙으로 도망해왔다. 그러나 예술, 소비, 식민지는 자신에게 도망오는 서구를 모방하면서 역으로 균열을 낸다. 한 가지만 변해도 전체가 변하는 브리콜라주처럼『백년의 고독』도 서구 근대문학에 게릴라처럼 숨어들어 근대문학 전체를 바꾼다.

그러나 우리는 이 책에서 영리한 함정을 발견할 수도 있다. 모레티의 말처럼『백년의 고독』은 '참으로 독특한 즐거움'을 준다. 그러나 이 견해 속엔『백년의 고독』을 높이 평가하면서 제국주의를 은폐하는 '결백의 수사학'이 숨어 있는 것은 아닐까? 물론 이것은 새로운 문학을 가능하게 할지도 모른다. 문명을 마술로, 진리를 우스꽝스러움으로 바꾸는 전복을 통해서. 그러나 모레티의 글은 '서구의 문학사'이다. 혹은 '서구의 문학사'를 구원할, '서구에 의해 상상된 비서구의 문학사' 일는지도 모른다. 이 글은 이런 혐의에도 불구하고 '당당히 노출된 한계'와 대결할 또 다른 책의 출현을 예감한다. 근대의 어떤 뇌관을 건드려 변화시킬 것인가를 제시한다. 서양과 동양, 문학과 비문학, 상위문화와 하위문화, 이 갈등들을 대면케 하고 증폭시켜 의심스러운 기반에 균열을 내고 매번 재구성되는 브리콜라주, '근대의 서사시'다. 모레티도 늘 다시 시작한다. 사람들은 늘 '떠날거야'라고 말하지만 정작 길을 떠나는 사람은 많지 않다. 중력을 이기는 '비상'은, 삶을 유지시키는 심연 속으로의 고통스러운 침잠 뒤에야 주어지기 때문이고, 익숙한 것과의 실존적 결별을 의미하기 때문이다. 두려운 선택이고 동시에 매혹이다. 모레티는 근대문학과 결별하고 브리콜라주를 얻었다. 그는 언제나 길 떠나는 사람이다. 우리 '들'도 다시 균열을 통해 길을 떠나보자. '자유롭게 네 뜻에 따라 들어가라.'

강명관, 『조선사람들, 혜원의 그림 밖으로 걸어나오다』

그림 뒤의 그림자 읽기

조선 후기 풍속화 가운데서도 인간의 내밀한 면을 가장 금기 없이 그려낸 화폭은 단연 혜원의 것이다. 그의 그림은 학술적·미학적 측면에서만 언급될 뿐, 정작 그가 '무엇을 그렸는가'에 대한 소박한 질문에 답해주는 연구는 드물었다. '기녀와 여속女俗, 에로티시즘의 극점'이라는 캐치프레이즈에 갇힌 혜원의 연구사는 오히려 그의 그림과 '대화'하는 데는 도움이 되지 않는다. 혜원은 왜 패트런이나 국가장치의 욕망을 거스르는 '평민이나 천민의 일상'을 화폭에 담았을까. 비속한 그림을 그린다는 이유로 혜원을 도화서에서 추방한 국가장치의 욕망은 무엇인가.

풍속화는 인간의 모습을 화폭 전면에 채우는 그림이다. 그러나 인간의 나신이나 역사의 특이한 국면을 포착한 그림은 많지만 인간의 비루한 일상 자체를 그림의 테마로 삼는 경우는 드물다. 초상화 역시 화면 가득 도드라지는 얼굴 이면에 가려진 구체적인 삶의 질감을 담기에는 갑갑한 프레임을 가졌다. 미술사가도 아니요, 회화 전공자도 아닌, 조선

후기의 고문을 연구하는 한문학자는 이 사실에 의문을 품는다. 조선시대 회화는 물론이오, 현대 회화에서조차 왜 '일상'은 배제되는가.

이 책의 저자가 주목하는 조선 후기 풍속화는 인간의 현세적·일상적 모습을 중심 제재로 삼고 있다. 밭을 갈고 타작을 하고 물고기를 잡고 짚신을 삼는 생산 현장, 술을 마시고 기방에 드나들고 도박을 벌이는 유흥 현장, 인간의 가장 은밀한 행위인 섹스 장면 등 풍속화의 소재에는 '금기'가 없다. 풍속화에 등장하는 인물의 주류는 이미 '양반'이 아니다. 풍속화에는 농민과 어민 등의 생산계급부터 기생, 사당패, 무당, 뚜쟁이 할미에 이르기까지 도시의 온갖 '잉여인간'들이 총출연한다. "풍속화를 통해 우리는 양반이 아닌 인간들을 비로소 만나게 된 것이다."

혜원의 풍속화 전집인 『혜원전신첩』에 실린 30장의 그림에 등장하는 인물들은 언뜻 보면 비슷한 생김새와 밋밋한 표정을 지닌 균질적인 인간들로 보인다. 하지만 그림 한 편마다 묻어나는 저자의 그림과의 끈질긴 고투는 비로소 풍속화의 튼실한 내러티브를 일구어낸다. 남편 상중에 있는 과부가 몸종과 함께 개의 '짝짓기'를 감상하는 그림 「이부탐춘」釐婦貪春에서 과부의 표정은 슬픈 듯 하면서도 장난기와 유머가 서려 있다. 한밤중에 물 긷는 아낙들을 훔쳐보는 양반의 '음침한' 표정, 행세깨나 하는 양반가의 '수염도 안 난' 서방님이 젊은 종년을 희롱하는 모습, 낮술을 마신 젊은 양반이 여염집 여인과 벌이는 '허락받지 못한 관계'의 한 컷, 아름다운 기생의 몸을 훔쳐보는 어린 중놈들의 천진한 눈빛, 기생이 외출했다 돌아오는 사이 몸종과 오입쟁이가 방안에서 '일

신윤복, 「이부탐춘」

상중의 과부가 몸종과 함께 개의 짝짓기를 감상하고 있다. 어떤 도덕의 금제(禁制)도 인간의 자유로운 욕망의 흐름을 가로막진 못한다. 혜원이 애정을 가지고 그린 대상들은 '사회적 약자'들이 일구는 '유쾌한 습속의 전복'이 아니었을까.

을 벌이다 황급히 이불을 덮은 모습을 보고 마음에 상처를 입은 기생의 슬픈 눈매, 기생의 '초야권'을 '사는' 젊은 양반의 색스러운 눈빛, 머리도 안 올린 어린 기생의 '첫날밤'을 '거간'하는 노구할미의 잔인하면서도 애잔한 표정과 주름살 하나하나까지. 혜원의 그림은 저자의 목마른 손길을 거치는 순간, 비로소 '에로티시즘의 극치'라는 '의미의 진공'을 넘어선다. 이제 혜원의 그림 속 인물들은 그림 밖으로 걸어나와 우리에게 그들의 속내를 털어놓기 시작한다.

기생, 유흥, 도박 등의 이야기는 학자들에겐 금기에 가까운 연구 주제였다. 시각(시선)이 권력을 규율화하는 포획장치임을 인정하는 우리는, 지극히 사소하고, 비학문적인 영역에 애정의 눈길을 퍼붓는 작가의 시선의 전복에 깊이 감응한다. 그림을 통해 '비속하며, 그래서 더욱 역동적인' 조선 후기의 일상을, 그것도 '노는 문화'를 렌즈에 담는 저자의 시선은, 그래서 매혹적이면서도 따뜻하다.

이 책을 통해 우리는 '도덕의 철책 속에 민중의 습속을 규격화하는 국가장치'와 '체제의 미세한 균열을 만들어 그 감시의 포획장치를 뛰어넘는 인간' 사이의 끝나지 않는 '대결'을 본다. 어떤 도덕의 금제禁制도 인간의 자유로운 욕망의 흐름을 가로막지는 못한다. 도덕의 감금장치들을 유쾌하게 뛰어넘는 인간의 모습, 자신의 사회적 지위를 이용해 성애의 '풍요'를 누리려는 양반의 추악함까지도 저자는 놓치지 않는다. 혜원이 애정을 가지고 그린 대상들은 '사회적 약자'들이 일구는 '유쾌한 습속의 전복'이 아니었을까. 통행금지를 '무시하고' 밤을 틈타 밀회하는 과부와 총각, 정조의 승려법을 '위반하고' 절에 들어가 승려와 사랑을 나누는 양반가의 여인들, 무녀금지법을 '어기면서까지' 무녀를 통해 일상의 고통을 위무받는 민중들, 열녀가 난 집안에 대해 '국가가 부여하는 온갖 혜택에도 불구하고' 여전히 '평범한 사랑'을 꿈꾸는 수많은 과부들의 아우성은 혜원의 풍속화 속에 오롯이 꿈틀대고 있다.

이렇듯 혜원의 풍속화가 다른 풍속화들과 구별되는 점은 바로 민중의 건강한 노동 현장뿐 아니라 '노는 것'과 '성性'의 문제를 담은 '낯뜨거운' 장면들을 포착해낸다는 점이다. 도박과 유흥, 성애의 역사를 정면으로 다룬 연구를 찾아보기 힘든 우리의 학문 풍토 속에서, '난데 없는' 한문학자의 열정적인 자기 투여는 빛을 발한다. 우리는 그의 혜원 읽기를 통해 조선시대 사람들의 살내음을 맡는 동시에, 그의 책 곳곳에서 '도박의 역사' '매춘의 역사' '성풍속의 역사'로 나아가는 저자의 학문적 욕망의 지도를 그려본다. 저자의 말처럼 "인간은 노동하는 인간일 뿐 아니라, '성적 인간'이자 '노는 인간'이기도 하다". 포르노그라피와 음란물에만 '갇혀' 여전히 금기의 영역에 둘러싸인 '성'과 '놀이'의 역사. 이 책을 통해 우리는 인간의 본질을 노동이라 말하면서 동시에 노동하는 인간을 억압하는 국가장치의 역설을 발견할 수 있지 않을까. 민중에게 '차이 없는 반복'으로 지속되는 노동을 강요할 때는 끊임없이 노동을 '신성화'하면서도, 노동자들이 혁명을 요구할 때에는 노동의 힘을 철저히 짓밟는 자본의 포획장치. 나는 신윤복의 그림 뒤에 '숨은 음각화'를 이러한 자본의 역설, 국가장치의 패러독스로 이해한다.

히야마 히사오, 『동양적 근대의 창출』

서구의 근대, 그 위력과 매력에 저항하기

루쉰이라고 하면 낯설지만, 노신이라고 하면 누구나 고개를 끄덕거릴 터이다. 「아Q정전」의 저자, 중국 신문학의 아버지 루쉰. 그렇지만 '노신'의 중국어 발음인 '루쉰' 앞에서는 고개를 갸우뚱할 사람이 많을 정도로, 루쉰의 실제 세계는 잘 알려져 있지 않다. 일본이 자랑하는 국민작가 나쓰메 소세키는 말할 나위도 없다. 완벽한 무지가 오랫동안 조장되어 왔던 까닭에, 일본과 일본 문학에 대해 우리가 아는 것이라곤 무라카미 하루키가 태반일 정도이다. 루쉰과 소세키를 함께 다루면서 '아시아' 혹은 '동양' 공동의 문제를 제기하는 『동양적 근대의 창출』이 번역되었다는 소식은 그래서 더욱 반갑다.

이 책의 저자 히야마 히사오는 일본의 중국문학 전공자이다. 중국과 일본이라는 두 세계를 함께 살 수밖에 없었던 저자는, 두 나라가 모두 서구적 근대를 따라잡고 넘어서야 한다는 강박에 시달려 왔다고 지적한다. 19세기 후반 서구가 무력을 앞세워 개항을 요구한 이래 아시아의 역사는 끝나지 않는 모방의 역사였다. 언제나 서구가 우월한 가치로 군림하였고, 아시아 각국은 자기 혐오를 곱씹으면서 서구와 같은 문명의 경지에 이를 것을 기약할 수밖에 없었다. 이처럼 헛된 혐오와 모방이 대세를 이루는 가운데, 미약하나마 차츰 서구와 다른 독자적 역사를 만들어 가려는 시도가 생겨났다. 히야마 히사오는 이를 '동양적 근대'의 창출을 위한 노력이라고 부른다.

'동양적 근대'란 무엇인가. 저자는 '인간해방의 실현'이라는 근대의 목표를 공유하되 '운명이나 환경에 있어서 선천적으로 서양과는 다른' 동양 나름의 길을 찾는 것이 '동양적 근대'일 수 있다고 진단한다. 소세키와 루쉰에 주목하는 것도 이들이 일본의, 혹은 중국의 독자적 근대 창출을 위한 모색을 멈추지 않았기 때문이다. 서구적 근대가 유일한 가능성은 아닐 것이라는 생각이 두 작가 공통의 전제였다. 두 작가는 서구의 어두운 이면을 놓치지 않았고, 자신이 서구인이 될 수는 없다는 사실에 눈감지 않았다. 그렇지만 근대적 개혁이 일단 종료된 후에 자라난 소세키가 사라진 전통을 그리워했던 반면, 개혁의 현장에서 전통의 무게와 악전고투하면서 살았던 루쉰은 훨씬 과격한 부정의 태도를 가질 수밖에 없었다. 소세키가 근대의 저돌적 힘과 싸워야 했다면 루쉰은 무엇보다 4천년 역사의 압박에 맞서야 했던 것이다. 소세키와 루쉰이 다른 만큼 일본과 중국은 다르다. 한국 또한 그러할 것이다.

역자도 머리말에서 쓰고 있지만, 이 책을 읽은 후, 일본에는 소세키가 있고 중국에는 루쉰이 있지만 한국에는 아무도 없다는 자탄을 흘리

왼쪽 나쓰메 소세키(夏目漱石), 오른쪽 루쉰(魯迅)

서구적 근대가 유일한 가능성은 아닐 거라는 생각이 소세키와 루쉰 두 작가의 공통 전제였다. 이 두 작가는 서구의 어두운 이면을 놓치지 않았고, 자신들이 서구인이 될 수 없다는 사실에 눈감지 않았다.

는 사람이 적지 않을 것 같다. 그렇지만 한국은 중국이나 일본과는 또 다른 역사를 걸어온 다른 질서이다. 달리 말하자면, 『동양적 근대의 창출』이 다룬 중국과 일본의 독자적 가능성을 더욱 풍성하게 해줄 수 있는 다른 가능성인 셈이다. 자부심에 들뜰 필요는 없지만, '동양'의 실제가 중국과 일본으로 제한되는 것을 보고 또 한번 절망할 필요도 없다. 더 많은 가능성을 생각할 수 있다는 것이야말로 힘의 원천이고, 그렇게 따지자면 강약의 질서란 몹시도 허술한 것이다. 약자로서의 자의식을 무한한 가능성으로 변화시킬 수 있다는 사실이야말로 루쉰과 소세키가 알려준 바가 아니던가. 다만 한 가지, 우리 또한 숱한 가능성 중 하나일 뿐임을 명심할 것! 한국인으로서의 '우리'는 더 큰 '우리', 더 큰 가능성을 시험하기 위한 출발점일 뿐이다.

체르니셰프스키, 『무엇을 할 것인가』

사랑이 혁명과 만나는 길은?

'혁명이 성공하고 실연을 당하면 행복할까? 불행할까?' — 80년대를 통과하면서 반쯤은 장난으로 던져보았던 질문이다. 혁명이 사랑을 흡수해버렸던 80년대나 사랑의 위세 앞에 혁명이 실종된 지금 이 시대나 '사랑과 혁명의 함수관계'에 대한 물음으로부터 자유롭기란 쉽지 않다. 신파조로 말해, 혁명을 꿈꾸자니 사랑이 울고, 사랑을 따르자니 혁명이 망각되는, 이 이분법적 회로를 벗어나는 길은 없는 것일까?

체르니셰프스키의『무엇을 할 것인가?』는 이 물음에 대한 아름다운 보고서다. 진정 놀라운 것은 이 소설이 19세기 후반 러시아에서, 그것도 유형지에서 쓰여졌다는 사실이다. 이념투쟁이 거센 시절, 혁명을 꿈꾸다 갇힌 수인囚人의 몸으로 한 여자와 두 남자의 사랑이야기를 쓸 수 있다니. 그는 사랑의 습속을 바꾸는 일, 그것이야말로 혁명이라고, 아니, 사랑의 습속을 바꾸지 못하는 혁명은 결국은 무의미한 것이라고 말하고 싶었던 것일까?

과연 그가 그려내는 사랑은 '전복적'이다. 숙명적 엇갈림, 배신과 복수, 권태 아니면 변태로 점철되는 그런 류의 사랑이 아니라, 지극히 일상적인 관계 안에서 사랑이 어떻게 눈부신 생의 환희를 분출하는지, 그리고 그것이 어떻게 또 다른 '인연의 장'을 증식시켜 가는지를 보여준다는 점에서 그렇다. 여주인공 베라와 그의 연인들은 슬픔과 연민을 통해서만 표현되는 사랑, 늘 무언가를 하지 못하도록 붙들어매는 그런 수동적 사랑을 거부한다. 그들에게 있어 사랑이란 스피노자식으로 말해 '기쁨의 능동적 촉발'이다. 그렇기 때문에 이 능동적 에너지가 외부로 흘러넘치는 것은 너무나 자연스럽다. 베라가 운영하는 '코뮨'은 말하자면 그 사랑이 일으킨 분자적 공명의 장인 것이다.

그래서 베라가 남편 로뿌호프의 분신과도 같은 친구 끼르사노프와 두번째 사랑에 빠졌을 때, 그것은 멜로적 삼각관계가 아니라 자신의 벽을 계속 넘어서는 혁명, 아니 더 나아가 장엄한 구도의 파노라마가 된다. 뜨겁게 사랑하되 결코 한 순간에 머무르지 않는, '무상'無常한 생의 바다에 몸을 던질 수 있는 '유목적' 여정으로서의 사랑. 그에 비한다면 사랑은 영원해야 한다는 망상에 시달리고, 그리고 그것을 위해 강철 같은 습속의 굴레들을 기꺼이(?) 수락하는 우리 시대의 사랑은, 오 얼마나 초라한 것인지! 사랑과 혁명, 아니 구도가 그대로 일치하는 길이 그토록 가까이 있건만.

5. 고전과의 유쾌한 연애, 리딩 클래식

500년 전의 친구와 수다를 떨고, 1000년 전의 연인과 사랑을 나눈다면?
굳이 돈을 내고 사지 않아도 좋은, 오래된 책장 한켠에 한 권씩은 꽂혀있을 책들.
고전을 통해 우리는 오늘의 고통을 위무 받고, 한 움큼의 눈물과 한 아름의 웃음을
선물 받는다. 1000년 전의 타인과 친구가 될 수 있는 자라면, 지금 우리의
목을 옥죄는 갑갑한 일상과도 유쾌한 전쟁을 치러낼 수 있을 터.
우리는 '저 오래된 책들'로부터 '오늘' 우리가 미처 발견하지 못했던
일상의 출구를 발견한다.

칸트, 『순수이성비판』

비판이란 무엇인가?

나는 요즘 히딩크 감독에 대한 주변 사람들의 반응에 놀라곤 한다. 영웅 만들기에 대해 냉소적이던 친구들조차 그에게 호감을 표시하기 때문이다. 무명선수에서 유럽의 가장 훌륭한 감독으로, '오대영'이라는 조롱어린 칭호를 벗고 월드컵 4강 진출의 주역으로! 이런 드라마틱함 뒤에는 어떤 불리한 상황에서도 제 속도를 잃지 않는 이의 강인함이 존재한다. 이런 사람들은 언제나 우리를 감동시킨다. 그들에게는 위대한 '자기 존중의 정신'이 있기 때문이다.

칸트의 삶과 철학에는 바로 그런 종류의 감동이 있다. 칸트는 동시대인들에게 철학의 영역에서 불패의 신화를 이룩했다고 평가받았다. "칸트가 파괴한 것은 다시 일어서지 못한다. 그가 확립한 것은 결코 파멸하지 않는다"(훔볼트). 그러나 그 역시 처음부터 '잘 나가는' 철학자는 아니었다. 칸트는 마흔 여섯의 나이에 간신히 교수직을 얻었다. 16년간의 오랜 시간강사 생활 끝에 취직한 쾨니히스베르크 대학은 유럽 최고의 학문 수준을 자랑하는 대학도, 독일 유수의 대학도 아니었다. 황제가 그곳을 방문하고 나서 "대학이라기보다는 곰 사육에나 더 적당한 곳"이라고 품평했을 정도로 지방 소도시의 그저 그런 대학이었다.

그러나 그곳에서 칸트는 철학사상 가장 위대한 책 중 하나인 『순수이성비판』을 썼다. 그가 쉰 일곱 살이 되던 해인 1781년에 출간된 저작이다. 이 책이 나오기 전까지 그는 11년간 아무런 학문적 업적도 내지 못했다. 사람들은 비난에 찬 조바심으로 늙은 철학자를 괴롭혔지만 그는 서두르지 않았다. 사람들이 칸트의 학문적 능력을 의심했을 때 그가 흔들렸다면? 남들에게 무언가 증명하기 위해 1, 2년 만에 '비판'을 급조했다면? 아마도 심오한 통찰이 담긴 고전 대신 고만고만한 철학서들의 저자로 남았을 것이다.

그러나 그는 자신을 의심하지 않았다. 이 용감한 자기존중의 정신은 일생동안 그의 삶을 이끌었을 뿐만 아니라 '비판'의 문제의식에도 그대로 녹아 들었다. 칸트의 선배 철학자들은 이렇게 물었다. '우리는 외부 세계의 사물들을 알 수 있는가?' 라이프니츠는 전부 다 알 수 있다고 독단주의적으로 답한다. 흄은 전부 다 모른다고 회의주의적으로 답한다. 자신없는 사람들은 유럽 지성계에서 살아남기 위해 주어진 두 입장 중 하나를 서둘러 택해야 했다.

"나는 무엇을 알 수 있는가?" 칸트는 완전히 다르게 물었고, 그래서 천천히 대답할 수밖에 없었다. 전부 다 알 수 있다고 자만하지도 말고 전부 다 알 수 없다고 절망하지도 말자. 순수한 이성은 어디까지 알 수 있고 어디부터 알 수 없는지를, 즉 순수이성의 능력과 한계를 비판적으로 따져 묻자. 이것이 '순수이성비판'의 의미이다. 이러한 비판 정신을 통해 칸트는 '코페르니쿠스적 전환'을 감행할 수 있었다. 그것은 인식이 가능하려면 우리가 대상을 따르는 것이 아니라 대상이 우리를 따라야 한다는 발상의 전환이다. 간단히 말해 인식의 외적 기준을 내적 기준으로 바꾸자는 것이다. 동시에 그는 내적 기준이 자의적인 것에 머무르지 않고 객관성을 가질 수 있는 방법을 끈질기게 탐구했다.

칸트의 비판은 인식이론에만 국한되지 않는다. 그는 모든 영역에서 비판을 수행했다. 푸코는 칸트를 위대한 '계몽'과 '성숙'의 철학자라고 평하면서 이렇게 덧붙인다. 비판은 자신의 한계를 "분석하는 동시에 그러한 한계들을 넘어서 갈 수 있는 가능성을 실험하는 태도, 에토스, 철학적 삶"이다.

모두들 알고는 있다. 비판은 언제나 자기도취와 절망을 넘어서는 순간 시작된다는 것을. 그러나 비판을 통해 진정 무언가 성취할 수 있는 자는 자기존중의 용기를 가진 '성숙한' 자들뿐이다. 사실상 우리 사회에 만연하는 성급한 업적주의는 자기불신과 거기서 비롯되는 무비판적 태도의 산물인 것이다.

칸트가 지금 인터뷰 요청을 받는다면 뭐라 말할까? 그는 200년 전 독일인들에게 권고했던 것을 다시 되풀이할 것이다. 학연과 지연을, 모든 외적 권위를 벗어 던지고 "감히 알려고 하라(Sapere aude)! 너 자신의 지성을 사용할 용기를 가져라!"

장자, 「장자」

무한경계로 '나'의 사소함 보여주기

『장자』莊子를 펼친다. '소요유' 逍遙遊 편에서 다짜고짜 장자는 한바탕 놀자고 한다. '열심히 일한 당신'이 누리는 자잘한 놀이가 아니다. 시작부터가 뜬금없다. 큰 물고기가 한 마리 있단다. 그 이름이 곤鯤인데 길이가 몇 천리나 된단다. 이 물고기가 또 새로 변신하기도 한다. 그 새의 이름은 붕鵬이라고 하는데 날개 길이가 몇 천리나 된단다. 애시당초 알아들으라고 하는 소리는 아닐 게다. 설사 곤이나 붕이 눈 앞에 나타난다고 해도 알아차릴 수는 없다. 금전 액수로 보여줄 수 있는 '당신의 능력'과 무관하다. 안력으로 그 전체를 보기는 불가능하니 말이다. 사실 곤이란 물고기는 곧 바다이고, 붕이란 새는 곧 하늘일 게다.

사람은 누구나 자기중심적이다. 세상의 기준은 늘상 자기자신이다. 자기중심성 자체를 비난거리로 삼기는 쉽지 않다. 그러나 자기만 중심이라면 그 결과는 수많은 자기들의 충돌로 야단스러울 것이다. 방법이 있다면 자기 '만'을 자기 '도'(남도)로 바꾸는 과정에서 나올 듯하다. 자

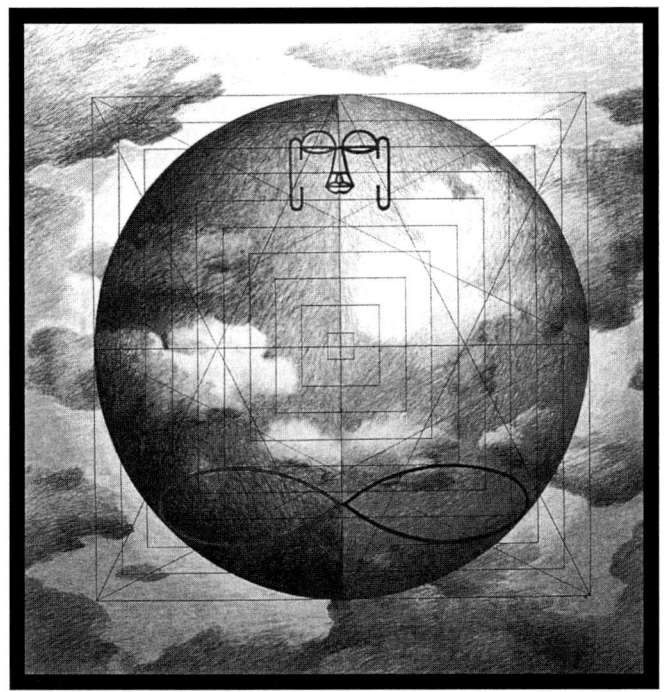

곽재환, 「우주」

장자는 아귀다툼하는 '나'의 사소함을 보여주기
위해 공간의 경계를 무한히 확장한다. 무한경계,
경계무한의 자리에서 자신을 보라고 한다.

기중심적 시각을 상대화하는 노력이 필요한 이유이다. 그 상대성의 시각은 나에게만 머물러서도 안 되고, 남에게만 머물러서도 안 된다. 그 모두에 머무르면서 동시에 그 모두를 벗어난 자리여야 한다. 이제 '나의 세상'이 아니라 '세상 속의 나'가 더 중요하게 된다. 일상적 감각 속에서 '장자'의 목소리는 이렇게 들린다.

곤과 붕의 전체 모습을 다 볼 수 있는 자리에 설 수 있다면 나의 중심성이란 상대적일 뿐이다. 더 나아가 그 자리에 선다면 '나'는 작디작은 한 점일 뿐이다. 아귀다툼하는 '나'의 사소함을 보여주기 위해 장자는 공간의 경계를 무한히 확장한다. 무한경계無限境界 경계무한境界無限의 자리에서 자신을 보라고 한다. 하늘에서 보니 '나'만 있는 게 아니라 '남'도 있다. 더 높이 오르니 나도 안 보이고 남도 안 보인다. 위성에서 찍은 사진에 사람은 없다. 그냥 무심한 세상만이 덩그렇게 놓여 있다.

나즈막한 산들로 시계가 막혀 있어 때론 포근하기조차 한 이 땅에서 무한의 경계를 공간적으로 체험하기란 솔직히 거의 불가능하다. 드문드문 이채로운 목소리가 들린다. 금강산 속에서 우국충정에 사로잡힌 송강 정철이 동해 바다 앞에선 신선을 동경했다(「관동별곡」). 연암 박지원은 일망무제의 요동벌판을 앞에 놓고는 신생아의 첫울음처럼 목놓아 울고 싶다고만 했다(『열하일기』). 이덕무가 섬이 너무나 작다고 걱정한 것도 서해 바다를 굽어보면서였다(「서해여언」). 담헌 홍대용은 금강산의 풍경은 사람 마음을 강파르게만 하니, 비로봉을 디딤돌로 삼아 동해바다를 굽어보라고 권했다(「담헌서」). 경상도 산골 출신의 이육사가 '까마득한 날에 하늘이 처음 열리고'(「광야」)라는 무한경계의 상상력을 작동시킬 수 있었던 것도 '만주' 체험 덕이었다.

세상엔 무수한 경계의 선들이 그어져 있다. 다른 누가 아니라 우리 스스로가 만든 경계선이다. 우리에게 선을 긋는 자유와 선을 넘지 않는 자유는 있지만 선을 지우고 경계를 넘는 무한경계의 자유는 드물다. 그리고 여전히 산들과 구릉으로 둘러쳐진 곳이 우리의 '세상'이다.

금강산은 조선후기에 새로 각광받은 산이다. 금강산엔 신선이 살지 않는다. 비로봉 상상두에서 동해로 날아들기엔 이산가족의 피눈물과 분단의 선이 먼저 찾아든다. 역사의 경계를 넘기가 쉽지 않다. 요동벌판과 바다를 마주하고서야 열리는 무한경계를 이 땅에서 쉽게 만나기는 어렵다. 경의선이 이어지면 변화할까. 분단과 국경은 상상력을 억압한다.

공간의 제약을 시간의 축으로 전환시키는 것이 지금으로선 더 적절한 방식일 수도 있겠다. 달라이 라마를 그리는 사람이 떠오른다. 윤회의 사슬을 끊고 정토로 귀의할 수도 있겠다. '나, 이번 생은 포기한다. 다음 생에 다시 승부하련다.' 그저 내세엔 축생이 아니길 빌 뿐이다.

하이데거, 『존재와 시간』

참나(眞我)로의 귀향

명절이 되면 많은 이들이 귀향길의 노고를 마다하지 않고 고향에 다녀온다. 그렇게 고생스러운데도 다들 왜 고향에 가고 싶어할까? 아마도 이곳이 불편하고 낯설기 때문일 것이다. 낯설음, 혹은 무서움이라는 뜻의 독일어 운하임리히카이트^{Unheimlichkeit}는 강박관념에 가까운 우리의 귀향의식의 근원을 잘 보여준다. 명사 하임(heim, 집)과 부정접두사 운(Un, ~아님)으로 이루어진 이 단어. 집이 아닌 곳에 있을 때 느끼는 기분이 바로 낯설음이라는 뜻이다. 바로 이 낯선 기분이 우리를 자꾸 집으로, 고향으로 향하게 한다.

 마르틴 하이데거는 귀향의 철학자다. 1927년에 발표된 하이데거의 위대한 저작 『존재와 시간』은 현대인들이 지닌 고향을 상실한 아픔과 시대적 위기를 다룸으로써 오랫동안 전세계의 수많은 독자들을 감동시켰다. 그는 우리에게 권유한다. 지금 네가 느끼는 낯섦은 진정한 자아의 상실을 알리는 신호음이다. 이 신호에 귀기울이고 고향으로 돌아가라.

물론 이것이 낙향에의 권유는 아니다. 진정한 자아를 잃어버린 사람은 어디에 있든 실향민이다. 그러나 문제는 우리가 낯섦을 느낄 때 자기를 찾아나서는 대신 오히려 낯설음을 제거하려는 방법을 찾아낸다는 것이다. 하이데거는 다른 사람들의 삶을 똑같이 모방하는 세인世人적인 삶을 통해 낯설음을 제거하려는 현대인들의 시도를 비판한다.

현대인은 아무것도 혼자 결정하지 못한다. 무얼 먹고 무얼 입을까, 무얼 읽을까, 심지어 선거에서 누굴 찍을까조차도! 모든 것이 주간지나 여성지가 권하는 스타일에 따라 이뤄지고, 우리는 평균적인 삶을 통해 낯선 기분을 철저히 몰아내려 한다. 그리고 이런 잡지적 삶 속에서 잡담 혹은 빈말Gerede만이 늘어난다. 진정으로 결단하고 책임지지 않은 채 누군가를 모방하고 확대해서 떠드는 빈말들만이 웅웅거리는 것이다.

그러나 하이데거는 희망은 있다고 말한다. 어느 순간 우리는 빈말들에 염증을 내며 문득 이곳이 내 존재의 진정한 고향이 아니라는 낯선 기분을 느낄 수밖에 없다. 그는 이를 '불안'Angst이라고 표현하는데, 우리는 이 기분을 피할 도리가 없다. 왜냐하면 불안은 인간이라면 누구나 직면할 수밖에 없는 한계상황, 즉 죽음으로부터 오는 것이기 때문이다. 모든 일을 남들이 결정해 주더라도 죽음만은 대신해 줄 수 없다는 그 불편한 깨달음이 참나眞我를 찾고 매순간 결단하는 삶으로의 귀향을 종용하는 것이다.

잡담과 빈말의 시끄러움으로 진정한 나를 망각하는 대신, 자기의 고요한 소리에 귀기울임으로써 책임감 있게 자신을 내던지는 것. 하이데거는 이것을 '죽음에의 선구'라고 부른다. 모두가 죽음에로 앞서 달려나가는 마음의 태도를 가져보라! 죽어가는 자는 어떤 빈말도 하지 않는다. 그는 진정으로 자신이 원하는 일만을 선택하고 그 일에 자신의 전 존재를 내던질 것이다. 하이데거는 이처럼 죽음을 목전에 둔 사람처럼 결연하게 행동할 때만 현대적 삶의 위기는 극복될 수 있다고 충고한다.

그러나 여전히 우리는 온갖 잡담들에 귀가 얼얼할 지경이다. 스포츠 신문들의 스캔들부터 온갖 문화적이고 정치적인 잡담에 이르기까지 말들이 난무한다. 스타의 사생활 폭로 기사와 정치판의 뒷얘기만이 잡담은 아니다. 내년부터는 수해가 없도록 만반의 준비를 다하겠다던 상습침수지역 공무원의 약속, 이익의 일부를 사회로 환원하겠다던 기업인들의 약속, 도시빈민과 노동자들을 위해 정책을 입안하겠다던 정치인의 약속, 이처럼 책임지지 못한 채 내뱉어진 모든 말들은 다 잡담이다.

올 12월에는 대선이 있고 또 무수한 정치적 잡담들이 우리 곁에서 왕왕거릴 것이다. 누구보다 정치인들이 '죽음에의 선구'를 했으면 좋겠다. 유세장 앞에 선 그들이 단두대 앞에 선 것처럼 말했으면……. 국민들 앞에서 하는 단 한마디의 빈말에도 날카로운 칼날이 목을 치며 떨어지기라도 하듯이 말이다.

오에 겐자부로, 「인간의 양(羊)」

굴욕의 대가로서의 평온한 일상

법은 언제나 최소한의 선이며 정의라고 말할 수 있을까? 하지만 어떤 경우에는 그 법 앞에 선행하는 것이 있다는 것을 우리는 안다. 법 앞에서 만인은 평등하지 않다.

뺑소니 운전자는 지구 끝까지라도 따라가서 벌주어야 하지만, 그자가 우리나라를 지켜주는 미군 병사일 경우에는 예외가 된다. 사람들은 생각한다. '지독한 일이 생겨버렸군. 하지만 곧 괜찮아지겠지.' 유능한 검찰이 갑자기 착시현상을 일으키고 재판권을 둘러싼 해석이 분분한 사이에 사건은 조금씩 잊혀진다.

"망각하는 능력은 복종하는 능력에 비례한다. 그것은 길들여진 양이지 사람이 아니다"라고 일본 작가 오에 겐자부로大江健三郎는 그의 소설 「인간의 양」에서 말했다. 불의 앞에서 침묵하고, 그것을 외면함으로써 불의에 길들여지는 양. 일상 속에서, 일상과 더불어 불의를 망각해 가는 양. 언젠가 니체도 노예의 도덕을 어린 양에 빗대어 말했던 적이 있다.

양은 자기를 잡아먹는 맹수에 대한 원한을 상상 속에서 복수하는 것으로 자위할 뿐이다.

　무대는 달리는 버스 안이다. 한 떼의 술 취한 외국인 병사들이 손에 나이프를 들고 귀가 길의 승객들을 희롱한다. 사람들은 손가락 하나 까딱할 수 없을 만큼 '피곤하기 때문에' 순순히 병사들이 시키는 대로 허리를 숙이고 엉덩이를 드러낸 채 '양'이 된다. 나머지는 무기력하게 병사들의 놀이를 지켜본다. 모두 이 순간이 어서 지나가 주기를 바랄 뿐이다. 하지만 치욕은 쉽게 잊혀지지 않는다. "그것은 아주 일상적인 겨울밤에 지나지 않았다. 우리들은 그 차가운 공기 속에 까발려진 엉덩이를 드러내 놓고 있었던 것이다. 우리는 참으로 오랫동안 그 상태 그 모습으로 있었다." 평화로운 일상이란 그렇게 만들어지는 것이다. 얼마간의 굴욕과 희생과 부끄러움을 지불함으로써. 그리고 시간의 도움으로 그 굴욕과 희생과 부끄러움의 자리를 조금씩 지워나감으로써. 하지만 피곤과 무기력을 핑계로 침묵하는 한, 굴욕과 희생과 부끄러움은 끊임없이 반복된다.

　모든 일이 그렇듯이 사후에 그것에 대해 이야기하는 것은 쉽다. '양'들이 술 취한 외국인 병사들에게 수모를 당하고 있는 동안, 그 광경을 외면하고 있던 나머지 승객들은 그 상황에서 벗어나자 모두 한마디씩 한다. "나는 말 못하고 보기만 한 걸 부끄럽게 생각하고 있어요" "처음은 아닌 것 같아요. 익숙한 듯한 짓거리였어요" "수치를 당한 자, 부끄러움을 당한 자는 단결하지 않으면 안 됩니다" 등등.

하지만 버스가 정류장에서 멈출 때마다 사람들은 각자 황급히 제 갈 길로 가버리고, '양'들도 서둘러 익명 속으로, 어둠 속으로 숨어버린다. "벙어리, 우리 '양'들은 불의의 벙어리가 되어버렸다. 완강하게 자기 이름을 숨기지 않으면 안 된다고 나는 생각했다." 하지만 이름을 숨기는 것만으로는 있었던 일이 없어지지 않는다. '양'들과 구경꾼들의 탓만은 아니다. 그들의 침묵 속엔 불의로부터 보호받지 못할 것이라는 불신과 그 불의를 고발하는 과정에서 겪어야 할 또 한번의 수치심과 좌절감 따위가 숨어 있다. 최초의 피해자이면서 최후까지 버스에 남아 있었던 '양'은, 그것을 처음부터 끝까지 지켜보았던 목격자의 손에 이끌려 경찰서에 가지만 끝까지 자신의 이름을 말하지 않는다. 경관들의 조롱과 무성의한 태도에 겁을 집어먹은 채. 그리고 그 순간 불의는 불신과 한 몸이 된다.

이제 모두 지쳤다. 하지만 끈질긴 목소리 하나가 끝까지 따라붙는다. 따뜻한 아랫목과 밥 한 그릇의 평온한 일상으로 도망쳐도 그 목소리는 줄곧 뒷목을 잡아챈다. 절망과 분노로 가득찬 목소리는 이렇게 울부짖는다. "네 이름이나 네가 당한 굴욕이나 모두 밝혀주마. 그리고 외국 병사들에게도 너희들에게도 죽을 만큼 부끄러움을 당하게 해주마. 네 이름을 밝혀낼 때까지 나는 결코 네게서 떠나지 않을 거야." 망각과 복종을 거부하는 최후의 목소리다.

경기 양주군 효촌리 국도에서 미군 장갑차에 치여 여중생 신효순, 심미선이 사망했다. 지방 선거가 있었던 6월 13일의 일이었다. 그날 우리는 월드컵 16강 진출을 앞두고 포르투갈과의 일전을 준비하고 있었다. 선거는 힘들게 치러졌고 미군들도 여중생들도 주목받지 못했지만, 6월 한 달 내내 우리는 모두 '붉은 애국자'였다. 사건이 발생한 지 두 달이 지났다. 그리고 미군 측은 사고 군인에 대한 재판권을 한국에 양도하기를 끝내 거부했다.

박지원, 『열하일기』

열하, 그 열광의 도가니

『열하일기』가 북학사상의 보고이자 『호질』의 원전이라는 것을 아는 이들은 많아도, 정작 그것이 『돈키호테』보다도 더 '배꼽잡는' 에피소드와 『동방견문록』보다도 더 풍부한 이국적 풍물로 그득하다는 것을 아는 이들은 흔치 않다. 방대한 스케일에 압도당해서일까. 아니면 언제나 사상을 중심으로 텍스트를 이해하는 편협한 독법의 탓일까.

1780년, 울울한 심정으로 40대를 보내고 있던 연암에게 마침내 세계제국 청나라의 문명을 접할 수 있는 기회가 주어졌다. 건륭황제의 만수절 행사에 비공식적 수행원으로 참여하게 된 것이다. 애초의 목적지는 북경이었는데, 황제가 조선 사행단을 피서산장인 열하로 급히 불러들이는 돌발 사태가 발생한다. 열하는 '장성 밖 요해의 땅'으로, 연암은 조선인으로선 처음 이곳에 발을 들여놓았을 뿐 아니라, 그곳에서 만수절 행사에 모여든 북방 이민족들의 기이한 행렬을 목격하게 된다. 『열하일기』는 이 낯선 공간과의 마주침이 만들어낸 흥미진진한 편력기이다.

장장 6개월에 걸친 이 여정은 우발적인 사건들과 하룻밤에 아홉 번이나 급류를 건너야 하는 '어드벤처'의 연속이었다. 연암은 그 여정의 파노라마를 세심한 촉수로 낱낱이 잡아낸다. 그의 촉감적 능력이란 실로 경탄할 지경이어서, '산천, 성곽, 수레와 벽돌, 언어, 의복제도' 등으로부터 '여인네들의 몸치장' '환상적인 요술대행진' '상가집 풍경' '재야선비들의 깊은 속내' 등에 이르기까지 삼투하지 않는 영역이 없다. 어디 그뿐인가. 이 이질적 대상들을 포착하는 그의 목소리는 문자 그대로 '천변만화'한다. 예기치 않은 해프닝들을 그릴 때는 '개그맨'이 되었다가, 변화무쌍한 중원의 풍광을 묘사할 때는 화려한 수사학자가 되고, '청문명의 핵심은 기와조각과 똥덩어리에 있다'고 이용후생론을 설파할 때는 어느덧 '거장'의 도도한 웅변조로 바뀌어 있다. 이 자재로운 변주야말로 『열하일기』를 어떤 여행기와도 견줄 수 없게 하는 빛나는 미덕이다. 문체를 타락시켰다는 정조의 질책도 바로 이 규정할 수 없는 문체적 유연함을 겨냥한 것이었으리라.

새로운 글쓰기에 대한 요청이 드높은 우리 시대에 『열하일기』는 그 점에서 더한층 의미심장하다. 『열하일기』를 통해 연암은 이렇게 전언한다. '구획된 경계, 주류적 문법의 문턱을 넘어라. 거기에 진정, 유쾌하고 자유로운 글쓰기의 공간이 열릴 터이니'라고. 덤으로 한 가지. 티베트불교에 관심이 있는 분들은 『열하일기』를 보시라. 판첸라마의 환생기와 신비한 이적 및 그 역사를 생생하게 접할 수 있을 것이다.

지눌, 『수심결』

폭력의 시대, 네 마음부터 살피라

팔레스타인을 생각하면 가슴 한 켠이 저린다. 나와는 만난 적도, 만날 기약도 없지만 신문 한귀퉁이에서 마주친 아이의 눈망울이 오래도록 눈에 선하다. 태어나는 순간부터 숙명처럼 따라다니는 공포의 기억은 이제 일상이 되어버린 지 오래다. 그 깊은 기억 속의 공포는 근원을 알 수 없는 분노와 복수심으로 가득차게 한다.

이들을 몰아대는 상대의 무기는 어떤가. 최첨단 폭격기와 개인 화기들, 거대한 전차와 정확도를 자랑하는 미사일이 어느 곳에서든 노리고 있다. 저들의 우방은 자기를 편들지 않는 나라들을 '악의 축'이라고 마구 몰아세운다. 정의의 이름으로 행해지는 무수한 학살과 파괴가 일상처럼 보일 정도다. 이 추악하고 폭압적인 세상을 어떻게 바꿀 것인가.

모든 사물들이 한 치의 어긋남도 없이 서로 이어져 있는 것이라면, 도대체 추악한 세계는 어떤 인연에 의해 만들어진 것인가. 인과를 정확히 인식하는 첫걸음, 그건 뜻밖에도 내 마음을 살피는 일에 있다. 이것은 지눌知訥이 우리에게 권하는 기본 원칙과도 같은 요구다. 그는 『수심결』修心訣에서, 모든 인연 조건의 출발점을 자신의 마음에서 찾으라고 말한다.

마음을 살피는 일은 욕망을 비우는 일이기도 하다. 불성은 바로 그 순간에 발현된다. 그러나 스치듯 깨달음의 순간이 와도 이전의 습속은 내 몸에 이미 기억되어 있어서 쉽게 벗어나기 어렵다. 마음처럼 몸이 가도록 만드는 것, 그게 바로 수행이다. 마음 관찰을 통해서만 지혜로운 실천으로 나아갈 수 있다. 지눌이 돈오점수頓悟漸修와 정혜쌍수定慧雙修를 내세운 것도 이런 맥락을 가진다. 말뿐인 깨달음, 수행이 따르지 않는 깨달음을 지눌은 경계한다. 실천의 첫걸음을 내딛는 순간 인연 조건은 완전히 달라진다.

무신란(1170) 이후 정계는 새롭게 재편되었고, 이전의 문신들은 대량 살상되었다. 불교는 종파에 따라 자신만의 경계를 그어놓고 다른 종파를 거부하였다. 분별과 증오를 버리라는 부처의 가르침이 참으로 무색한 시절이었다. 힘이 질서의 기준이었고 폭압은 일상화되었다. 최씨 정권 성립 직전, 가장 살벌했던 시기에 지눌이 정혜결사定慧結社를 운영했던 것은 참으로 상징적이다. 그에게 절실했던 화두는 폭력의 시대를 변혁하는 길을 찾는 일이었다. 순간적인 깨달음〔頓悟〕과 함께 지속적인 수행과 실천〔漸修〕, 고요히 마음을 관찰하는 선정〔定〕과 그에 따르는 지혜의 계발〔慧〕이 동시적인 것〔雙修〕이라는 점은 지눌이 자기 시대를 바라보는 시각을 집약적으로 보여준다.

폭력과 폭력이 만나서는 해결될 일이 전혀 없다. 어차피 한쪽이 정의라면 다른 쪽은 불의일 수밖에 없으므로, 거기에는 끝없는 복수와 증오와 분노의 얽힘만이 있을 뿐이다. 그 얽힘을 정확히 인식하지 않는 한 세상의 폭압은 해결되지 않는다. 누군가 폭력의 고리를 끊지 않는다면 폭력의 순환에서 우리는 절대로 벗어나지 못한다. 그렇다면 중요한 점은 '내가 먼저' 고리를 끊는 것이다. 간디가, 함석헌이, 달라이 라마가 폭력을 도구로 삼았다면 그 힘을 얻을 수 있었겠는가.

그래도 나더러 먼저 모든 것을 포기하라고 한다면 참 망설여질 게 뻔하다. 저런 깡패 같은 놈들의 행패에 맞서야 하는 마당에 기껏 마음이나 살피라고? 정말 마음을 돌아보아야 하는 건 바로 저 깡패 같은 놈들이잖아? 그래도 지눌의 대답은 한결같다. 네 마음을 닦으라는 것.

아무리 그래도 마음을 살피는 일과 폭압적인 세계를 바꾸는 실천 사이에는 뭔가 찜찜한 비약이 있는 것 같다. 내가 먼저 포기하는 것이 손해보는 느낌이 들지 않는가. 그렇게 의심의 눈길을 보내는 사람들에게 지눌은 단호히 말한다. "직접 해봐."

왕양명, 『전습록』

주자학과 선학 사이

왕양명과 그의 제자들의 문답과 서신으로 이루어진 『전습록』은 참, 심심한 책이다. '지행합일'이니 '치양지'니 하는, 윤리교과서에서 익히 배운 바 있는 내용들이 정말 교과서 그대로 반복되기 때문이다. 공자의 어록처럼 격조있지도 않고, 『주자어류』처럼 방대한 체계화를 꾀하지도 않으며, 선사들의 선문답처럼 기상천외하는 '언어 밖의 길'을 열지도 않는다. 제자들의 맹숭맹숭한 질문과 평퍼짐한 스승의 대답이 릴레이처럼 이어질 뿐이다. 그래서 성리학과 함께 중국철학사의 양대산맥 가운데 하나라는 양명심학의 정수를 맛보기에는 아무래도 어려워 보인다.

그런데 신기하게도 이 심심한 릴레이를 따라가다 보면, 어느 순간 그들과 함께 달리고 있는 나 자신을 발견하게 된다. 잡아챘는가 싶으면 졸지에 미끄러지고, 멀어졌는가 싶으면 홀연 눈앞에 다가와 있는, 한마디로 양명의 가르침은 느림 속의 변주를 통해 '매끄러운 공간'을 만들어낸다.

양명이 서 있는 지점이 대체 어디였던가? 단순무지하게 정리하면, 주자학과 선학의 사이가 거기일 터. 양명이 보기에 주자학은 이미 교조적 도그마로 화해 '천리'의 깨우침과는 멀어졌고, 선학은 깊은 적멸에 빠져 있었다. 양명은 이 둘을 양접점으로 삼아 교묘한 줄타기를 하면서, '마음이 곧 천리다' '마음 밖에 물이 없다'는 양명학의 테제를 정립한다. 그가 말하는 바 마음이란 인식주체의 주관적 작용이 결코 아니다. 그것은 '천지조화의 정령이자, 하늘과 땅 사이에서 활발하게 살아 움직이는 생명활동의 무한한 내재적 평면'이다. 그러니 학문이란 욕망 및 사회적 통념에 가려진 그 본체를 깨닫는 것 말고 달리 무엇일 수 없다. 그리고 그것은 선학처럼 세속과의 과격한 단절이 아니라 어디까지나 세속의 평면에서, 일상의 흐름 속에서 이루어져야 한다.

무엇보다 그 자신이 그러했다. 그는 특이하게도 평생을 고위급 무장으로 지냈다. 이른바 '용장의 깨우침' 이후에도 그는 반란군이나 도적떼를 진압하는 일과 모여드는 제자들에게 강학하는 일로 말년을 장식하고 있다. 그래서 유물론자들은 그를 반민중적 유심론자로 취급한다지만, 내게는 어떻게 이 두 가지 일이 한 인간에게 평화롭게 공존할 수 있었는지가 놀랍기만 하다. 그는 진정 '천리'를 깨우친 것인가? 하기야, 그가 펼쳐놓은 장 위에서 훗날 양명좌파라는 천재들의 시대가 도래했으니, 그의 내공 또한 쉽게 가늠할 경지는 아닌 셈이다.

사드, 『소돔 120일』

사드와 마조흐, 그리고 들뢰즈가 만나는 지점

내게 있어 독서란 무의식에 기억의 지층을 하나씩 새겨넣는 작업이다. 책을 덮는 순간 전체 내용은 몽땅 잊어버리지만, 몇몇 이미지의 편린들은 심층 깊숙이 하나의 지도를 그려넣는다. 그런 점에서 책을 읽는다는 것은 책과 나 사이에 벌어지는 모종의 '사건'인 셈이다. 내가 '책'이 되고, 혹은 책이 '내'가 되는.

사건-하나

『소돔 120일』처럼 악명 높은 텍스트가 있을까? 사드라는 지극히 평범한 이름이 '사디즘'이라는 변태성욕 혹은 절대악의 표상으로 자리잡게 된 데는 이 '소설 같지 않은' 소설의 악명에 힘입은 바 크다. 그런데 내가 기억하기로 이 작품만큼 불행한 텍스트도 드물다. 이 작품을 처음부터 끝까지 읽은 사람이 거의 없다는 점에서. 내 주변에 있는 쟁쟁한 독서가들조차 도입부 정도를 읽고 나면 대부분 역겨움(그리고 지겨움)을 견디지 못해 책을 던져 버린다.

그런데 나는 이 책을 차근차근 통독했을 뿐 아니라, 그 안에 펼쳐진 엽기적 변태의 파노라마를 보면서 때때로 형언할 수 없는 슬픔에 사로잡히곤 했다. 이렇게 말하면, 모두들 '변태 아냐?' 하는 표정을 짓는다. 변태와 정상 사이를 나눌 수 있는 기준이란 없는 법이니 굳이 아니라고 변명할 것도 없지만, 대체 책을 읽는 행위와 성적 취향이 무슨 관계가 있단 말인가? 그 둘은 전혀 다른 신체활동인데.

『소돔 120일』에서 느낀 슬픔의 종류는 두 가지였다. 하나는 존재의 근원적 쓸쓸함에 대하여. 대체 인간이 얼마나 외로우면 그토록 무시무시하고 추악한 광기에 몸을 던지는 것일까? 다른 하나는 저 어두운 지하감옥에서 이 책을 써내려 갔을 사드라는 인물에 대하여. 대체 무엇이 그로 하여금 언어의 한계를 넘나드는 이 엄청난 행위들을 기록하게 한 것일까? 그에게 있어 글쓰기란 대체 무엇이었을까?

사건-둘

한국 고전문학을 전공하는 내가『소돔 120일』이라는 엽기적인 텍스트를 접하게 된 건 순전히 들뢰즈의『매저키즘』덕분이었다. 98년이던가, 게릴라처럼 폭우가 쏟아지던 여름, 지금은 대학로 한가운데 자리하고 있는 수유연구실이 당시엔 정말로(?) 수유리에 있었는데, 그때 몇몇 친구들과 들뢰즈를 읽는 세미나를 하게 되었다.『매저키즘』은 들뢰즈의

작자 미상, 「피의 백작부인」

매저키스트가 길에서 사디스트를 만나 "때려줘"라고 하면, 사디스트의 대답은? — "싫어." 왜냐하면 전자가 계약에 입각해 있는 반면, 후자는 지배-복종의 관계에 기초하고 있기 때문이다. 맞고 싶은 상대를 때려서 쾌감을 느끼는 건 진정한(?) 사디즘이 아니라는 얘기.

저서 가운데 가장 쉬우면서도 재미있는 텍스트였다.

들뢰즈의 말마따나 마조흐는 사드의 보완물이라는 임상의학적 편견의 희생자. 흔히 사디즘을 뒤집으면 매저키즘이 된다고 생각한다. 그러나 사실은 전혀 그렇지 않다. 예컨대, 매저키스트가 길에서 사디스트를 만나 "때려줘"라고 하면, 사디스트의 대답은? ― "싫어." 왜냐하면 전자가 계약에 입각해 있는 반면, 후자는 지배-복종의 관계에 기초하고 있기 때문이다. 맞고 싶은 상대를 때려서 쾌감을 느끼는 건 진정한(?) 사디즘이 아니라는 얘기.

들뢰즈는 이런 식으로 익숙한 통념을 뒤집으면서 마조흐의 독자적인 예술세계를 다양한 차원에서 펼쳐보인다. 뒤에 붙어 있는 마조흐의 「모피를 입은 비너스」에는 환상과 서스펜스라는 마조흐의 미학적 진면목이 유감없이 발휘되어 있다. 포르노그라피를 기대한 독자라면 배반감을 느낄 정도로 에로틱한 묘사라곤 찾아볼 수 없는데도 말이다. 그런데 아쉽게도 마조흐 작품 가운데 번역본은 이게 전부다. 사드의 명성에 가려진 마조흐의 불운은 지금도 계속되고 있는 셈인가?

사건 - 셋

마조흐에 대한 갈증을 해소하기 위해, 또는 들뢰즈의 텍스트를 더 잘 이해하기 위해 사드의 텍스트를 탐독해 가던 중, 사드의 단편집을 접하게 되었다―예기치 않은 행운! 『사랑의 죄악』이라는 좀 '유치찬란한' 제목이 붙어있는 이 작품집이야말로 나로 하여금 사드를 '사디스트'가 아닌, 한 사람의 작가로서 기억하게 한 계기가 되었다. 여기 실린 단편들 역시 근친상간, 존속살인 등 '사드적인' 상상력이 스토리의 기저를 이루고 있긴 하지만, 사드는 엽기적 섹스 장면은 일체 배제한 채 오직 이야기의 힘만으로 작품들을 이끌어간다.

그 중에서 가장 인상적인 대목 두 가지. 하나는 「으제니 드 프랑발」이라는 단편인데, 거기에는 자신의 딸을 모든 사회적 제도 및 관습으로부터 격리시킨 채 성장시킨 다음 자신의 파트너로 삼으려는 인물이 나온다. 딸을 결혼시키려는 자신의 아내에게 그는 이렇게 말한다.

"그래, 혼인이 당신을 행복하게 해드렸소, 부인?"

"그렇지만 모든 사람들이 결혼을 하지 않습니까?"

"그렇지요, 천치들 아니면 한가한 자들이지요. 어느 철학자가 말하기를, 사람들은 자기가 하고 있는 일이 무엇인지 모를 때 혹은 무엇을 해야 할지 모를 때에만 결혼을 한다더군요."

사드가 자기 시대를 넘어 현대의 독자들한테도 여전히 불편하게 느껴지는 것은 최소한의 관습적 전제조차도 뒤흔들어 버리는 이런 류의 지독한 냉소 때문이 아닐까?

또 하나는 「플로르빌과 꾸르발, 혹은 숙명」이라는 작품으로, 거기에는 평생 관습적 틀을 벗어나 쾌락을 추구하며 산 베르깽 부인이라는 인물이 등장한다. 그녀는 자신이 치유 불가능한 병에 걸려 곧 죽음이 다가오리라는 것을 예감하자 모든 재산을 친구와 하인들에게 분배한 뒤 마지막 파티를 연다. 그녀의 유언은 아포리즘의 모음집이라 할 만큼 멋진 말들로 그득한데, 그 중 한 대목이다.

"나는 나의 자스민 화단 밑에 나를 묻어 달라고 부탁하였고, 나는 그곳에 묻힐 것이며 분해된 이 육체에서 발산되는 원자들이 영양을 제공하여 내가 가장 좋아했던 그 꽃들의 봉오리를 탐스럽게 맺도록 해줄 거예요. 다음 해 그대가 이 꽃 향기를 맡을 때, 그대는 그 향기 속에서 옛 친구의 영혼을 호흡하게 될 거예요. 그 꽃들은 그대 뇌수의 갈피에 스며들어 그대에게 재미있는 상념을 제공하며 다시 내 생각이 나도록 해줄 거예요."

그리고 그녀의 묘비에는 다음의 한 마디만이 새겨졌다.

"살았노라."

무신론자의 이 당당한 죽음에 완전히 매료당한 나머지, 내 기억 속에는 사드는 말할 것도 없고, 들뢰즈와 마조흐까지도 이 묘비명 위에 포개지고 말았다.

정민 엮음, 『한서이불과 논어병풍』

아포리즘의 퍼레이드

한서이불과 논어병풍이라? 뭔가 심오한 뜻이 담긴 레토릭처럼 보이지만, 사실은 그렇지 않다. 추운 겨울날 띠집에 몰아치는 추위를 이기기 위해 한 선비가 한서를 이불로 덮고, 논어를 세워서 바람을 막는다. 책의 용법치고는 좀 황당하긴 하나 말 그대로 이불이고, 병풍인 것이다. 이 은유 아닌 은유 속에서 궁핍한 삶을 견뎌내는 유머를 읽어야 할지 아니면 책밖에는 가진 게 없는 서생의 쓰디쓴 현실에 대한 반어를 읽어야 할지는 모르겠으되, 어쨌든 자신을 간서치看書痴, 곧 '책만 읽는 멍청이'라고 불렀던 이덕무의 『청언소품집』 제목으로는 참 어울리는 구절임에 틀림없다.

    소품이란 18세기에 일군의 전위적 지식인들이 선도한 아포리즘적 글쓰기이다. 고문이 지닌 형식화된 패턴과 규범주의를 거부하면서 '촌철살인, 단도직입'을 통해 사유의 경계를 자유자재로 넘나드는 것을 특징으로 한다. 문체와 국가장치의 한판 승부처였던 '문체반정'의 진원지

역시 소품체이다. 서얼출신이면서 연암그룹의 주요멤버였던 이덕무는 특히 아포리즘의 명수다. 『선귤당농소』와 『이목구심서』에 펼쳐진 그의 소품들은 감동과 찬탄을 불러일으키는 '청언'靑言들로 넘쳐난다. 예를 하나 들면, "말똥구리는 스스로 말똥을 아껴 여룡의 여의주를 부러워하지 않는다. 여룡 또한 여의주를 가지고 스스로 뽐내고 교만하여 저 말똥을 비웃지 않는다." 연암의 글에 재인용되면서 널리 알려진 이 구절에는 어떤 절대적 척도도 거부하고 다양한 이질적 가치를 긍정하는 사유가 간결하게 압축되어 있다.

내친 김에 하나 더. "만약 한 사람의 벗을 얻게 된다면 나는 마땅히 10년간 뽕나무를 심고, 1년간 누에를 쳐서 손수 오색실로 물을 들이리라. 열흘에 한 빛깔씩 물들인다면, 50일 만에 다섯 가지 빛깔을 이루게 될 것이다. 이를 따뜻한 봄볕에 쬐어 말린 뒤, 여린 아내를 시켜 백번 단련한 금침을 가지고서 내 친구의 얼굴을 수놓게 하여, 귀한 비단으로 장식하고 고옥古玉으로 축을 만들어 아마득히 높은 산과 양양히 흘러가는 강물, 그 사이에다 이를 펼쳐놓고 서로 마주보며 말없이 있다가, 날이 뉘엿해지면 품에 안고서 돌아오리라." 이보다 더 아름답고 가슴뻐근한 우정론을 본 적이 있는가? 강렬한 자극, 깊은 울림을 지닌 아포리즘을 맛보고 싶은 이들은 이덕무의 글을 보시라. 시공을 가로질러 이덕무와 '진하게' 대화하고 있는 엮은이의 애정에 공명하게 될 터이니.

반고, 『한서열전』

고대사에 대한 생생한 재현

"사마천과 반고가 다시 살아난대도 / 사마천과 반고를 배우진 않으리라"—연암 박지원의 유명한 시구절 가운데 하나다. 여기에서 사마천과 반고란 문장의 전범, 이른바 고문을 지칭한다. 조선조를 지배한 교조적인 고문주의에 맞서 연암은 문인들이 그토록 떠받들어대는 두 '거인'은 그 무엇을 본뜬 것이 아니라, 자신의 문장을 창안한 것일 뿐이라고, 특유의 패러독스를 통해 공격하고 있는 것이다. 그만큼 사마천과 반고는 동아시아 문인들이 도달해야 할 경지이자 넘어야 할 거대한 산이었던 셈이다.

그런데 사마천에 비해 반고가 우리 독서지형에서 이다지 낯선 건 대체 무엇때문일까? 『한서』는 전체는 물론 열전조차도 아직 제대로 번역되지 않았다. 내가 읽은 『한서열전』도 선집이다. 이 또한 우리 문화에 고질적인 지적 궁벽함의 사례가 아닐지.

『사기』에 사마천의 궁형이라는 충격적 비화가 따라다니듯, 『한서』

역시 장장 80여년에 걸쳐 완성되기까지 극적인 파노라마를 펼쳐 보인다. 반표에 의해 기초가 마련된 뒤, 아들 반고가 본격적 저술에 들어갔으나 중도에 사사로이 역사를 쓴다는 죄명으로 고발당한 바 있었고, 그 역시 끝내 완성시키지 못한 채 정쟁의 사슬에 얽혀 61세의 나이로 옥사하고 말았다. 그런데 놀랍게도 누이동생인 반소가 그 뒤를 이어 마무리한다. 여성이 역사서, 그것도 그후 2천년간 문장의 전범이 되는 저서의 편찬에 참여했다는 것, 이 사실만으로도 『한서』는 기념비적인 저작이 되기에 충분하지 않은가?

　『사기』가 상고시대부터 사마천 당대까지를 통사적으로 짚어온 것이라면, 『한서』는 반고가 살았던 전한시대만을 다룬 당대사다. 때문에 『한서열전』에는 전한시대를 '주름잡던' 인물군상들이 다채롭게 그려진다. 유머의 귀재 동방삭, 흉노족과의 전쟁 속에서 서로 다른 길을 걷는 이릉과 소무, 미천한 출신이지만 빼어난 미모로 황후가 되어 권세를 누리다가 그 정점에서 몰락한 조비련 자매 등등. 신기한 것은 무려 2천년 전의 일이건만, 인간, 국가, 자연을 둘러싸고 벌어지는 삶의 무상함이 마치 손에 잡힐 듯 생생하다는 사실이다. 그래서 나는 책을 읽는 내내, 복고취향과는 전혀 다른 맥락에서 이 '포스트 모던한' 시대가 봉착한 한계를 돌파하는 열쇠가 저 아득한 고대사에 있는 게 아닐까 하는 생각에 사로잡히곤 했다. 그래서 『한서』 전체를 생생한 우리말로 읽게 될 날이 더더욱 기다려진다.

캉유웨이, 『대동서』

유토피아에 대한 유쾌한 상상

'국경이 없다고 상상해봐' '소유가 없다고 상상해봐' —존 레논의 「이매진」은 말 그대로 상상에 대한 노래이다. 국경과 소유가 없는 세상? 그건 물론 '유토피아'다. 유토피아란 덧없는 공상의 산물임에 틀림없지만, 다른 한편 이질적인 세계에 대한 열정의 투사란 점에서 혁명의 다른 이름이기도 하다. 다른 세계, 상이한 삶의 방식을 꿈꾸지 않는 혁명이란 없는 법이므로. 그런 점에서 어떤 혁명가요보다도 더 과격한 노랫말을 이토록 감미로운 멜로디에 담을 수 있는 레논은 과연 팝의 거장답다! 어쩌면 그는 혁명이란 투쟁과 대결이 아니라, 달콤한 꿈, 매혹적인 상상의 여정일 뿐이라고 말하고 싶었던 것일지도 모르겠다.

무술정변(1898)의 주역 캉유웨이의 『대동서』 역시 유토피아에 대한 상상의 텍스트다. 여기에서 캉유웨이 또한 국가, 민족, 종교, 인종, 성별 등등 인간과 인간 사이를 가로막는 숱한 경계들을 넘어서라고 말한다. 끝없이 넘고 넘어 마침내 인간과 자연의 경계까지도 넘어설 수 있을 때,

그때 비로소 '대동세'에 이를 것이라고.

그의 상상력은 실로 무궁하여 지구 밖 행성의 생명체까지 아우르는 '우주적 비전'을 펼쳐보이는가 하면, 문득 시선을 한없이 예리하게 벼려 미시적 욕망의 기저를 세심하게 통찰해 나가기도 한다. 그에 따르면, 모든 고통과 대결의 원인이 되는 무수한 경계의 근원에는 성적 불평등과 억압, 그리고 도덕주의가 자리하고 있다. 그러므로 대동세에 이르기 위해서는 무엇보다 전면적인 성적 자유가 보장되어야 한다. 계약결혼, 동성애, 사이버섹스 등등 최소한 그로부터 반세기는 지나야 공적 담론에 부상할 성담론들을 그는 일찌감치 선취하고 있는 것이다.

대체 그가 발딛고 있는 시공간이 어디였던가? 20세기 초반, 서구에 의해 동양이 발견되면서 국가, 민족, 가족의 경계가 견고하게 구축되고, 도덕적 이분법에 기초한 성모럴을 통해 근대적 주체가 생산되는 바로 그 지점이 아니던가. 그런데 그는 바로 근대가 태동하는 현장에서 '근대의 외부'를 사유하는 '클리나멘'을 긋고 있는 것이다. 자산계급의 관념론적 한계에 머물렀다는 자신의 역사적 평가조차 배반하는(?) 이런 상상력이 내게는 진정, 놀랍기만 하다. 낡은 사유에 사로잡힌 채, 벼랑끝을 향해 치닫고 있는 우리의 인문학에 절실히 요청되는 것은 이런 '반시대적 이매진'이 아닐는지.

원효, 『대승기신론소』

믿음 한가운데서 믿음을 의심하라

삶은 어지럽고 확정된 진리는 찾지 못하리라는 비관적 전망이 유포되는 동안 우리의 믿음은 퇴색해 가고, 오직 거대한 자본만이 희망의 빛인 양 우리를 유혹한다. 중생들은 애옥살이에 지쳐 더 이상 어떤 희망도 가지기를 거부하는데, 머리가 굵어질수록 세상은 믿음을 갉아먹고 자란다. 진리를 기록하는 책은 날이 갈수록 두꺼워지지만, 내 생활 속에서 진리는 옅은 그림자조차 드리우질 않는다. 도대체 뭐가 문제인가.

그 즈음이면 이런 질문을 던지곤 한다. "내 마음 속에 근본적인 깨달음이 있다는 게 정말일까?"

『대승기신론소』大乘起信論疏에서 원효는 자신의 믿음을 결코 믿지 말라고 이야기한다. 진리라고 믿는 그 믿음 자체에 대한 근본적인 성찰을 요구하는 것이다. 믿음을 의심하지 않는 것이 바로 중생들의 특징이긴 하지만, 근원적인 질문을 제기하지 않는 한 우리는 현실을 변혁할 아무런 힘도 의지도 내지 못한다.

우리가 마음이라고 하는 저 근원에는 우리 자신도 알지 못하는 거대한 근원적 무지의 덩어리가 도사리고 있다. 유식학파^{唯識學派}에서는 그것을 '아뢰야식'이라고 한다. 중생의 번뇌와 윤회의 근원이기도 한 아뢰야식은, 동시에 깨달음의 본체이기도 하다. 깨닫지 못한 불각^{不覺}의 상태가 중생의 삶이라면, 깨달은 존재가 부처다. 그러나 깨달음이란 것이 인간의 마음 밖에 있는 것이 아니다. 그 마음은 '본래 깨달은 존재'^{本覺}이다. 중생의 '불각'을 어떻게 '본각'으로 변하게 하는가가 관건이다.

그러니 중생들을 어떻게 부처의 길로 나아가게 할 것인가, 고통스러운 사바세계의 중생들이 어떻게 행복한 극락을 살아가게 할까 하는 고민이 나올 수밖에 없다. 이것은 해골 속의 물을 마신 후 깨달음을 얻은 원효가 저잣거리에서 살아가며 화두로 삼았던 것이기도 하다.

중생이 없다면 부처도 당연히 없다. 중생의 입장에서 보자면, 모든 깨달음의 출발점은 중생의 삶이다. 고통을 고통이라고 여기지 않는 중생들을 그 굴레에서 벗어나도록 하기 위해 사람들 사이로 들어가서 거침없는 무애행을 했던 원효가 아닌가. 원효가 파계했다는 비난을 무릅쓰고 저잣거리에서 술병을 옆에 차고 무애가를 불렀다든지, 요석공주와의 사이에서 설총을 낳는 등 기행을 저지른 것은 바로 이런 맥락에서 이해된다. 공부도 시원치 않으면서 겉멋에 겨워 술 마시고 성적 쾌락을 추구하는 요즘의 땡초들과는 근본적으로 다르다. 중생에 대한 다함없는 애정이 바로 '자비'라면, 원효의 삶은 자비로 가득찬 것이었다. 마귀의 마음에서도 부처로서의 가능성을 놓치지 않고, 중생의 마음을 치열하게 탐구한 책이 바로 『대승기신론소』이다.

그 탐구는 당연히 '나의 수행'으로 이어진다. 「기신론」에서 말하는 오행五行(다섯 가지 수행 ; 보시, 계를 지킴, 참음, 정진, 지관[止觀] 수행)이 원효가 제시하는 구체적인 방법이다. 이를 통해 중생들은 깨달음으로 가는 길을 걸을 뿐만 아니라 비로소 올바른 믿음을 일으킬 수 있다(이 책의 제목이 『대승 '起信' 론소』라는 점을 기억하라!). 나의 믿음에 대한 계속적인 의심과 수행을 통해서 진정한 믿음을 일으킬 수 있다는 것은, 믿음이 하나의 결정체라기보다 끝없는 과정이라는 사실을 말한다. 그리하여 올바른 믿음에 이르는 순간 그것은 곧 깨달음의 순간이기도 하다. '초발심(初發心)이 곧 완전한 깨달음[正覺]'이라는 경전의 말이 바로 이 뜻이다.

"나는 올바른 믿음을 일으켰는가" 하고 되묻는 순간, 어쩌면 미망의 중생계에서 벗어나는 길을 발견하게 될 것이다. 이것이야말로 사유와 실천의 통일을 살아가는 방식이며, 천년 세월을 넘어 원효가 우리에게 한 소식 던져주는 무언의 질책이기도 하다.

후쿠자와 유키치, 『문명론의 개략』

문명은 선을 향한 과정일 뿐

점점 더 나이든 사람은 살기 어려운 세상이라고 한다. 인터넷 시대의 도래 이후 더 그렇게 느낀다. 나이든 사람이 시대에 뒤처지는 일이야 늘상 있어 왔지만 오늘날 들어 그 간격은 더 아득해지고 있다. 삶의 미덕에 대한 평가도 차츰 변화하고 있다. 배려, 예의바름, 공손함, 신중함 따위보다는 솔직함, 자유로움, 활발함, 유쾌함 등이 더 가치 있는 자질로 높여지는 인상이다. 전반적으로 어른들의 삶의 방식보다는 젊고 어린 사람들의 행동 방식에 후한 점수를 준다. 여기서 '아이'와 '어른'의 차이란 무엇일까 하는 질문을 던지게 된다. 굳이 단순한 연령상의 수치를 따지자는 뜻은 아니다. '애 같다'와 '어른스럽다'는 판단은 애초부터 나이와는 무관한 말이다.

물론 그 차이란 여러 가지겠다. 그렇지만 좋거나 옳다고 해서 그렇게 살 수만은 없다는 점을 인정하고 다양한 경로를 두루 용인하는가 여부에 따라 그 차이를 판단해 볼 수도 있다. 그 괴리를 견뎌내는 힘과 여유를 가지고 있는 사람을 두고 어른스럽다고 하기도 하니까 말이다.

자신의 진짜 바람과 겉으로 드러난 행동의 불일치 사이의 긴장감을 유지하면서 버텨가는 방식에서 어른스러움을 떠올린다. 이런 사람이 투명하거나 솔직할 리는 없다. 이런 성향의 한 가지 극단적인 형태는 '어쩔 수 없음'을 수락하는가에서 확인할 수 있다. 생각한 대로 말하고 말한 대로 행하는 삶이 보여주는 빛나는 투명함도 아름답지만, 어쩔 수 없음의 세계를 용인하고 그 간격을 견디는 공력과 고투에도 탄복할 수 있다. 솔직히 나로서는 후자를 더 존중한다.

『문명론의 개략』(1875)에서 울리는 일본의 계몽사상가 후쿠자와 유키치福澤諭吉의 목소리는 내게 어른의 목소리로 들린다. 문명이란 이름으로 서구 세력이 밀려들었다. 문명이란 이름의 '서양'을 마주 대하며 어떤 결단을 내려야 했다. 후쿠자와는 문명이란 지선至善이 아니라 선을 향해 나아가는 과정일 뿐이며, 진보의 순간순간을 일컫는 것이라 했다. 건강하다고 해도 병에서 완전히 자유로울 수 없듯이 문명화되었다 하여 결점이 없는 것은 아니다. 그렇지만 문명은 대세였고, 어쩔 수 없는 현실이었다. "세계의 교류가 나날이 빨라지고 서양문명이 동양으로 전파되어 그 이르는 곳마다 풀 한 포기, 나무 한 그루 할 것 없이 모두 감화되고 있"는 상황이었다.

서양문명이 온 세계를 정복하는 일은 피하기 힘든 형세였다. 동양의 민족은 저항할 만한 힘이 없었다. 도쿄 사람이 나가사키로부터 번져온 홍역을 치유할 수 없는 것과 마찬가지 상황이라고 후쿠자와는 생각했다. 유일한 선택은 문명을 이로움으로 전환시키는 노력일 것이다. 후쿠자와는 다양한 수사학을 사용하면서 문명에 이르는 방법은 하나가 아님을 역설한다. 어떤 화살을 쓰건 표적을 맞추는 것이 목적이듯, 강이 어떤 모양으로 흐르건 결국 바다로 모여들듯, 어떤 제도를 어떻게 활용하여 '안락과 품위의 진보'를 이룰지는 저마다 놓인 상황에 따라 판단해야 한다는 것이다.

　이 논리가 자칫 외부에 대한 침략으로 전환될 수 있다는 비난도 옳고, 방편적인 상황론에 불과하다는 비판도 옳다. 그렇지만 후쿠자와의 생각이 자리한 그 맥락과 조건을 벗어나서 후쿠자와와 대면하는 일은 '어른스럽지' 않다. 생각과 주장의 정당성은 그 내적 논리뿐만 아니라 현실적 조건을 함께 고려할 때야만 획득될 수 있다. 언제나 맞는 말만 하는 사람은, 언제나 맞는 말만 해도 되는 세상을 만드는 데에 별다른 도움이 안 된다. 참된 사상은 그 괴리를 내포하기에 언제나 결핍과 균열을 지니게 된다. 옳다고 믿는 것과 실제로 표현하는 것 사이의 거리를 자각적으로 끌어안을 때 '어른'이 된다. '운명'이 있다면 그것은 어른의 세계에서나 가능하다. '어쩔 수 없음'은 거기서만 자각되기 때문이다.

　요즈음처럼 세상이 투명하거나 투명해야만 한다는 '아이'들의 소리만 요란해서는 세상은 달라지지 않을 것이다. "문명이 아닐 수도 있다. 아니, 문명이 아니어도 좋다. 그래도 난 문명주의자다"라고 변환할 수 있는 후쿠자와의 언명은 여전히 힘이 있다. 우리에겐 더 많은 '어른'이 필요하다.

순자, 『순자』

차선(次善)의 윤리학

甲

'외유내법' 外儒內法이라는 말이 있다. 겉으로는 유가儒家사상을 표방하나 실제로는 법가法家적인 통치에 근거한다는 뜻이다. 유가사상은 이미 기원전 2세기 무렵부터 중국의 유일무이한 통치이념으로 확정되었다. 그 후 약 2천여년 동안, 가족간의 절제된 사랑을 기반으로 국가사회를 교화한다는 유가의 이상은 한 번도 그 지존의 자리를 떠난 적이 없었다. 그러나 역대의 왕조는 한결같이 극심한 부패와 농민반란의 소용돌이 속에서 붕괴되곤 하였다. 문제는 늘 유가적 이상을 펼치기에는 영토가 지나치게 넓었다는 점과 그 위에 엄청난 인구가 살고 있다는 점이었다.

乙

광활한 영토와 많은 인구는 부강한 국가 창출의 유리한 조건이 될 수 있을지언정 장애가 될 여지는 적은 듯하다. 그러나 교통과 통신이 충분히 발달하지 못한 상황에서는 얘기가 달라진다. 예나 지금이나 교통·통신은 한 조직의 말단부터 중앙을 유기적으로 결합시켜 주는 없어서는 안 되는 존재이기 때문이다. 비유하자면 교통과 통신은 인체의 신경이나 혈관과도 같아 흐름이 원활하지 못할 경우 그 유기체는 언제라도 무너질 수밖에 없다.

유가는 천지자연과 인간을 상호간 밀접하게 연계되어 있는 하나의 유기체로 보았다. 국가사회 또한 유기체의 하나로 여겼다. '수신제가치국평천하' 修身齊家治國平天下라 하였던가? 내 몸을 다스리는 원리는 따라서 지역사회와 국가 그리고 천하를 다스리는 원리가 되었다. 관건은 '수신'의 원리를 지역사회와 국가, 천하로 확산시킬 수 있는 유통경로의 확보였다. 문제는 유가적 통치술로는 거대 지역을 매끄럽게 횡단할 수 있는 원활한 의사소통 체계를 구축할 수 없다는 데에서 비롯된다. 공자는 온천하 만민이 다 함께 즐거운 '대동'大同의 세상을 꿈꿨지만, 사실 그러한 유가적 유토피아는 노자가 말한 바 있는 '소국과민'(小國寡民 ; 넓지 않은 강토와 적은 인구를 지닌 나라)에서나 실현이 가능할 뿐이었다. 영토가 넓을수록 또 인구가 많을수록 유가적 정치 목표의 실현은 그만큼 요원해졌다. 아무리 뛰어난 덕성의 소유자라 할지라도 전근대의 인프라를 감안할 때 그가 미칠 수 있는 교화의 범위는 제한적일 수밖에 없기 때문이다. 그렇다고 공자를 떠날 수는 없었다. 유가다우면서도 공자의 전망을 실현할 수 있는 현실적인 방책의 탐색. 공자 이후 유가의 과제가 이 점에 모아진 것은 그리 이상할 일이 못 되었다.

丙

유가의 대표적 사상가 중 하나인 순자荀子는 그 방책으로 법가의 냄새가 물씬 풍기는 '패도' 霸道를 들고 나왔다. 그 역시 맹자처럼 왕도王道정치라는 이상을 포기하지는 않았다. 다만 맹자가 왕도정치의 실현 가능성을 굳게 믿는 한편으로 여타의 가치를 일률적으로 배제하였다면, 순자는 현실이란 변수를 감안하는 융통성을 보였을 따름이다. 곧 현실적 여건상 '최선'의 구현이 어려울 때, 차선책을 강구하는 것은 취할 수 있는 일이지 결코 '외도'나 '금기'가 될 수 없다는 것이다. 관중管仲이 제나라의 환공桓公을 보필하며 강력한 군사력과 치밀한 정치력으로 중원의 질서를 잡음으로써 백성의 고통이 그만큼 줄 수 있었던 것처럼, 예컨대 패도정치는 충분히 차선책이 될 수 있다는 것이다.

게다가 순자가 살았던 전국 말기는 공자와는 달리, 한 제후국이 아닌 중원 전체를 아우를 수 있는 정치적 전망이 요청되던 시대였다. 단순히 지역적 통합을 일구기 위한 전망이 아니라 오랜 세월 '제로 섬'적으로 다퉈 왔던 7개의 강대국을 하나의 유기적인 통일제국으로 녹여낼 수 있는 전망이어야 했다. 맹자가 왕도정치의 이상으로 이러한 시대적 요청에 의연히 맞섰다면, 순자는 패도정치의 수용으로 대변되는 '차선의 윤리학'으로 시대적 흐름을 껴안았다. '현실'과의 열린 대화를 기본 원리로 하여 '현실'을 이상의 올무로부터 해방시켜 가능한 최대치의 선을 추구한다는 '차선'의 전략으로 순자는 정치 공간의 비약적 확대를 학문적으로 뒷받침하기 위한 유가의 확장을 훌륭하게 수행해내게 된다.

丁

우리나라에서는 처음으로 완역된 『순자』를 통해 우리는 혼란의 극으로 치닫던 전국시대 말기를 살면서 통일제국을 사유했던 순자라는 한 걸출한 사상가의 냉철한 '중원 기획'을 접해볼 수 있다. 춘추전국의 약 500여 년을 지속한 분열의 흐름이 통일로 수렴될 즈음, 순자는 공자의 사유를 '차선의 윤리학'으로 확충시켜 제가 사상의 장점을 완정하게 버무려내는 데에 성공한다. 이로써 순자의 노선은 한漢으로 이어져 유가사상의 국교화에 주춧돌이 된다. 우리는 유가하면 공자와 맹자를 대표적인 사상가로 떠올리지만, 실상은 공자에서 순자로 이어지는 노선이 유가의 중원 제패에 초석이 되었음을 홀시해서는 안 될 것이다.

순자가 이렇게 중요한 인물이었음에도 불구하고, 이제야 우리말로 된 완역본이 나온 데는 여러 가지 이유가 있다. 첫째는 공자-맹자-주자로 이어지는 성리학의 도통 때문이다. 패도정치를 인정함으로써 형성된 맹자와의 대립각 외에도 맹자의 성선설과는 달리 성악설을 체계적으로 전개했다는 점에서도 순자는 남송南宋 이후 한자 문화권을 석권한 성리학자들로부터 은연중에 배척받았다. 이에 『순자』를 안 읽어도 유학의 전모를 접할 수 있다는 오해가 생긴 것은 당연한 귀결이었다. 둘째 이유는 『순자』라는 텍스트의 난해함과 방대함에 있다. 통일된 중원이라는 어마어마한 지역과 수많은 인구 그리고 다양한 지역문화를 하나의 '중화문화'로 융합해내기 위해서는 그 무엇보다도 현실에 대한 정밀한 파악과 치밀하고 조직적인 사유 능력이 뒷받침되어야 한다. 이 모든 것이 순자의 필법으로 가공되어 『순자』에 담겨 있기에 그 문장이 까다로울 수밖에 없는 것은 당연한 듯이 보인다.

戊

이러한 난관을 뚫고 우리말 완역본이 나왔다. 이제는 누구나 순자와 독대할 수 있게 되었다. 『순자』를 교양 수신서의 하나로 읽지 말고, 격변의 시대를 사유한 한 지식인의 지적 기획으로 읽어보자. "내가 당신이었다면 이 상황에서는……"이라 하면서 순자와 '지적 게임'을 벌이다 보면, 사유할 수 있는 최대치를 사유하면서도 현실과 끊임없이 대화를 나누려 했던 한 지식인의 모습과 조우하게 된다. 어느 시대나 지식인은 시대의 고민을 먹고 사는 존재이기 마련. 명쾌한 논리와 차분한 어조 속에 담긴 순자의 고민은 2천여 년이란 세월을 격한 이 시대의 지식인에게 여전한 즐거움으로 다가온다. 그렇기에 또 다시 2천년이 흐른 어느 시점에도 『순자』는 여전히 약동하는 즐거움을 그 시대의 지식인에게 줄 것이다.

허준, 『동의보감』

최고의 처방은 마음을 다스리는 것

박지원의 『열하일기』에서 우연히 허준許浚의 『동의보감』東醫寶鑑에 대한 언급을 발견하니 참 신기했다. 조선의 책으로 중국에서 간행된 가장 유명한 책이 『동의보감』인데, 이 책은 박지원이 평소에 너무도 소장하고 싶어했던 책이었다. 조선 땅에서는 구하기 힘든 것을 오히려 이역만리 중국 땅에서 발견하고 기뻐했는데, 책값으로 낼 은 다섯 냥을 구할 길이 없어서 그만 포기하고 『동의보감』의 서문을 필사해 두는 것으로 그 아쉬움을 달랜 것이다.

몇 년 전에는 허준이 텔레비전 드라마를 통해 대중들의 인기를 한 몸에 받더니, 요즘은 사상의학의 집성자인 이제마가 브라운관에서 눈길을 끌고 있다. 그만큼 '몸'을 화두로 삼아 생각하는 사회적 층위가 두터워졌다는 뜻일 터이다. 사실 『동의보감』이라고 하면 단순히 한의사들을 위한 처방전 목록이라고 생각하는 사람들이 많다. 딱히 틀린 말이라고 하기는 어렵다. 그러나 이 책을 단순히 약을 짓기 위한 텍스트로만 활용한다면 오히려 이 책의 큰 줄기를 잃게 된다.

자기 주변에 아픈 사람이 없는 경우는 거의 없다. 암으로 고통받는 사람부터 사소한(?) 감기에 걸린 사람까지, 정말 우리 몸은 한시도 편할 날이 없다. 그러나 정작 병에 대한 처방은 어떤가. 거대 제약사는 신약을 개발한다면서 막대한 돈을 쏟아붓고, 그 결과로 나온 새로운 약은 오직 병균을 박멸하는 강력한 기능을 위해서만 쓰인다. 사람의 몸이야 망가지건 말건, 약은 병균을 죽이면 된다. 환자는 자신의 몸을 위해 할 일이 아무것도 없는 셈이다. 새로운 약의 출현을 애타게 고대하다가, 속절없이 스러져갈 뿐이다. 하다 못해 감기에 걸려서 병원이나 약국을 가보라. 거의 똑같은 처방으로 약방문을 주고는 끝이다. 개인의 몸 상태나 체질, 그의 환경이나 일터 등에는 관심이 없다. 개인이 보여주는 복잡하고 미세한, 그러나 중요한 차이들을 평균수치 속으로 쓸어넣고 병을 '치료'한다. 그러다 보니 평균 이상인 사람과 평균 이하인 사람 사이의 엄청난 차이도 하나의 약 처방으로 대체되기 일쑤다.

의학의 목표는 뭘까? 의학 없는 세상을 만드는 것이다. 그러나 가슴 아프긴 하지만, 우리는 이런 얘기를 자주 한다. "병원 갔다가 병 얻어서 돌아왔다." 이 말의 사실 여부에도 불구하고, 우리는 그동안 인간의 몸을 사유하지 않는, 오직 '병 치료'에만 관심을 집중해 왔던 게 사실이다. 그런 점에서 허준의 『동의보감』은 소중하기 이를 데 없다.

이 책의 편찬은, 작은 병에도 불구하고 의료 혜택을 전혀 받지 못하는 일반 민중들을 위한 것이다. 허준은 당대는 물론 과거의 의학적 유산을 총집성하여 17세기 동아시아를 대표하는 최고의 의서를 편찬했는데, 그것이 바로 『동의보감』이다. 이 책이 지향하는 바는 단순히 질병 치료가 아니다. 어차피 같은 병이라 하더라도 개인의 몸에 따라 전혀 다른 증상과 결과를 보이게 마련이다. 모든 차이를 균질화하려는 의사의 생각보다, 오히려 환자 자신이 자기 증상과 몸의 상태를 잘 알 수밖에 없다. 이렇게 개인차에 주목하다 보면 결국은 병을 치료하는 것이 아니라 병을 둘러싼 환경과 개인의 경험을 다스리게 된다. 그것은 단순히 몸 속의 병균을 박멸하는 차원에서 벗어나서 개인의 몸이 어떻게 조화로운 상태를 회복하는가, 어떻게 우주의 질서와 조화로운 관계를 유지하는가 하는 점이 초점이 된다.

『동의보감』을 단순한 의료서로 보기보다는, 인간의 몸을 통해서 우주와의 조화와 합일을 이룩하는 양생養生 수신修身의 책으로 보아야 하는 이유가 여기에 있다. 17세기 조선의 사상사의 각 분야에서 주목 받으며 부상하는 도가적 패러다임은 『동의보감』에 이르러 그 진가를 발휘한다. 최고의 처방은 "마음을 다스리는 것"이며, "도道로써 질병을 치료하는 것"이다. "사람의 마음이 천기天機와 부합"할 때 비로소 인간의 몸은 최고의 조화로움을 얻는다. 이 순간이 바로 허준이 『동의보감』에서 꿈꾸었던 세계, 즉 의서가 필요없는 세상이 실현되는 때이다.

다윈, 『종의 기원』

사이보그 출현 이후 다시 읽는 종의 기원

2002년 3월 영국의 래드클리프 병원에서 워위크 교수는 왼쪽 손목에 사방 3mm짜리 실리콘칩을 이식하고 난 뒤, 이 칩에서 나온 전극 100개를 주변 신경과 연결하는 수술을 받았다. 수술 부위가 아물면 팔뚝에 연결케이블을 설치하여 고통, 분노 등에 의해 발생하는 전기신호를 대학 컴퓨터에 전송할 계획이라고 한다. 공상과학 영화에서나 보던 '사이보그'(인간생체와 기계의 결합체)가 실제로 등장한 것이다. 아직은 손목에 작은 실리콘칩을 이식하는 수준이지만, 인간 복제의 가능성을 호언장담하는 유전공학이나 첨단 전자공학의 발전속도까지 감안하면 종국에는 인간 자신이 호스트 컴퓨터에 정보를 제공하는 단말기로 전락할지도 모른다. 손목에는 실리콘칩이 박혀 있고 뇌에는 컴퓨터를 장착한 인간을 상상해 보라.

이러한 상황에 직면하여 "인간은 어디까지나 인간이지 '감정'이 없는 한낱 기계일 수는 없다"는 목소리가 높아지고 있다. 기계와 인간이 서로 닮아가는 사태 앞에서 인간성마저 상실되지 않을까 우려하는 태도이다. 흥미롭게도 19세기에는 이와 정반대의 사태가 벌어지고 있었다. 1859년에 출판된 다윈의 『종의 기원』에 따르면 인간과 동물의 차이는 절대적인 것이 아니며 인간은 동물의 한 종에 불과했다. 당시 이 책을 읽은 한 주교의 부인은 이렇게 외쳤다. "인간이 원숭이의 후손이라고! 오, 맙소사. 우리 모두 그것이 사실이 아니기를 바랍시다. 만약 사실이라면 그것이 널리 알려지지 않도록 기도합시다." 창조론보다 진화론의 현실적 합성이 강해지면 강해질수록 19세기인들은 인간과 짐승의 경계를 절대화함으로써 인간을 특별한 존재로 계속 믿고 싶어했다. "인간은 동물처럼 본능에 따르는 게 아니라 이성을 가진 존재"라는 근거를 들어가면서.

현대인들은 대체로 진화론을 과학적인 이론으로 받아들인다. 19세기인들이 왜 그토록 진화론에 반대했는지 이해하기 어려운 지경이다. 그도 그럴 것이 현대인들이 보기에 『종의 기원』에서 전개된 이론은 너무나도 간단명료한 것이기 때문이다. 하나의 종 안에서 특이한 형질을 가진 변종들이 태어나고 그러한 변종들이 환경에 잘 적응하여 수를 늘려간다면 그들이 결국 새로운 종을 이룬다는 것. 예컨대 당시 매연 문제가 심각했던 영국의 어느 공업지대에는 나무의 색깔이 온통 거무스름하게 변했다. 한편 그 지역에 살던 회색나방들 중에는 검은색을 띤 놈들이 있었다. 그들은 거무스름해진 나무와 잘 구별되지 않았기 때문에 천적의 눈을 피하기가 그만큼 용이했다. 당연하게도 그들은 얼마 지나지 않

인간이 원숭이로부터 진화했다는 주장을 야유하고 있는 풍자화

"인간이 원숭이의 후손이라고! 오, 맙소사. 우리 모두 그것이 사실이 아니기를 바랍시다. 만약 사실이라면 그것이 널리 알려지지 않도록 기도합시다." 1859년에 출간된 『종의 기원』을 읽은 한 주교 부인은 이렇게 외쳤다.

아 기존의 회색나방을 누르고 다수 종이 됐다. 이게 그 유명한 흑화黑化나방이다. 기존의 종이 멸종하고 새로운 종이 탄생한 것이다. 『종의 기원』 출판 2년 뒤인 1861년에는 조류와 파충류의 중간 형태인 시조새의 화석이 발견되었다. 파충류와 시조새 그리고 조류는 따로따로 창조된 것이 아니라 진화 과정에서 나타난 변종들이 독립된 종으로 굳어진 것이었다. 또한 사람의 팔, 고래의 지느러미, 박쥐의 날개 그리고 말의 앞다리를 조사해 보니 해부학적으로 동일한 구조가 발견되었다. 사람과 고래, 박쥐, 그리고 말은 모두 동일한 조상에서 진화된 후손인 셈이다. 그 밖에도 진화론을 입증하는 사례들은 19세기 당시에도 얼마든지 있었다. 진화론을 거부한 당대인들은 정말 이해하기 어려운 족속들이다.

현대인들은 진화론을 마지못해 인정하는 정도가 아니라 아예 그 진화론을 근거삼아 인간을 진화의 최정점이라 자부하기도 한다. 진화론은 이제 적대시할 대상에서 마구 쓰다듬어 주어야 할 효자 과학이 되었다. 우리 현대인들은 종교의 편견에서 완전히 벗어난 듯하다. 하지만 진화론의 시계바늘을 과거가 아니라 미래로 돌려보면 양상은 완연히 달라진다. 진화론에 따르면 지구상에 존재했던 수많은 생물들 중 99퍼센트 이상이 생명 전체의 진화과정에서 멸종했다. 이것이 엄연한 사실이라면, 지금 존재하는 인간 종들도 언젠가는 멸종해야만 하며 혹시 멸종이 싫다면 다른 종으로 새로이 진화되어야만 한다. 인간은 이러한 '현실'을 흔쾌히 받아들일 수 있을까?

이런 생각이 막연한 공상만은 아니다. 인간은 오래 전부터 이미 새로운 존재로 진화해 왔다. 현실성으로 따진다면 안경을 쓰지 않는 인간을 상상하는 게 오히려 막연한 공상에 가깝다. 콘텍트렌즈와 보청기를 포함하여 의수나 의족은 물론 인공 심장에 이르기까지 각종 신체 기관들이 기계의 도움 없이는 살아갈 수 없게 되어버렸다. 몸 자체를 인위적으로 바꾸는 다이어트는 또 어떤가? 워위크 교수의 사례가 성공한다면 우리가 원하든 원치 않든 기업체들이 수많은 기계상품들을 홍수처럼 쏟아낼 것이다. 물론 인간들 자체도 기계-인간이 되지 못해 안달일 터이다. 더 건강한 생활을 위해 손목에 칩을 이식하는 노인들. 두뇌 회전을 더 빨리 하기 위해 뇌에 컴퓨터를 이식하는 직장인이나 연구자들. 멸종이니 진화니 하는 문제 이전에 각자의 가치관이나 국가 정책에 의존하여 그런 기계를 우리 몸에 이식할 것인가 말 것인가를 결정해야만 한다. 이렇게 보면 워위크 교수는 기계와 결합하여 인간도 기계도 아닌 제3의 종으로 진화해 가는 중인지도 모른다.

"인간이라는 종은 고정된 것도, 영원한 것도 아니다." 다윈이 차분한 목소리로 전하는 『종의 기원』의 메시지는 사이보그가 출현하는 21세기에도 여전히 불편하다. 진화론을 찬성한다면서도 '인간'을 보호할 수 있는 한에서만 받아들이기 때문이다. 동물로 '전락' 하지 않기 위해 이성을 내세웠던 19세기인들과, '기계' 로 전락하지 않기 위해 감정을 내세웠던 20세기인들, 그들과 우리는 얼마나 다른가?

화이트헤드, 『과학과 근대세계』

오이디푸스 VS 프로메테우스

김형경의 소설 『사랑을 선택하는 특별한 기준』을 읽다가 흥미로운 인물을 발견했다. 37세의 건축가 세진. 독자적인 사무실을 운영하고 업계에서 인정도 받으면서 별 문제없이 살아가던 그녀가 새 집에 이사한 뒤로 이유없이 아프기 시작했다. 종합 검진도 받아보고 한의사를 찾기도 하지만 상황은 점점 나빠졌다. 스님, 풍수학자, 도교 수련자, 정신과 의사 등을 닥치는 대로 만나고 굿이나 온갖 민간 요법에 의존해 보기도 한다. 이런 좌충우돌이라면 우리 사회에서 그리 특별한 일도 아니다. 하지만 그녀가 친구에게 정색을 하며 이야기하는 대목만은 좀 특별하다. "내게 한 가지 기준이 있는데, 그것은 어떠한 경우에도 논리적으로 이해할 수 있고, 과학적으로 납득할 만한 방법만 선택한다는 거야". 마구잡이로 허둥대는 몸뚱이와 자기의 견고함을 엄숙하게 선언하는 입이 따로 노는 형국이다. 세진의 태도가 모순된다고 비난할 생각은 없다. 다만 과학에 대한 그녀의 단호한 선언 뒤에 어둡게 흔들리는 불안과 방어본능은 기억해둘 만하다. 그녀의 불안과 방어본능은 단지 과학의 결여에서 기인하는 것일까?

이런 맥락에서 우리는 화이트헤드의 명저 『과학과 근대세계』에 새삼 주목하게 된다. 이 책이 단지 과학의 단점이나 부족한 점을 지적하는 게 아니라 과학 자체, 근대 사회 자체를 심판대에 올리기 때문이다. 심판대에서 그는 먼저 과학이 발달했던 두 시기를 소환한다. BC 5세기의 그리스와 17세기의 유럽이다. 그런데 이 두 시기는 묘하게도 또 하나의 공통점을 갖고 있다. 전자가 『오이디푸스왕』과 『엘렉트라』를 자랑한다면 후자는 『햄릿』과 『리어왕』을 내세운다. 가히 비극의 시대라 일컬을 만하다. 얘기가 이렇게 되면 비극과 자연과학이라는 대립적인, 혹은 질적으로 매우 상이한 두 분야가 동시에 절정을 이루었다는 이상한 결론에 이른다. 물론 천재들이 많이 배출된 비범한 시기라고 치부해 버리면 속 편하겠지만, 화이트헤드는 비극과 과학의 밑바탕에 깔려 있던 동일한 믿음을 파헤친다. 과학자와 비극 작가의 공통된 믿음이란 과연 무엇일까?

세계는 주변 여건들과 무관하게 존재하는 단단한 물질들로 이루어져 있으며, 확고한 인과관계('법칙', Law)에 따라 운행된다는 믿음이 바로 그것이다. 이러할 때 과학의 임무는 궁극적인 물질을 찾아내고 세계가 합리적으로 운행되는 법칙을 보여주는 것이다. 물질과 법칙은 '사실'에 관한 것인데 그걸 어떻게 믿음이라 부를 수 있느냐고? 화이트헤드는 이 문제와 관련하여 질량에 관한 에피소드를 들려준다. 만유인력으로 잘 알려진 뉴턴은 물질이 아무리 그 모습을 바꾸어도 '불변'하는 양量이 있다고 믿었던 사람이다(이게 바로 질량이다. 질량이란 사실 '물질의 양'을 줄인 말이며 영어 단어 mass를 번역한 말에 불과하다). 그에게 문제가 된 것은 질량이 변하느냐 변하지 않느냐가 아니라 불변하는 물체의 질량과 그 가속도를 이용하여 외적인 힘의 크기를 계산하는 일이었다. 그런데 정작 질량 불변에 대한 증명은 그로부터 1세기 뒤인 라부와지에에 이르러서야 비로소 이루어진다. 어떤 전제도 없이 '사실'을 꾸준히 관찰하다 보니 법칙이 발견된 것이 아니라, 질량이 불변할 거라는 믿음이 증명될 때까지 계속 관찰하고 실험했던 것이다.

과학은 그렇다 치고 그런 믿음이 비극과 무슨 상관이 있단 말인가? 화이트헤드는 먼저 비극에 대한 우리의 통념을 문제삼는다. 비극이란 불행한 사건들을 주구장창 늘어놓는 그저 슬픈 이야기가 아니다. 『오이디푸스왕』이 잘 보여주듯이 세상사의 섭리가 얼마나 엄연하고도 불가피한지 그려내는 것이 바로 비극이다. 불행한 일들이 자주 등장하는 것은 그런 사건을 견뎌야만 하는 인간의 운명을 돋을새김하는 데에 가장 적합했기 때문이다. 이러한 섭리와 과학이 말하는 법칙은 불가피성이란 잣대로 보면 거의 판박이다. 찬양하고 추구하느냐 마지못해 승인하느냐 하는 수용태도만이 다를 뿐이다. 이제 우리는 BC 5세기와 17세기에 있어서 "물리학의 법칙들은 곧 운명의 섭리"였다고 말할 수 있다. 불변의 법칙에 대한 믿음은 그것을 찾아내겠다는 '과학'의 열정과 함께 거기서 벗어날 수 없다는 인식, 즉 비극적 승인을 끊임없이 생산했던 것이다.

세진의 내부에서 과학에 대한 절대적 믿음이 절대적 불안과 함께 진동한 것도, 유전자 프로젝트에 대한 한없는 낙관과 끝모를 불안이 한 시대에 공존할 수 있는 것도 바로 그 때문이다.

누구나 그것을 '사실'이라고 믿는다는 점에서 현대의 가장 강력한 종교는 과학이다. 아니 종교인, 비종교인 할 것 없이 대부분 과학에 신뢰를 보낸다는 점에서 종교 이상이다. 과학이 난해한 게 엄연한 사실인데도 사람들은 과학자들에게 불만을 토로하기보다는 자신의 능력을 탓하며 머리를 쥐어박는다. 우리는 그런 태도를 버리고 과학이라는 도구가 우리 삶을 생기롭게 만들어줄 수 있는 미더운 놈인지 따져보아야겠다. 주변 여건과 무관한 물질, 세계를 움직이는 '불변의 법칙', 과연 그런 게 존재하기나 하는 거냐고 새삼 물어보자는 말이다. 화이트헤드에게 그런 것은 우리의 상상 속에서만 가능한 것들이다. 내가 숟가락을 쥐었을 때 손은 숟가락의 차가움을 느끼고 동시에 숟가락은 내 손의 따뜻함을 느낀다. 햇살이 내리쬐일 때 우리는 눈을 찌푸리고 옆에 서 있는 검은 벽은 빛을 흡수한다. 이처럼 우주 만물은 서로서로 느낌feeling으로 연대하고 있다. 또한 우주 만물은 자체 내에 창조성을 가지고 있다. 우주는 그러므로 "끊임없는 창조적 변신으로 인해 두 번 다시 동일할 수 없다"는 그의 언명에 공감한다면, 그런 우주에 불변의 법칙이란 게 가당키나 한 일인가.

과학이 과학의 믿음을 스스로 의심했을 때 만물은 느낌으로 가득 차며 세계는 늘 새로워지는 변신덩어리로 다가온다. 그렇게 되면 과학은 더 이상 창백한 법칙들의 창고이기를 그치고 새로운 사건들에 경이로워할 줄 아는 능력으로, 새로이 구성될 세계에 대한 멋진 이야기로 새로 태어날 수 있지 않을까, 우리 한번 상상해 보자! 오이디푸스 과학이 아니라 제우스의 법^{law}에 맞서 새로운 세계의 도래를 믿었던 프로메테우스 과학을.

book+ing 수록 도서 찾아보기

✚ 이 책에서 다루고 있는 책들을 쉽게 찾아볼 수 있도록 책 제목을 가나다 순으로 정리했습니다. 맨 끝의 숫자는 해당 책이 수록된 페이지를 가리킵니다.

『가비오따쓰』, 앨런 와이즈먼, 월간 말 _ 35
『감시와 처벌』, 미셸 푸코, 나남 _ 164
『검은 피부, 하얀 가면』, 프란츠 파농, 인간사랑 _ 249
『계몽의 변증법』, 테오도르 아도르노 · 막스 호르크하이머, 문학과지성사 _ 161
『고대도시』, 퓌스텔 드 쿨랑주, 아카넷 _ 131
『고야』, 새러 시먼스, 한길아트 _ 279
『고야, 영혼의 거울』, 프란시스코 데 고야, 다빈치 _ 279
『과학과 근대세계』, 알프레드 화이트헤드, 서광사 _ 357
『관찰자의 기술』, 조나단 크래리, 문화과학사 _ 168
『광기의 역사』, 미셸 푸코, 인간사랑 _ 90
『근대의 서사시』, 프랑코 모레티, 새물결 _ 287
『근대적 주거공간의 탄생』, 이진경, 소명출판 _ 126
『기호와 몽상』, 알프레드 시몽, 동문선 _ 56
『느리게 산다는 것의 의미』, 피에르 쌍소, 동문선 _ 41
『니체, 천 개의 눈 천 개의 길』, 고병권, 소명출판 _ 102
『달라이 라마 나의 티베트』, 게일런 로웰, 시공사 _ 19
『대동서』, 캉유웨이, 민음사 _ 336
『대승기신론소별기』(大乘起信論疏別記), 원효, 동국대학교 역경원 _ 338
『데모크리토스와 에피쿠로스 자연철학의 차이』, 칼 맑스, 그린비 _ 109
『도스토예프스키』, 콘스탄틴 모출스키, 책세상 _ 264
『돈과 구원』, 자크 르 고프, 이학사 _ 123

『돈끼호떼』, 미겔 데 세르반떼스, 범우사 _ 285
『동양적 근대의 창출』, 히야마 히사오, 소명출판 _ 297
『동의보감』, 허준, 휴머니스트 _ 349
『들뢰즈—존재의 함성』, 알랭 바디우, 이학사 _ 87
『루드비히 비트겐슈타인』, 레이 몽크, 문화과학사 _ 244
『마르탱 게르의 귀향』, 나탈리 제먼 데이비스, 지식의풍경 _ 50
『말하는 꽃 기생』, 가와무라 미나토, 소담출판사 _ 232
『무엇을 할 것인가』, 니꼴라이 체르니셰프스끼, 열린책들 _ 301
『문명론의 개략』, 후쿠자와 유키치, 광일출판사 _ 341
『미덕의 불운』, 마르키 드 사드, 韓佛文化出版 _ 242
『미셸 푸코』, 디디에 에리봉, 시각과언어 _ 239
『민족이란 무엇인가』, 에르네스트 르낭, 책세상 _ 180
『바보제—제축과 환상의 신학』, 하비 콕스, 현대사상사 _ 56
『반시대적 고찰』, 프리드리히 니체, 청하 _ 261
『변신・시골의사』, 프란츠 카프카, 민음사 _ 255
『북역 고려사』, 고전연구실 편찬, 신서원 _ 186
『분서』, 이지, 홍익출판사 _ 247
『분자혁명』, 펠릭스 가타리, 푸른숲 _ 84
『사생활의 역사』, 조르주 뒤비・필립 아리에스 편, 새물결 _ 198
『삶으로서의 은유』, 조지 레이코프 외, 서광사 _ 139
『생명의 춤』, 에드워드 홀, 한길사 _ 224
『소돔 120일』, 마르키 드 사드, 고도 _ 326
『수심결』, 지눌(→『밖에서 찾지 말라』, 법정 옮김, 불일출판사) _ 321
『순수이성비판』, 임마누엘 칸트, 박영사 _ 305
『순자』, 순자, 을유문화사 _ 344
『슬픈 열대』, 클로드 레비-스트로스, 한길사 _ 172

『시간 박물관』, 움베르토 에코 외, 푸른숲 _ 201

『신의 거울』, 그레이엄 핸콕, 김영사 _ 214

『알이 닭을 낳는다』, 최재천, 도요새 _ 119

『야만의 시대를 그린 화가, 고야』, 박홍규, 조합공동체 소나무 _ 279

『어떻게 인간적 상황을 벗어날 것인가』, 조르주 바타유, 문예출판사 _ 56

『엘러건트 유니버스』, 브라이언 그린, 승산 _ 116

『열하일기』, 박지원, 민족문화추진회 _ 319

『오래된 미래 — 라다크로부터 배운다』, 헬레나 노르베리-호지, 녹색평론사 _ 24

『옥시덴탈리즘』, 샤오메이천, 강 _ 143

『우리의 말이 우리의 무기입니다』, 마르코스 , 해냄 _ 69

『원효의 대승기신론 소·별기』, 원효, 일지사 _ 338

『유고(1882년 7월~1883/84년 겨울)』, 프리드리히 니체, 책세상 _ 105

『육체와 예술』, 피터 브룩스, 문학과지성사 _ 219

『의미의 논리』, 질 들뢰즈, 한길사 _ 77

「인간의 양」, 『일본 대표 단편선 2』, 오에 겐자부로, 고려원 _ 315

『인간 주자』, 미우라 쿠니오, 창작과비평사 _ 149

『인생과 자연을 바라보는 인디언의 지혜』, 베어 하트, 황금가지 _ 21

『장자』, 장자, 오강남 엮음, 현암사 _ 308

『전습록』, 왕양명, 청계 _ 324

『전지구적 자본주의에 눈뜨기』, 아리프 딜릭, 창작과비평사 _ 154

『정치의 전복 — 1968 이후의 자율적 사회운동』, 조지 카치아피카스 , 이후 _ 30

『제국』, 안토니오 네그리·마이클 하트, 이학사 _ 95

『조선 사람들, 혜원의 그림 밖으로 걸어나오다』, 강명관, 푸른역사 _ 292

『존재와 시간』, 마르틴 하이데거, 까치글방 _ 312

『종의 기원』, 찰스 다윈, 을유문화사 _ 352

『종횡무진 한국사』, 남경태, 그린비 _ 183

『중국유맹사』, 천바오량, 아카넷 _ 228

『즐거운 살인—범죄소설의 사회사』, 에르네스트 만델, 이후 _ 205

『차이와 타자』, 서동욱, 문학과지성사 _ 274

『천 개의 고원』, 질 들뢰즈·펠릭스 가타리, 새물결 _ 81

『1968년의 목소리』, 로널드 프레이저, 박종철출판사 _ 193

『철학과 굴뚝청소부』, 이진경, 그린비 _ 98

『트리스트럼 샌디』, 로렌스 스턴, 문학과지성사 _ 258

『파라다이스』, 토니 모리슨, 들녘 _ 39

『파스칼적 명상』, 피에르 부르디외, 동문선 _ 112

『페다고지』, 파울루 프레이리, 그린비 _ 66

『풍자예술의 역사』, 샹플뢰리, 까치글방 _ 208

『풍자와 해탈 혹은 사랑과 죽음—김수영론』, 김상환, 민음사 _ 270

『프랑수아 라블레의 작품과 중세 및 르네상스의 민중문화』, 미하일 바흐친, 아카넷 _ 61

『한국문학사의 논리와 체계』, 임형택, 창작과비평사 _ 188

『한국의 근대성, 그 기원을 찾아서』, 고미숙, 책세상 _ 175

『한서열전』, 반고, 안대회 엮음, 까치글방 _ 334

『한서 이불과 논어 병풍』, 정민 엮음, 열림원 _ 332

『한 젊은 유학자의 초상』, 뚜 웨이밍, 통나무 _ 45

『해석이론』, 폴 리쾨르, 서광사 _ 135

『헬렌 니어링의 소박한 밥상』, 헬렌 니어링, 디자인하우스 _ 28

『희망의 공간』, 데이비드 하비, 한울 _ 151

책과 만나다 book+ing

초판 1쇄 발행 _ 2002년 12월 20일
초판 5쇄 발행 _ 2019년 1월 10일

지은이 _ 수유연구실+연구공간 '너머'

펴낸이 _ 유재건
펴낸곳 _ (주)그린비출판사 · 신고번호 _ 제2017-000094호
주   소 _ 서울시 마포구 와우산로 180, 4층
전   화 _ 02-702-2717 · 팩   스 _ 02-703-0272 · 이메일 _ editor@greenbee.co.kr

Copyright ⓒ 2002 수유연구실+연구공간 '너머'
저작권자와의 협의에 따라 인지는 생략했습니다.
이 책은 저자와 그린비의 독점계약에 의해 출간되었으므로 무단전재와 무단복제를 금합니다.
책값은 뒤표지에 있습니다. 잘못 만들어진 책은 서점에서 바꿔드립니다.
ISBN 89-7682-069-X

철학이 있는 삶 그린비출판사 www.greenbee.co.kr